L'HISTOIRE
ET LA
PHILOSOPHIE
DANS LEURS RAPPORTS AVEC
LA MÉDECINE
PAR LE DOCTEUR C. SAUCEROTTE

Médecin en chef honoraire d'hôpital,
Officier de l'Instruction publique
Membre correspondant de l'Académie impériale de médecine, etc.

DU RÔLE DE LA MÉDECINE DANS L'HISTOIRE.
DES RAPPORTS DE L'AME ET DU CORPS.
DE L'INFLUENCE DE QUELQUES MALADIES SUR LES FACULTÉS DE L'AME.
MAGNÉTISME ET SOMNAMBULISME.
L'ENTRAÎNEMENT EN MATIÈRE D'ÉDUCATION.
RAPPORTS DE L'ÉCONOMIE POLITIQUE AVEC LA PHYSIOLOGIE ET L'HYGIÈNE.
HISTOIRE COMPARÉE DE LA MÉDECINE ET DE LA PHILOSOPHIE. — LA LOGIQUE MÉDICALE.
ESSAI SUR LE RÉGIME ALIMENTAIRE DES ANCIENS.
LES MÉDECINS AVANT ET APRÈS LA RÉVOLUTION.

PARIS
VICTOR MASSON ET FILS
PLACE DE L'ÉCOLE-DE-MÉDECINE
—
1863

L'HISTOIRE
ET LA
PHILOSOPHIE
DANS LEURS RAPPORTS AVEC
LA MÉDECINE

SAINT-NICOLAS, PRÈS NANCY. — IMP. DE P. TRENEL.

L'HISTOIRE

ET LA

PHILOSOPHIE

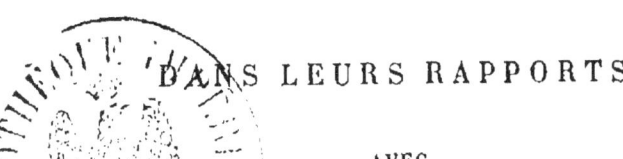

DANS LEURS RAPPORTS

AVEC

LA MÉDECINE

PAR LE DOCTEUR C. SAUCEROTTE

Médecin en chef honoraire d'hôpital
Officier de l'Instruction publique
Membre correspondant de l'Académie impériale de médecine, etc.

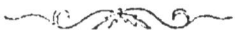

PARIS
VICTOR MASSON ET FILS
PLACE DE L'ÉCOLE-DE-MÉDECINE
—
1863

TABLE DES MATIÈRES

Avant-propos VII

1re PARTIE.

Du rôle de la médecine et des médecins dans l'histoire. 1
De l'état actuel de la science, sur les rapports du physique et du moral. 123
De l'influence de quelques maladies, sur les facultés intellectuelles et morales de l'homme. 177
Magnétisme et somnambulisme. 191
Des phénomènes de l'*entraînement*, au point de vue des facultés morales, et dans leurs rapports avec notre système d'éducation. 231
Des rapports de l'économie politique avec la physiologie et l'hygiène. 251

2e PARTIE.

Rapports qui unissent les destinées de la philosophie à celles de la médecine ; et de l'enseignement historique de cette science. 263
De la logique médicale, et en particulier de la méthode 309
Recherches sur le régime alimentaire des anciens, pour servir à l'histoire de l'hygiène, des mœurs, et à l'intelligence des auteurs de l'antiquité. . . . 347
La profession médicale avant et après la Révolution française 451

AVANT-PROPOS

Parmi les phénomènes de l'ordre moral qu'on peut regarder comme *signes du temps*, l'un des plus remarquables et des plus propres à fixer l'attention des penseurs, c'est l'alliance qui tend à s'opérer entre les sciences et la philosophie.

Entrevue dans l'antiquité, où elle ne pouvait guère se produire qu'à l'état d'inspiration ou de pressentiment : impossible dans le moyen-âge, et aussi longtemps que dura le règne de la syllogistique, cette alliance devait être un fruit de l'esprit moderne et de l'introduction des méthodes expérimentales dans nos connaissances. Et ce n'est pas, notez-le bien, par les adeptes des sciences physiques seulement que la nécessité de ce fait est proclamée ; elle a trouvé dans le camp des spiritualistes eux-mêmes des partisans convaincus ; témoin les ouvrages récents de deux philosophes fort distingués sur l'identité de l'âme et du principe vital ; ouvrages qui, à quelque point de vue qu'on se place, animisme ou naturalisme, signalent d'une manière éclatante l'introduction dans la métaphysique de la physiologie avec laquelle elle avait cru, pendant un temps, devoir faire un divorce absolu, malgré l'exemple laissé par les philosophes du dix-septième siècle.

Je ne vais pas jusqu'à prétendre que la métaphysique, s'absorbant dans la science générale du cosmos, doive renoncer à vivre de sa vie propre, et abandonner l'étude des lois abstraites de la pensée pour elle-même. Je m'empresse même de constater que si les sciences spéculatives peuvent s'aider avec fruit des principes, des méthodes et d'un certain nombre de faits puisés dans les sciences positives, ces dernières doivent souffrir à leur tour de l'isolement de nos connaissances, et reconnaître que la métaphysique leur est nécessaire pour s'élever aux idées fondamentales, aux axiomes que l'on trouve au seuil de toute science, et à cette conception d'unité qui est le but suprême de tout savoir ; à une condition néanmoins, c'est que, comme on l'a dit avant moi, « l'esprit cherchera la raison des choses dans les choses mêmes. »

Laissant à de plus autorisés le soin de dire

quelle révolution cette alliance, expression la plus synthétique de l'esprit moderne, doit amener dans les connaissances humaines, et me circonscrivant dans des limites mieux appropriées à mes forces, je me suis borné à n'envisager dans les recherches qui composent ce volume qu'un côté de la question, — et il n'est encore que trop vaste si j'envisage *le quid valeant humeri*, — je veux dire l'application des sciences physiologiques et médicales à la philosophie et à l'histoire.

« Quand les médecins seront philosophes et quand les philosophes seront médecins, disait un critique contemporain, ils découvriront dans l'analyse des phénomènes morbides bien des faits de nature à éclairer la psychologie. » C'est le point de départ où je me suis placé, pensant avec le vieux Plutarque que « loin d'accuser les uns et les autres d'avoir oultrepassé leurs confins, il faudroit plutost les blasmer s'ils ne levoient et ostoient entièrement ces bornes pour labourer comme en un champ commun. (*OEuvres mêlées*, trad. d'*Amyot*.)

Linquamus aliquid, ut nos vixisse testemur,

écrivait Pline. J'espère que dans ce désir d'arracher à l'oubli, pour les conserver en quelques mémoires amies, ces pages enfouies en partie dans de volumineux recueils où l'on ne va guère les chercher, où il est en tout cas difficile de les trouver, on ne verra pas une preuve de l'opinion exagérée que je me serais faite de leur importance ; mais il m'a semblé que, réunies, elles acquéraient plus de valeur. Quelques-uns des mémoires qui composent ce volume ont pris, d'ailleurs, des développements assez étendus pour en faire un travail entièrement neuf ; tous ont été revus. Une idée-mère en unit les fragments divers : c'est que de l'union intime du physique et du moral dans l'homme, résultent entre la physiologie et la psychologie des rapports de mutuelle et étroite dépendance ; et que de cet enchaînement des phénomènes de l'ordre matériel et de l'ordre abstrait découlent des conséquences beaucoup plus nombreuses, beaucoup plus importantes qu'on ne se le figure communément, je ne dis pas seulement dans la conduite de la vie, mais dans les développements de la science et dans l'ordre des sociétés. De là résulte encore que la philosophie et la médecine sont deux sœurs dont le bon accord est nécessaire à l'accomplissement des destinées humaines, et dont on ne conçoit pas plus l'antagonisme qu'on n'imagine la désunion des deux principes qui composent l'homme.

Que la médecine se sépare de la philosophie, et dans l'étroit horizon où elle s'enferme, les rapports de causalité, les solutions générales, les principes et les méthodes lui font défaut. Que la philosophie oublieuse des illustres exemples qui lui ont été donnés en ce genre par les Descartes, les Bossuet, les Montesquieu, etc., dédaigne d'interroger les fonctions de l'organisme, et bientôt perdant le sens des réalités, elle s'abstrait dans un monde idéal qui peut nous montrer la raison humaine sous ses aspects variés, mais qui, négligeant tout le reste, est incapable de nous faire connaître nos rapports avec le monde extérieur, les lois du mécanisme social, et finalement les côtés pratiques de la vie.

L'application de ces données générales à l'ouvrage que je présente ici, m'a conduit à coordonner ainsi les matériaux dont il se compose.

Dans une première partie, j'étudie les rapports

de l'ordre physique et de l'ordre moral dans l'histoire, dans l'individu, dans la société.

Dans l'*histoire*, en y rattachant les causes de certains événements ; — dans l'*individu* en étudiant les lois de l'union entre l'âme et le corps, et la solidarité de certains troubles de l'intelligence avec des troubles correspondants dans quelques organes ; — dans la *société*, au point de vue des rapports de l'éducation et de l'économie politique avec l'hygiène et la physiologie.

La seconde partie est consacrée à montrer les rapports de *la philosophie* et de *la médecine* dans leur développement historique, et dans les conséquences qui en sont résultées à certaines époques de l'histoire, quant aux méthodes employées, aux mœurs, aux institutions médicales.

Là est l'unité de mon livre, ou pour parler plus modestement, de ce recueil. A la critique seule, il appartient de juger comment ce cadre a été rempli.

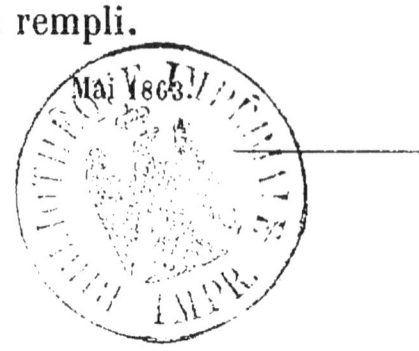

Mai 1863.

PREMIÈRE PARTIE

DU RÔLE
DE
LA MÉDECINE ET DES MÉDECINS

DANS L'HISTOIRE (1).

Quoique l'action du corps sur l'âme ne soit pas plus contestable que celle de l'âme sur le corps, et que cette double action s'exerce à tous les moments de notre existence, dans les occasions les plus solennelles comme dans les choses les plus indifférentes,

---

(1) L'essai qui sert de point de départ à ce mémoire, aujourd'hui plus développé, a paru en 1856 dans les *Annal. médico-psychologiques;* je n'en ai donc pas emprunté l'idée, alors peut-être assez neuve, au remarquable ouvrage que M. le docteur Moreau (de Tours) a fait paraître depuis sous le titre de la *Psychologie morbide dans l'histoire* (Paris, 1859); le livre de l'éminent aliéniste ressortit, d'ailleurs, à un autre ordre de recherches. J'en dirai autant des recherches, antérieures de plusieurs années, d'un célèbre observateur, M. Lélut, sur Socrate

les nombreuses et graves considérations qui découlent de ce mutuel rapport en matière d'histoire, de morale, de législation civile et religieuse, n'ont guère franchi, jusqu'à présent, le domaine de la spéculation pure. Présentes partout, dans l'éducation comme dans le sanctuaire de la justice, au lit du malade comme dans l'histoire, nulle part elles ne semblent avoir obtenu, en dehors du public médical, une place relative à leur importance. Je suis particulièrement étonné du silence gardé par les historiens sur cet ordre de faits, ou des étranges interprétations qu'ils en ont données, et je crois que les erreurs d'appréciation qui ont été la suite de cet oubli ou de ce dédain sont plus nombreuses qu'on ne le pense. L'immortel auteur du *Discours de la méthode* n'y faisait-il pas une allusion très-directe lorsqu'il disait que : « Même les historiens les plus fidèles, s'ils ne changent ni n'augmentent la valeur des choses pour

et sur Pascal. Ces travaux s'adressent plus particulièrement au public médical. Je citerai encore quelques publications récentes, mi-littéraires, mi-scientifiques, telles que *les Médecins au temps de Molière*, par le docteur Raynaud; le *Journal de santé de Louis XIV*, édité par M. Le Roy, etc. Nul doute qu'on ne voie bientôt se multiplier les travaux de ce genre. J'aurai atteint mon but, si j'ai réussi, pour ma part, à attirer l'attention du public lettré sur un important sujet d'études, naguères trop négligé.

les rendre plus dignes d'être lues, en omettent-ils presque toujours les plus basses et les moins illustres circonstances, d'où vient que le reste ne paraît pas ce qu'il est. » Et n'est-ce pas aussi ce qui faisait dire à Voltaire : « Si on pouvait confronter Suétone avec les valets de chambre des douze Césars, pense-t-on qu'ils seraient toujours d'accord avec lui ? Et en cas de dispute, quel est l'homme qui ne parierait pas pour les valets de chambre contre l'historien ? » (*Dict. philos.*, art. *anecd.*)

Pour tout dire, en un mot, sous la pompe un peu théâtrale qui me dérobe les acteurs du drame historique, j'aimerais à retrouver plus souvent le personnage lui-même. J'appliquerais volontiers à l'histoire la pensée du comique latin :

Homo sum, humani nihil à me alienum puto,

c'est-à-dire que je voudrais voir l'homme y figurer tout entier avec son tempérament physique et moral, tels que l'ont fait la race, le milieu dans lequel il s'est développé, le régime de vie auquel il a été soumis, les maladies même qui l'ont ébranlé, et qui ont eu plus fréquemment qu'on ne l'imagine une influence déterminante sur ses actes, et, par conséquent, sur les événements auxquels il a été mêlé.

Depuis Galien, qui y puisa le sujet d'un de ses traités les plus intéressants (1), jusqu'à Cabanis qui en fit l'âme de ses travaux, la plupart des physiologistes ont démontré l'influence du tempérament sur les facultés intellectuelles et morales de l'homme. C'est ainsi qu'ils y ont cherché tour à tour le secret des implacables vengeances ou des sombres fureurs des Tibère, des Philippe II; des qualités brillantes des Alcibiade, des Henri IV; des conceptions hardies, de l'énergie de la volonté ou de la persévérance dans les entreprises chez les Jules César, les Charles XII, les Cromwel, etc. Sans revenir sur un sujet qu'on peut regarder comme épuisé, bien qu'on n'en ait pas tiré, il s'en faut, toutes les conséquences qu'il contenait, je signalerai à l'historien philosophe une étude plus neuve et non moins curieuse à faire, celle des perturbations apportées dans nos facultés psychiques par la maladie, et, par suite, l'influence de cette dernière sur le succès de nos entreprises. Pascal qui pouvait en parler en connaissance de cause, n'ayant pas passé, comme il le disait, un seul jour sans

(1) *Quod animi mores temperamenta sequantur.* « Pour changer un caractère, disait J.-J. Rousseau, il faudrait changer le tempérament dont il dépend.... Pour moi, je trouve qu'il serait tout aussi aisé de faire un blond d'un brun, et d'un sot un homme d'esprit. » (*Nouv. Héloïse.*)

souffrir depuis l'âge de dix-huit ans, écrivait : « Les maladies nous gâtent le jugement et le sens; et si les grandes l'altèrent sensiblement, je ne doute point que les petites n'y fassent impression à proportion. » (*Pensées*). Il est cependant des états morbides, et Pascal lui-même nous en fournit la preuve, qui font exception à cette loi. Il en est même qui exaltent certaines facultés. Veut-on voir, d'ailleurs, comment, en dehors même de l'école physiologique, de grands esprits, partis de points de vue bien différents, ont pu se rencontrer dans les mêmes conclusions ? « Telle est, dit Lamennais, la relation qui existe entre l'être spirituel et sa limite ou son organisme, qu'un changement ne peut survenir dans l'un qui ne coïncide avec un changement analogue dans l'autre ; d'où il suit que l'état anormal ou maladif de l'être intelligent et moral produit nécessairement un état anormal ou maladif de l'organisation, et *vice versâ*. Ainsi, tantôt le désordre moral et intellectuel est consécutif au désordre organique, tantôt c'est le désordre organique qui est consécutif au désordre intellectuel et moral. Il y a dans les deux cas altération de la liberté. » (*Esquisse d'une philos.*, t. 2, p. 400.) Larochefoucauld avait dit en termes plus embarrassés, mais non moins affirmatifs : « Les humeurs du corps (elles jouaient alors le principal rôle dans l'explication des tempéraments et de la maladie) ont un cours ordinaire et réglé qui meut et qui tourne imperceptiblement notre volonté. Elles roulent ensemble et exercent successivement un empire secret en nous, *de sorte qu'elles ont une part considérable à toutes nos actions, sans que nous le puissions connaître.* » (*Maximes.*) C'est à cet ordre de circonstances que je circonscrirai pour le moment la démonstration d'une thèse dont la preuve expérimentale est écrite, pour qui veut l'y lire, à chaque page de l'histoire.

I

Parmi les états normaux ou anormaux dont notre organisation est le théâtre, il n'en n'est pas, on le comprend, qui doivent affecter plus profondément le moral que ceux qui ont leur siége dans le cerveau. Sans parler de l'influence incontestée de la plupart des lésions organiques de cet organe sur les facultés mentales qu'elles suspendent ou même anéantissent complétement, on peut citer, comme un exemple non moins frappant de l'union intime des deux principes, certains troubles intellectuels qui ont été considérés sous un aspect bien différent selon le degré des lumières ou les idées régnantes à chaque époque, et que l'on reconnaît aujourd'hui fournir la seule interprétation possible d'actions, de crimes même accomplis sans aucun autre motif apparent, ou tout au moins suffisant pour les expliquer.

Que ces étranges perturbations mentales, qui figurent de tout temps dans le catalogue de nos misères morales, aient passé inaperçues dans l'histoire, ou plutôt que leur véritable caractère ait été méconnu, c'est ce dont on n'a pas lieu de s'étonner quand on sait combien la magistrature elle-même a eu peine à accorder, même de nos jours, des lettres de naturalisation dans la science aux faits de ce genre, nonobstant les erreurs judiciaires dont ils ont été trop fréquemment la déplorable occasion. Cependant, si l'on rapproche les circonstances qui ont précédé, accompagné, suivi les crimes de quelques fanatiques, politiques ou religieux, des traits qui caractérisent quelques lypémanies, certaines monomanies ; ou des hallucinations qui précèdent la manie déclarée, et quelques folies instantanées et temporaires, osera-t-on affirmer avec une pleine conviction qu'il n'y a aucun rapport de causalité à établir entre ces ordres de phénomènes, et que l'histoire a dit à cet égard son dernier mot ? Laissons d'abord parler les faits, et citons, comme les moins contestables, quelques exemples pris dans l'histoire du régicide ; nous verrons ensuite quelle conclusion on peut en tirer.

« Le régicide est rarement, comme le fait observer un critique de nos jours, un crime isolé. Il existe à certaines époques de fermentation politique ou religieuse, des hommes qui, de sang-froid, jugent cet acte aussi odieux qu'insensé de nécessité sociale, ou comme pouvant seul renverser l'obstacle qui s'oppose à la réalisation de leurs projets. » S'il reculent devant l'application de leurs affreuses utopies, ils trouvent des complices, que de déplorables prédispositions organiques poussent au meurtre, sous l'impulsion de passions surexcitées jusqu'à la monomanie ou au délire. C'est ainsi que l'analyse des circonstances dans lesquelles se sont produits les attentats commis sur quelques-uns de nos rois, prouve que les crimes de Ravaillac, de Jacques Clément, de Damiens, ont eu pour point de départ un trouble morbide des facultés mentales, résultant lui-même du fanatisme politique ou religieux à son plus haut degré d'exaltation.

Quoiqu'en commettant son crime, Ravaillac n'obéit à aucune impulsion étrangère, comme cela avait eu lieu pour Jacques Clément, le mobile qui l'y poussa fut le même pour tous deux : « Ravaillac, dit un de ses biographes, était un de ces visionnaires rares, même au temps des guerres civiles et religieuses du xvie siècle, qu'il eût été facile de pousser au crime en leur montrant le ciel, mais qui pouvaient s'y lancer aussi d'eux-mêmes, quand leur cerveau troublé le leur présentait comme une vertu et peut-être comme un devoir. » (Villenave, *biogr.* Michaud) (1). Détenu pour dettes à Angoulême, Ravaillac avait eu maintes fois dans sa prison des hallucinations bizarres, qu'il raconta depuis dans ses interrogatoires. Dans un des voyages qu'il faisait à Paris, comme entremetteur de procès, l'idée lui vint d'entrer dans un couvent de Feuillants d'où il se fit renvoyer au bout de six semaines « pour ses visions, et par suite d'extravagances de nature à compromettre l'ordre entier. » (Poirson, *hist. de Henri IV*, t. 3.) On l'accusait de sorcellerie et de commerce avec les démons. Le père d'Aubigny, homme de sens, auquel il avait fait ses confidences, lui aurait dit : « que cela provenait d'un cerveau troublé, comme sa face le démontrait, » et lui aurait conseillé de retourner dans son pays, de manger de bons potages, et de prier Dieu. (*Interrog.*) Certes, un médecin n'eût pas dit mieux. Mais ses

---

(1) De l'aveu même du savant historien du règne de Henri IV « Ravaillac ne jouissait pas à beaucoup près de l'usage entier de sa raison. » (Poirson, *hist. de Henri IV*, t. 3.)

apparitions, notamment la dernière où il avait vu des hosties lumineuses voltiger devant sa face, avaient fait penser à Ravaillac qu'il était appelé par Dieu à détruire l'hérésie, et à assurer le triomphe de l'église catholique; et que le roi de France qui eût dû être l'instrument de ce grand dessein y mettant, au contraire, obstacle, il fallait le tuer. (*Id.*, *loc. cit.*, Bazin, *hist. de France sous Louis XIII*, t. 1.) Cependant le misérable avait lutté quelque temps, s'il faut l'en croire, contre l'obsession de cette idée. Plusieurs fois, il aurait tenté de s'introduire dans le Louvre et de parler à Henri IV « pour le déterminer à ranger à l'église romaine ceux de l'église réformée, et lui déclarer l'intention où il était de le tuer, croyant qu'il était expédient de lui faire cette remontrance avant d'en venir à cette extrémité. (*Interrog.*) N'ayant pu avoir accès auprès du prince, il pensa que cela annonçait sa condamnation par Dieu. Ses hésitations cessèrent complétement sur le bruit répandu dans le peuple que le roi allait faire la guerre au pape, et que les huguenots se préparaient dans l'ombre à un massacre général des catholiques. — Le crime commis, l'assassin qui eût pu facilement s'enfuir, dans le trouble qui s'en suivit, resta là, le couteau à la main, comme pour se glorifier de ce qu'il venait de faire. (*Journ*. de l'Estoile, *Mém*. de Sully, *suites à* de Thou.)

C'est au même ordre de faits qu'on peut évidemment rapporter les attentats dont Jean Châtel et Jacques Clément, ce dernier particulièrement, furent les aveugles instruments. Lorsque Mayenne et les principaux ligueurs eurent résolu la mort de Henri III, à qui s'adressèrent-ils pour mettre à exécution leur détestable dessein? A un jeune moine visionnaire, d'un caractère sombre, ardent, inquiet; superstitieux, de faible intelligence, et dont le jeûne, des entretiens nocturnes avec ses supérieurs, la réclusion dans un local rempli d'images terrifiantes (1), avaient achevé d'ébranler la raison, déjà troublée par des remords. J. Clément affirmait qu'un ange lui était apparu pendant son sommeil, lui présentant une épée nue, destinée à immoler le tyran. Il espérait obtenir par là un adoucissement aux peines éternelles qu'il disait avoir méritées par ses fautes. (*Mém. de la Ligue; Journ*. de l'Estoile ; de Thou.) Quoique les facultés mentales soient moins profondément atteintes chez Jacques Clément que chez Ravaillac, qui pourrait le regarder comme sain d'esprit?

(1) C'est ce qu'on appelait la *Chambre des Méditations*. On y voyait, pour l'édification des pécheurs, des démons représentés sous des formes épouvantables. (*Mém. de la Ligue*, t. 6.)

La tentative de Damiens sur la personne de Louis XV va nous offrir un spécimen non moins curieux d'aberration mentale, mais d'un genre différent. Les circonstances ne sont plus les mêmes ; à l'élément religieux qui fermentait naguère au sein des masses a succédé l'élément politique. Toutefois, ce dernier mobile est chez Damiens hors de proportion avec l'audace de son entreprise, avec les risques qu'elle lui fait courir et le résultat qu'il s'en promet. Né dans la condition la plus basse, cet homme avait montré dès l'enfance des inclinations perverses. Il était entré comme domestique dans plusieurs maisons d'où il s'était fait congédier successivement. Sa mauvaise réputation l'avait obligé de changer fréquemment de nom. « C'était, dit Voltaire, un homme d'un caractère sombre et ardent, qui avait toujours ressemblé à la démence. » (*Précis du siècle de Louis XV.*) Il était venu à Paris pour échapper aux poursuites exercées contre lui à l'occasion d'un vol. Jusqu'alors, on ne trouve guère place dans une pareille vie pour les préoccupations politiques. Mais c'était l'époque où la démission des membres du Parlement agitait les esprits, et faisait le sujet de toutes les conversations, dans la rue comme dans la grande salle du Palais. Cette effervescence populaire, contagieuse pour certaines organisations, prend chez Damiens les caractères d'une idée fixe. Il se rend à Versailles, portant sur lui un de ces mauvais couteaux de poche dont les gens du peuple ont l'habitude de ne pas se séparer. A peine arrivé, il demande, dans l'auberge où il est entré, que l'on fasse venir un chirurgien pour le saigner. Singulière manière de se préparer à un acte qui réclamait toute son énergie physique et morale! Le malheureux espérait-il se dérober par là à l'idée fixe sous l'obsession de laquelle il se sentait entraîné à commettre un crime? C'est du moins ce qu'il déclara plus tard, en reprochant à son hôtesse à Versailles d'être, pour n'avoir pas obtempéré à son désir, la cause de sa mort. S'il faut même en croire les récits du temps, Damiens se serait fait saigner depuis quelque temps tous les quinze jours, et il aurait pris de l'opium « pour calmer, dit un contemporain, sa frénésie de tuer le roi, qui le reprenait et augmentait selon l'effervescence du sang. » (*Mém. manuscr. du duc de Croy*, cités par Lémontey.) — Quoi qu'il en soit, Damiens se place le lendemain de son arrivée sur le passage du prince, avec l'intention bien arrêtée cette fois d'attenter à ses jours, car il l'attend jusqu'à six heures du soir. Le coup porté, il ne cherche aucunement à s'échapper. Il remet son couteau dans sa poche, et comme s'il voulait se faire mieux reconnaître, seul des assistants, il garde son chapeau sur la tête. Enfin, au milieu d'épouvantables tortures, il ne trouve aucun motif à donner de son crime, que la disgrâce du Parlement et « le désir qu'il avait de ramener le roi par un avertissement, car il se défend d'avoir voulu le tuer, à de meilleurs sentiments. » A la suite de son interrogatoire, en proie comme il devait l'être à la terreur des supplices qu'on lui réserve, il écrit de sa propre main sur la marge de son dossier : « Il faut que le roi remette son Parlement, et qu'il le soutienne, avec promesse de ne rien faire aux ci-dessus dénommés et compagnie (quelques membres nominativement désignés en haut de la page) ; enfin, qu'il punisse l'archevêque, cause de tout le mal. » Du reste, Damiens continuait d'affirmer qu'il n'avait nullement l'intention de tuer le roi, « qu'il ne voulait que le blesser. » Et, en effet, l'instrument assez inoffensif ou du moins peu meurtrier dont il s'était servi (une mauvaise lame de canif jointe à son couteau), semblait presque confirmer son dire. Crime étrange, on en conviendra, entrepris pour de tels motifs et par de tels moyens ! Singulier régicide que cet homme qu'une évacuation sanguine, dont il sentait instinctivement le besoin, eût peut être arraché à la torture !

Il est à remarquer que l'on trouve presque toujours chez les auteurs des crimes inspirés par le fanatisme politique ou religieux, cette humeur inquiète, ce caractère sombre et ardent, cette concentration morale qui les rend en quelque sorte étrangers à ce qui se passe autour d'eux, et imprime à tous leurs actes ce caractère particulier d'étrangeté et d'exaltation sauvage qu'offrent souvent les individus prédisposés à la lypémanie, ou atteints de cette forme d'aliénation mentale à son premier degré. Quelques-uns, comme Becker, l'assassin du roi de Prusse, avaient des fous dans leur famille. César en parlait en physiologiste lorsqu'il disait : « *Florida Antoniorum facies neminem terret ; flores intexunt et sicas nunquam acuunt. Vultus illos macilentos et adustos reformido.* »

Appelé à décider si des hommes tels que Ravaillac, J. Clément, Damiens, etc., étaient ou non en possession de leur liberté morale, j'ignore quel arrêt j'aurais rendu comme juge ; mais, comme historien, comme moraliste, j'eusse voulu, avant de me prononcer, ne laisser dans l'ombre aucun des côtés de ces tristes natures. J'aurais cru devoir me rendre compte dans l'appréciation de tels actes, des mobiles divers de l'ordre physiologique ou psychologique, sous l'entraînement desquels ces malheureux ont dû agir. Enfin, comme médecin, je n'eusse pas hésité à les regarder comme agissant sous l'impulsion d'une cause morbide, d'une folie partielle (1). Est-ce donc rabaisser l'homme que de chercher à diminuer le nombre, toujours trop grand, hélas ! des crimes qu'il conçoit de sang-froid, ou en pleine possession de son libre arbitre ? A Dieu ne plaise que tirant de quelques faits une doctrine absolue, je songe à décharger la créature raisonnable de la part de responsabilité qui lui incombe dans l'accomplissement de sa destinée ; à contester à la société son droit de légitime défense ; à ne voir enfin que des aliénés dans tous les criminels (2). Mais s'il est des individus dont la raison cotoie d'aussi près la folie, chez lesquels il

---

(1) Ceci était écrit lorsque j'ai pu constater, en lisant pour la première fois l'ouvrage de M. Moreau, que telle était aussi l'opinion formulée par l'éminent aliéniste sur les hommes dont je viens de parler. Je n'ai pas pensé que cette conformité d'opinion fût un motif pour supprimer dans mon livre les pages qu'on vient de lire, ne pouvant que me féliciter de m'être, à mon insu, trouvé d'accord sur ce point avec un écrivain dont le nom a une si grande autorité en ces matières.

(2) Les recherches statistiques des médecins aliénistes les plus autorisés ont néanmoins prouvé que la folie est beaucoup plus fréquente chez les criminels que chez les autres hommes ; ce qui s'explique, d'ailleurs, quand on réfléchit que les crimes sont souvent le résultat d'une vie de désordres et d'excès qui portent surtout leur action sur le cerveau.

existe à peine quelques vestiges de la liberté morale, n'y a-t-il rien de mieux à faire que de les envoyer à la mort? Et si la loi a moins pour fin dernière de punir que de prévenir, atteint-elle son but en frappant indistinctement de la même peine des criminels entre lesquels il peut exister d'aussi profondes démarcations intellectuelles et morales? « Des faits nombreux prouvent, disait Ballanche, qu'à certaines époques, la vue des supplices a créé chez quelques individus le funeste besoin de se donner eux-mêmes en spectacle... Des mélancoliques ont recherché, faute d'une autre célébrité, la gloire de tortures qu'ils avaient vu endurer avec la constance du martyr. Le supplice de Jean Châtel a peut-être fait Ravaillac. » M. H. Martin signale aussi quelque part « cette étrange monomanie d'imitation que les crimes éclatants traînent souvent après eux » ; comme si leurs auteurs n'étaient que l'aveugle personnification des haines et de l'exaltation politique ou religieuse qui fermentent dans les bas-fonds des partis, à ces époques où la société est elle-même en proie à l'une de ces maladies morales propres aux époques de révolution et de transition. Le sang est contagieux comme l'air, écrivait M. de Lamartine en parlant des crimes de la terreur. Il est certain qu'on a presque toujours vu les attentats régicides qui ont ensanglanté l'histoire ou attristé notre temps, se succéder à peu d'intervalles, ou même se répéter sur plusieurs points à la fois (1). Et, chose remarquable, ce ne sont pas seulement, comme le fait observer M. Moreau, les passions mauvaises, égoïstes, qui ont enfanté ces déplorables actes : on les a vus résulter aussi, mais dans des circonstances heureusement bien rares, de mobiles désintéressés, nobles même ! témoin Charlotte Corday.

Nous venons de voir comparaître l'aliéné devant l'histoire, suivons le devant la législation ; et qu'il me soit permis, à titre de physiologiste, de présenter quelques réflexions sur la pénalité relative aux actes de la nature de ceux qui nous occupent ici.

(1) A l'époque où le roi Louis-Philippe était en butte à des tentatives quasi périodiques d'assassinat, C. de M., alors avocat-général à la cour de N., de plus physiologiste distingué, et auteur d'un curieux mémoire sur la monomanie dans ses rapports avec la jurisprudence, écrivit au garde-des-sceaux qu'il regardait le régicide en accusation (c'était, je crois, Alibaud) comme un monomane qu'il fallait, dans l'intérêt de la morale comme dans celui de la politique, traiter en conséquence ; ce qui mettrait plus sûrement le prince à l'abri de ces odieuses tentatives qu'une expiation sanglante, laquelle ne ferait qu'allumer chez des fanatiques de la même trempe la soif du martyre. C. offrit même, m'a-t-on dit, de défendre l'accusé. Son avis fut peu goûté, et l'on trouva probablement que le magistrat n'était pas tout à fait dans son rôle, car il fut invité à se démettre de ses fonctions. Il n'en est pas moins vrai que si l'intelligence n'est pas, chez de tels hommes, dans son état normal, leur cerveau ne peut pas être non plus dans son état d'intégrité.

Aux yeux de la loi française, on est fou ou on ne l'est pas ; il n'y a pas de milieu. Reste seulement dans les affaires criminelles l'application arbitraire et souvent malencontreuse des circonstances atténuantes. Aussi voyez dans quel embarras se trouvent devant la justice les médecins auxquels on pose tous les jours ce terrible dilemme, sans songer que de la folie à la raison, il y a de nombreux degrés ; que savoir où commence l'une, où finit l'autre, est souvent le plus obscur des problèmes ; qu'enfin, en dehors de la manie déclarée, il y a certaines perturbations mentales, certaines excentricités de conduite ou de caractère qui ne peuvent se concilier avec l'intégrité de l'entendement et l'exercice complet de la liberté morale. La loi actuellement en vigueur en Grèce est évidemment en progrès sous ce rapport sur la nôtre, en admettant des peines inférieures et graduées, selon « le degré de trouble, ou la faiblesse d'esprit du coupable. (Art. 87.) »

La cause de cette différence dans les deux législations, la voici :

Quelques parfaites qu'elles soient, les lois ont une date ; et si, en ce qui a trait aux principes éternels du juste, elles sont marquées d'un caractère imprescriptible, en ce qui touche les progrès des sciences humaines et sociales, elles sont éminemment perfectibles. Or, la législation grecque est contemporaine des progrès tout récents de la pathologie mentale, tandis que le Code Napoléon date d'une époque où cette branche des sciences médicales sortait à peine de sa longue enfance. Les fous étaient encore, au XVIII° siècle, des espèces de brutes enragées, qu'on chargeait de chaînes, mais qu'on ne songeait guère à guérir. Quant à ces cas de folies partielles, héréditaires ; quant à ces folies spontanées ou temporaires dont les aliénistes de nos jours ont débrouillé l'histoire, il n'en était question que dans les circonstances où leurs manifestations flagrantes conduisaient leurs victimes dans une maison de fous, ou, ce qui était le cas le plus fréquent, devant les tribunaux. Il ne saurait plus en être ainsi dans l'avenir, sous peine de constituer la loi en état d'anachronisme perpétuel vis-à-vis de la science, dont les progrès amèneront nécessairement des réformes réclamées par la justice et par l'humanité (1).

(1) Platon, après avoir proclamé dans le *Timée* que l'ignorance et la folie sont la cause de toutes les maladies de l'âme, devait en conclure naturellement que « la punition due à celui qui s'égare est de l'éclairer. » (*Critias*.) Cette morale profonde et sublime, quoique bonne à remettre sans cesse sous les yeux des législateurs et des gouvernants, ne peut commander sans doute le sacrifice de l'intérêt général et de la sécurité

II

Mais laissant là des actes auxquels il faut après tout, dans l'intérêt de la morale comme dans celui de la sécurité sociale, si ce n'est toujours une répression sanglante, du moins une expiation et la condamnation solennelle de la conscience publique, je passe à une autre classe d'hommes, dont l'étude longtemps négligée peut fournir un curieux chapitre à la psychologie morbide dans ses rapports avec l'histoire.

Ici je trouve deux catégories à faire. Chez les individus qui composent l'une, il y a, si ce n'est dans tous les cas un amoindrissement général des facultés de l'entendement, au moins une atteinte grave des plus importantes de ces facultés, notamment de l'attention, du jugement, du raisonnement.—Chez les autres, l'intelligence mi-partie d'idées raisonnables et de conceptions fausses, laisse voir, à côté de facultés troublées ou d'éclipses partielles de la raison, des aptitudes parfois très-remarquables, des conceptions marquées de

---

publique. La société ne doit pas abdiquer le devoir rigoureux qui lui incombe de protéger ses membres, et de mettre les auteurs de pareils attentats dans l'impossibilité de nuire. Seulement que les sévérités de la loi ne nous fassent pas oublier les devoirs parallèles qui nous sont imposés envers nos semblables : ÉCLAIRER LES IGNORANTS, — GUÉRIR LES MALADES !

l'empreinte du génie, ou un caractère d'une énergie peu commune.

Occupons-nous d'abord des premiers, les plus nombreux, et parmi lesquels on peut ranger ces hommes qui ont, sur chaque chose, une manière de voir et de sentir contradictoire à toutes les idées reçues ; ces êtres à la fois violents et faibles, qui s'emportent sans motif et se laissent aller à tous leurs penchants, sans que la raison ou la volonté puissent y faire contre-poids ; les brouillons, les esprits fantasques, superficiels et sans lest, dont le caractère inquiet, l'imagination déréglée engendre une foule de bizarreries ou de travers qui les distinguent du reste des hommes, et ne leur permettent jamais de rester en repos ; certains hypocondriaques sans cesse agités d'inquiétudes sans objet, et de défiances qui finissent par dégénérer en véritables monomanies (1).

(1) Ces individus appartiennent de plus ou moins près à l'une des treize classes de *fous lucides* admis par M. Trélat, dans sa curieuse monographie, sous les dénominations suivantes : imbéciles, inertes, méchants, orgueilleux, jaloux, dissipateurs et aventuriers, érotomanes, satyres et nymphomanes, dipsomanes, kleptomanes, monomanes (auxquels l'auteur rattache sans doute les monomanes homicides et incendiaires).— Quelques-unes de ces classes semblent rentrer l'une dans l'autre. Les individus qui les composent sont souvent désignés dans le monde sous le nom de cerveaux fêlés ou d'*excentriques*. Or, *folie, excentricité* sont, dit M. Moreau, deux états pathologiques ayant une commune origine. (*Loc. cit.*, p. 188.)

Si les différentes sortes d'esprits mal pondérés, dont je viens de parler, appartiennent à une condition privée, le secret de leurs aberrations mentales reste ordinairement enfoui, autant que la chose est possible, dans le secret des familles, qui ont intérêt à les dissimuler, ou au moins dans un cercle restreint de personnes. Il en est même, comme le fait observer M. Trélat, qui réservent leurs caprices, leurs exigences ou leurs fureurs pour leurs proches. Dans les conditions élevées, où la vie est plus en dehors, la chose paraît moins facile. Cependant, la crainte, le respect, la politique ferment fréquemment la bouche à ceux qui seraient le mieux à même d'en parler. — C'est ainsi, par exemple, que les quinze ou vingt dernières années de M. le prince (le fils du grand Condé) furent marquées par des accès de folie *qu'on se racontait tout bas*, dit Saint-Simon, les convenances obligeant à les tenir aussi secrètes que possible. Ce n'est pas que l'intelligence lui manquât; mais chez lui, la folle du logis en était devenue la maîtresse. « C'était, dit l'impitoyable chroniqueur, un composé des plus rares qui se soit jamais rencontré. Personne n'a eu plus d'esprit et de toutes sortes d'aptitudes ; ni rarement tant de savoir en presque tous les genres, avec un goût exquis et universel.... Jamais aussi tant de talents inutiles, tant de génie sans usage, tant et une si continuelle imagination, uniquement propre à le rendre son bourreau et le fléau des autres. » Ce même personnage « dont on avait peine à se défendre, tant il exerçait de séduction sur ceux qu'il voulait captiver, » se livrait à des accès d'emportement « à se porter aux derniers excès sur des bagatelles. » Il donnait d'ailleurs de véritables preuves d'insanité, comme « lorsqu'il imitait les façons de quelque bête ; se roulait sur le lit de la duchesse de Noailles, à laquelle il venait rendre visite, s'excusant de cette irrévérence « dont il n'avait pu s'empêcher en voyant un si bon lit » ; ou lorsqu'il refusait de manger sous prétexte qu'il était mort, et que les morts ne mangeaient pas ; résolution dont son médecin ne put le faire revenir qu'en lui amenant des gens qui déclaraient qu'ils étaient morts, et ne mangeaient pas moins pour cela. (*Mémoires* de Saint-Simon, t. 7.) — Le prince de Conti n'était pas beaucoup plus sain d'esprit, s'il en faut croire la princesse Palatine : toujours distrait, l'air effaré, parlant tout seul, et faisant les grimaces les plus affreuses (tics nerveux), il se livrait sur son entourage à des actes de brutalité révoltante et sans aucun motif ; il adorait sa femme, et la menaçait souvent de la tuer. (*Corresp.*)

Voilà tout un ordre de faits qui, bien qu'ayant pu servir de point de départ à des événements importants, ont dû être mal interprétés, ou rester entièrement inconnus aux historiens. Ceux-ci n'ont guère, eu ce genre, d'autres documents à leur disposition que des mémoires secrets, dont les auteurs plus ou moins autorisés, quelquefois inconnus ou anonymes, n'ont souvent visé qu'au scandale, ou ont été les instruments de vengeances posthumes.

Le jour commence cependant à se faire, grâce à l'esprit critique introduit dans l'histoire, sur les circonstances intimes de la vie de plusieurs personnages historiques appartenant à la catégorie des esprits dont nous parlons. Quelques publications récentes nous en fournissent de curieux exemples. Je demande si l'histoire doit peser dans la même balance que le commun des hommes, et si, dans les relations habituelles de la vie, on regarderait comme sain d'esprit un homme semblable à ce czar Pierre III, dont une des distractions favorites était de faire danser des marionnettes, ou de passer des revues de soldats de plomb ; qui condamnait solennellement un rat à être pendu et exposé trois jours dans son palais, pour avoir dévoré deux de ses poupées ; ivrogne et débauché, extravagant et ridicule ; changeant d'uniforme vingt fois dans un jour ; ne faisant rien qu'avec violence, soit qu'il se livrât à des exercices furieux sur le violon, soit qu'il jouât aux cartes avec ses gens, dans la société desquels il aimait à se divertir, sauf à les rosser ensuite à coups de bâton ou de plat de sabre. (Jauffret, *hist. de Catherine II*, et les propres mémoires de cette impératrice.) — Y a-t-il aussi deux manières de juger Paul Ier, cet autre autocrate qui, sans parler de la sombre défiance et des accès de colère furieuse auxquels il immolait tout ce qui lui portait ombrage, édicta cette foule d'ukases où le grotesque s'alliait à la plus intolérable tyrannie ; tantôt défendant de valser, de crier gare aux piétons, d'employer certains mots, tels que *patrie, citoyens, révolution*, etc. ; tantôt réglementant les différentes pièces du seul costume qu'il permit à ses sujets de porter, avec l'indication des nuances autorisées, de la hauteur que devait avoir le collet, la manière de nouer la cravate, de porter les cheveux, etc. (*Mém.* de l'amiral Tchitchagoff, *in Athœneum*.)

Une étude non moins curieuse à faire, à ce point de vue, serait celle de certains écrivains dans les œuvres desquels on trouve réunies, à quelques lueurs de talent, des excentricités qui feraient naître volontiers des doutes sur l'état de leurs facultés mentales, et qui fourniraient matière à de piquantes recherches sur la *psychologie du ridicule*. Un mauvais livre est toujours la preuve d'une infirmité intellectuelle. Il est telles aberrations du goût, telles bizarreries de langage, telles associations grotesques d'idées, qui sont incompatibles avec l'intégrité de l'entendement. Pour trouver la confirmation de cette thèse, il suffirait peut-être d'établir un parallèle entre l'écrivain et les œuvres, entre les actes et les écrits (1). J'irai même plus loin, et je dirai que le mot de Buffon « le style est l'homme même, » n'est pas moins vrai physiologiquement qu'il l'est au moral ; que le tempérament de l'écrivain, je dirais presque les fluctuations de sa santé se reflètent dans ses œuvres. Ainsi, Corneille, Bossuet ont le corps aussi fermement trempé que l'âme ; la sensibilité de Racine fait, on sait comment, entièrement défaut à Boileau ; dans le style de Pascal se trahit tour à tour la surexcitation du système nerveux, ou la concentration particulière aux névropathiques ; et de même que l'ampleur de la période est

---

(1) L'histoire littéraire en fournirait de nombreux exemples : tels Cyrano de Bergerac, le père Saint-Louis, l'absurde auteur du poème de la *Magdelaine*, etc. Ainsi, la plupart des grotesques dont Théophile Gautier nous raconte l'histoire, sont des gens à habitudes excentriques ou menant la vie de bohèmes, et dont les difformités morales sont en rapport avec les difformités littéraires.

en rapport chez Buffon avec l'expansion facile de sa riche complexion, la phrase alerte de Voltaire révèle cette organisation vivace, toujours prête à la lutte, et qui, malgré son apparente débilité, peut rester plus de soixante ans sur la brèche. Que de choses délicates ou vivement senties dans Vauvenargues, et dont la délicatesse même tient à l'exquise sensibilité d'une nature maladive qui n'a guère connu de la vie physique que ses épreuves ! Quelle différence entre ce style ému, avec une teinte habituelle de mélancolie ou d'amertume, et la manière tempérée, froidement spirituelle, sans élan, de cet autre moraliste, son devancier, Fontenelle, toujours maître de ses pensées comme de ses affections, et puisant dans l'éloignement de sensations trop vives l'art de vivre cent ans !

Mais je ne pourrais m'arrêter plus longtemps sur ces considérations sans m'écarter du but de ce travail, et je passe aux excentriques de la seconde catégorie, ceux, ai-je dit, qui, à côté de certaines facultés souvent très-développées, ne jouissent pas cependant de toute l'intégrité de leur raison.

Ici, je placerai ces étranges esprits, ces songe-creux, comme on les désigne, occupés à poursuivre de préférence les questions insolubles ; certains inventeurs absorbés dans une idée fixe ; ces réformateurs à utopies irréalisables que font éclore les révolutions sociales, et qui, selon qu'on les envisage par leur côté sain ou malade, sont admirés, quasi divinisés par les uns, prêts à leur ouvrir le panthéon de nos grands hommes ; ridiculisés par les autres, qui leur feraient délivrer volontiers une carte d'entrée pour Charenton.

L'histoire des sciences nous en offre un type remarquable dans un homme auquel Leibniz reconnaissait un véritable génie, tout en le regardant comme un fou, Cardan, l'un des créateurs de l'algèbre, et dont la vie n'est qu'un tissu d'extravagances, d'actions incohérentes, viles, ou même criminelles. (Sardou, *Biogr. générale*.) Tout, en effet, se ressentait du désordre de ses idées ; tout annonçait, depuis ses actes et ses discours jusqu'à ses dehors et sa démarche, une intelligence complétement en dehors de la règle commune. Tantôt on le voyait richement vêtu se faire traîner dans une voiture à trois roues, tantôt couvert de haillons courir les rues pendant la nuit ; vendre ses meubles pour jouer, et convertir sa maison en un tripot ouvert à tous les mauvais sujets de Milan. Cherchait-il à se distraire d'un ennui ou d'un chagrin ? C'est dans des sensations douloureuses qu'il puisait ses moyens de consolation, jeûnant, se fustigeant, se mordant jusqu'au sang pour éprouver, disait-il, cette espèce de volupté qui succède à une douleur apaisée. Il assure même qu'il essaya plusieurs fois de se tuer ; recette infaillible assurément pour se guérir de tous maux. Au reste, dans le chef-d'œuvre d'extravagance qu'il publia sous le titre *de Vitâ propriâ*, il ne laisse rien à ajouter à ses détracteurs. Nonobstant le fabuleux orgueil qui le porte à se considérer comme un des êtres les plus parfaits sortis de la main de Dieu (1), et à compter sa naissance parmi les événements mémorables de l'humanité, il n'hésite pas, par une de ces étranges contradictions dont il abonde, à se peindre comme un composé de tous les vices, à peine rachetés par quelques qualités très-contestables ; peinture, dit son biographe, dont le cynisme dépasse de bien loin les aveux de J.-J., et qui, dans la bouche d'un autre que lui-même, passerait pour de la diffamation. (Id. *loc. cit.*) Ardent fauteur des théories cabalistiques et des sciences occultes qui s'y rattachent, Cardan attribuait tous les malheurs de sa vie à l'influence des astres, et tirait aussi ses pronostics de la chiromancie. Superstitieux et visionnaire,

---

(1) Natura mea in extremitate humanæ substantiæ conditionis que, et in confinis immortalium posita (Cardan, *de vitâ propriâ*).

comme tous les esprits de cette trempe, il prétendait entretenir commerce avec l'autre monde, et avoir eu dès l'âge de quatorze ans des apparitions extraordinaires, indice d'une nature exceptionnelle. Ses ouvrages sont le résultat d'une inspiration divine; il est averti en songe de tout ce qui doit lui arriver; se prétend doué de la faculté de tomber en extase à volonté, et de faire apparaître devant lui les images qu'il a évoquées. (Bayle, *Dict. philos.*) C'est, on le voit, un des ancêtres du spiritisme contemporain. Il n'est pas plus difficile d'ailleurs de le trouver en grossière contradiction avec lui-même que de le prendre en flagrant délit de mensonge, et il ne fait pas de difficulté d'avouer « qu'il change d'opinion à toute heure. » Tel fut l'homme qui a laissé un nom impérissable dans les mathématiques, et qui, en médecine comme en une foule de choses (car c'était un esprit d'un savoir encyclopédique), a émis des idées sinon toujours vraies, du moins empreintes d'un remarquable cachet d'originalité.

Avec moins de génie peut-être, mais avec des facultés beaucoup mieux équilibrées, et infiniment plus de suite dans les idées, plus honorable d'ailleurs de sa personne, un des réformateurs de nos jours, Charles Fourrier pourrait prendre place dans cette galerie. On ne peut nier qu'à côté des conceptions fantastiques de sa cosmogonie, nonobstant son incroyable néologisme et ses prétentions à la seconde vue, cet étrange esprit, mélange de bon sens et d'extravagance, de profondeur et de subtilités ridicules, ne laisse percer dans ses rêves de réforme sociale des éclairs de génie, et des aperçus de la plus haute portée.

Un des caractères ordinaires de cette classe d'hommes, c'est l'esprit de prosélytisme, résultat d'une foi ardente, et qu'on voit chez quelques-uns aboutir à une véritable monomanie. Tel le prussien Clootz, l'un des plus singuliers comparses du drame révolutionnaire en France. L'imagination surexcitée par les idées d'émancipation universelle et de régénération sociale qu'il avait puisées dans les ténébreux écrits de quelques métaphysiciens d'Allemagne, Clootz, né baron, et possesseur d'une grande fortune, avait entrepris, sous le nom d'Anacharsis (le philosophe voyageur), la propagande universelle de ses idées. La révolution française, en lui faisant envisager le prochain accomplissement de ses rêves, avait mis le comble à son exaltation. (*Encyclop. des g. du m.*) Il se présente à la barre de la Convention, tantôt comme l'*orateur*, tantôt comme l'*ambassadeur du genre humain.* Non content de s'attaquer aux tyrans de la terre, il s'en prend à Dieu lui-même, dont il se déclare « l'ennemi personnel ; » à la Convention qu'il poursuit de ses motions et de ses discours. C'est encore au nom du genre humain qu'il vote la mort du roi. Lorsqu'il est condamné avec Hébert et ses complices, — bien innocent d'ailleurs des crimes qu'on lui impute, — il ne peut dépouiller jusque sur la fatale charrette son rôle de convertisseur, et prêche encore le matérialisme à ses compagnons d'infortune, en s'acheminant vers la guillotine. Là, il demande à être exécuté le dernier « afin de pouvoir, dit-il, constater certains principes pendant qu'il verrait tomber la tête de ses amis. (*Ibid.*) » Nous avons vu de nos jours revivre Clootz, mais au milieu de circonstances heureusement moins tragiques, dans la personne de l'honnête Jean Journet, dit *l'apôtre*.

L'histoire de quelques illuminés, tels que Paracelse, Fludd, Swedenborg, Kirchberger, Swammerdam et Lavater, au déclin de leur carrière ; celle d'un grand nombre de théosophes ou de mystiques, nous fournirait, en ce genre, de nouveaux types propres à nous faire comprendre comment, pour nous servir des expressions de M. Moreau, on peut être à la fois un penseur sublime et extravagant, exprimer les plus étranges rêveries dans le plus beau langage.

Si, sans quitter ce sujet de recherches, nous changeons de théâtre, et que nous passions du monde abstrait dans le monde des faits, des songeurs dont nous venons de parler aux hommes d'action, nous retrouverons parmi quelques personnages historiques mêlés par leur position ou par les circonstances au maniement des affaires humaines, ce singulier alliage d'aptitudes incontestables avec de complètes aberrations de jugement et de conduite, qui caractérisent, disions-nous, quelques-unes de ces intelligences mixtes dont nous faisons ici l'histoire.

Frédéric-Guillaume, auquel la Prusse dont il fonda la grandeur, doit, entre autres choses, son organisation militaire, et qui fit preuve d'ailleurs d'un véritable génie administratif, s'abandonnait, dit Macaulay, *à de véritables accès de démence*. Son fils Frédéric était particulièrement l'objet de ses inexplicables fureurs (1). Tantôt il lui arrachait les cheveux, tantôt il lui lançait au milieu d'un dîner un plat à la tête. Un jour, il le traîne vers une fenêtre, et il l'eût étranglé avec le cordon des rideaux, si on ne l'eût arraché de ses mains. Parfois, il contraignait ses enfants à manger des ali-

(1) C'est ce que les médecins allemands ont décrit sous le nom d'*iracundia morbosa*, sorte de folie sur laquelle nous reviendrons plus loin.

ments malsains et répugnants, ou il crachait dans leurs assiettes. Une de ses lubies était de faire acheter dans toutes les parties du monde des hommes d'une stature gigantesque, dont il avait formé des bataillons d'élite pour des conquêtes imaginaires ; car sa passion belliqueuse n'aboutit jamais qu'à passer des revues ou à faire de petites guerres. Cette espèce de traite des blancs était très-dispendieuse. L'un de ces soldats-géants, Irlandais de naissance, lui avait coûté 52,500 francs. Frédéric-Guillaume, dont le palais était devenu, par ses brutalités extravagantes ou féroces, un véritable enfer, sut cependant mourir avec calme et dignité. (Macaulay, *Essais biogr.*)

On pourrait ranger parmi les esprits de la même trempe, mais dans une nuance moins accusée, le célèbre directeur du Paraguay, ce docteur Francia, qui atteint d'une profonde hypocondrie, offrait, à côté d'une incontestable habileté en matière d'administration, les bizarreries les plus étranges, les caprices les plus fantasques, et une cruauté tournée en véritable monomanie sous l'empire d'une idée fixe, c'est qu'il était entouré d'ennemis qui en voulaient à ses jours, en butte à des complots sans cesse renaissants (1).

(1) « Malheur à celui qui, n'ayant pas eu le temps de fuir ou de se cacher, se rencontrait sur son passage, il était sabré sans miséricorde, on allait pourrir en prison. » (*Monit. des hôpit.*, 1856.)

III.

« Un pouvoir sans bornes, dit un des philosophes les plus distingués de notre temps, est aussi fatal à la raison de celui qui l'exerce qu'à la dignité de celui qui le subit. » (Franck.) Aussi, chose digne de remarque, c'est dans l'histoire de ces gouvernements despotiques, où les volontés du maître en possession du dangereux privilége de pouvoir tout faire impunément ne trouvent ni obstacle ni frein, que se rencontrent ces étranges caractères, ou, pour parler plus exactement, ces tristes démences, juste expiation sans doute du mépris de la raison humaine et de l'abus monstrueux de la puissance, mais dont le côté physiologique ne doit pas être négligé.

Sans prétendre amnistier des noms justement flétris, on peut se demander si, à cet égard, l'histoire n'a aucune révélation à puiser dans la physiologie ou même dans la pathologie mentale. Qu'il me soit permis de rappeler ici, au point de vue de ces sciences, les circonstances les plus caractéristiques de quelques règnes tristement fameux dans les annales du genre humain.

Quand on porte l'analyse physiologique dans la vie des affreux tyrans qui se succédèrent dans la Rome impériale, on ne peut s'empêcher d'attribuer aux paroxismes d'une affection mentale à l'état chronique, ou tout au moins à une surexcitation morbide habituelle du système nerveux, dont la médecine démontre la fréquente hérédité, l'incohérence ou l'extravagante ineptie de leurs actes ; ces fureurs insensées, ces débauches qui outragent la nature et dépassent toute croyance (1). Ce pouvoir sans bornes, ce droit de vie et de mort sur tous les peuples prosternés à leurs genoux, leur donne le vertige. Les honneurs que peut ambitionner un simple mortel ne suffisent plus à CALIGULA ; il se croit Dieu, fait substituer sa tête à celle de plusieurs divinités apportées de la Grèce,

---

(1) « Il y eut chez tous les Césars, dit M. Ampère, un principe maladif. Le premier était épileptique, son neveu fut toujours valétudinaire. Une humeur âcre ulcérait la face de Tibère ; Caligula était d'une pâleur étrange, dormait peu, avait constamment une sorte de transport au cerveau. Claude eut une disposition physique à l'imbécilité ; Néron donna des signes non équivoques de folie. » (L'*Histoire romaine à Rome*.) Ce que dit là M. Ampère de l'humeur âcre qui surexcitait Tibère, me rappelle un passage de Cabanis où, dans un style qui a vieilli, médicalement parlant, ce médecin constate un fait dont les progrès de la science ont confirmé la réalité ; il accuse « les acrimonies de la lymphe et les humeurs rongeantes qui en découlent, de faire naître la mélancolie et même la fureur. (*Rapports du physique et du moral*, 7ᵉ mém.) Plusieurs observations ont, en effet, signalé depuis lors la coïncidence fréquente de la folie sous différentes formes avec certaines affections, notamment avec la pellagre, soit endémique, soit sporadique. (*Folie pellagreuse*.)

se montre en public avec leurs attributs et ordonne qu'on l'adore (1). On lui élève un temple à côté de celui de Jupiter, dont, à l'aide d'une machine qu'il a fait construire, il cherche à imiter le tonnerre. Il a des entretiens avec la lune, dont il veut être regardé comme le mari. Caligula a d'ailleurs toutes les ambitions, il est affamé de tous les genres de célébrité. Cocher ou gladiateur dans le cirque, il aspire aux succès du chanteur ou du comédien sur la scène. Il n'est pas jusqu'à la gloire du conquérant qui ne l'ait un jour tenté. Mais, comme il est aussi lâche que cruel, parti en fanfaron pour une expédition en Bretagne, il revient sur ses pas après s'être avancé quelques lieues en mer, satisfait, dit-il, d'avoir dompté Neptune ; et il occupe ses soldats à ramasser sur le rivage des coquillages et des galets qui doivent orner son triomphe. Ainsi que beaucoup d'aliénés, il a le goût des oripeaux ou des toilettes les plus excentriques, et qui peuvent le mieux le distinguer par leur étrangeté. Il se pare de bracelets et de chaussures de femmes, et pour ressem-

(1) Datoque negotio ut simulacra numinum religione et arte præclara, inter quæ Olympici Jovis apportarentur è Græcià, quibus capite demto suum imponeret..... templum numini suo proprium, et sacerdotes, et excogitatissimas hostias instituit. (Suétone, *lib.* iv.)

bler au Jupiter Olympien, il porte une barbe d'or. L'expression farouche de son visage, son extrême pâleur, sa démarche, tantôt lente et tantôt précipitée par saccades et sans motif, lui donnaient d'ailleurs toutes les apparences d'un fou. On sait quels honneurs il faisait rendre à son cheval *Incitatus*, dont il se proposait de faire un consul au moment où il le perdit. Plût au ciel qu'à ces caprices de despote en délire, il n'ait pas joint ces goûts sanguinaires qui lui faisaient trouver une hideuse volupté à verser le sang, et le portait à regretter « que le peuple romain n'eût pas une seule tête pour pouvoir l'abattre d'un seul coup. » (Suétone; Tacite, *Annales* VI; Lisle, *Gaz. méd.*, 1838.)

En résumé, si l'on récapitule les actes qui souillent chacune des pages de la vie de ce monstrueux tyran, ses traits de cruauté, ses crimes envers ses proches aussi bien qu'envers les citoyens de tous ordres; sa passion incestueuse pour ses sœurs et l'affreuse dépravation de ses mœurs; la barbarie de ses amusements et sa haine contre le genre humain; ses prodigalités insensées (1) et ses odieuses ra-

---

(1) Au dire de Sénèque, il dépensa en un seul repas dix millions de sesterces, c'est-à-dire, 1,250 mille francs environ de notre monnaie. Il faisait servir à ses convives des morceaux d'or massif représentant des pains ou de la viande.

pines ; ses goûts extravagants et son penchant effréné pour les plus vils exercices, comment croire à l'intégrité de son entendement ? comment ne pas admettre là un vice d'organisation apportant une perturbation profonde dans l'exercice des facultés morales ? Écoutez Suétone, qu'on ne soupçonnera pas, sans doute, atteint de ce que l'on appelle dans le monde des préjugés médicaux, ou des préoccupations nées de l'étude exclusive de l'homme physique : « *Non immeritó mentis valetudini attribuerim diversissima in eodem vitia.* » Ce n'est qu'à une maladie mentale qu'on peut attribuer la réunion, chez le même homme, de vices aussi opposés. (*Ibid.*, lib. IV.) Quel était, en effet, l'état de santé de cet indigne César ? Il n'était, dit le même historien, pas plus sain de corps que d'esprit : « *Valetudo ei neque animi, neque corporis constitit.* » (*Id.*) Dès son enfance et jusque dans sa jeunesse, il avait été atteint de ce déplorable mal qui porte une atteinte si profonde sur les facultés psychiques, l'épilepsie (1). Plus tard,

(1) Les épileptiques finissent ordinairement par devenir irritables, ombrageux, querelleurs, sujets à des emportements pendant lesquels ils peuvent se porter aux dernières extrémités. On fera bien de s'en méfier. Je fus un jour terrassé inopinément et sans aucun motif apparent par un de ces malades, homme habituellement inoffensif, et qui, néanmoins, m'eût parfaitement étranglé sans l'assistance d'un confrère présent par hasard. A Rome, au temps de Zacchias, et dans quelques

il fut en proie à des insomnies qui lui laissaient à peine trois heures d'un sommeil agité et troublé par des apparitions effrayantes (1). Ayant lui-même conscience du dérangement de son esprit, il avait manifesté l'intention de se choisir une retraite pour y rétablir son cerveau malade. « *Mentis valetudinem et ipse senserat : ac subinde de secessu, deque purgando cerebro cogitavit.* » (*Id., ibid.*) Il y a dans la plus coupable vie, comme il y a dans les affections chroniques, des moments où les sentiments naturels paraissent, de même que les fonctions organiques, vouloir reprendre le dessus. Soit qu'une heureuse modification se fût produite dans la santé de Caligula, soit que tout entier à la joie de régner, il fit trêve pour quelque temps aux hideux penchants qu'il avait montrés dès sa jeunesse, ses premiers actes comme empereur avaient fait concevoir les meilleures espérances. Mais bientôt les choses

---

parties de l'Allemagne, selon le docteur John, les épileptiques étaient considérés comme ne jouissant pas de leur liberté morale, trois jours après leurs attaques. Au reste, on voit des individus n'ayant jamais donné aucun signe de folie, être pris subitement d'un besoin irrésistible de détruire ou de tuer.

(1) Les aliénistes modernes ont démontré que l'insomnie prolongée, à quelque cause qu'elle tienne, a fini quelquefois par engendrer la folie. (V. Renaudin, *sur l'influence pathogénique de l'insomnie. Annales médico-psycholog.*, 3ᵉ série, t. 3.)

changèrent complétement à la suite, disent quelques historiens, notamment Dion-Cassius, d'une maladie qui mit ses jours en danger et porta un coup fatal à sa raison ; mais plus probablement par l'effet de l'affection dont il avait essuyé déjà les terribles atteintes (l'épilepsie); et sans qu'il soit nécessaire de recourir, conformément à une version alors assez répandue, à l'existence d'un breuvage ou d'un philtre amoureux qui lui aurait été donné par Césonie, et qui aurait eu pour effet de le rendre furieux. L'effet produit par des drogues de ce genre peut être mortel ; mais qu'on en meure ou qu'on en guérisse, leur action est ordinairement momentanée, et ne peut expliquer les crimes de tout un règne.

A ce maniaque furieux succédait, bien qu'on l'eût jugé jusqu'alors trop faible d'esprit pour remplir des charges publiques de quelque importance, son oncle CLAUDE, dont sa mère disait pour accuser quelqu'un de sottise « plus bête que mon fils » ; et que les historiens nous dépeignent sous les traits d'un demi-idiot ébauche de la nature, *nec absolutum à naturâ, sed inchoatum.* Bégayant et bavant en parlant, branlant la tête, traînant une jambe, Claude montrait une gloutonnerie bestiale. Il était prompt à verser le sang, mais froidement, et par une sorte de peur chronique ou de défiance instinctive propre à cette classe d'êtres (1). D'ailleurs sans volonté, s'apaisant aussi facilement qu'il s'emportait, il laissait régner les affranchis sous son nom. Oubliant ce qu'il avait ordonné la veille, il lui arrivait parfois de faire inviter à dîner des personnages qu'il avait condamnés au supplice. Lorsqu'à la sollicitation du Sénat, il ordonna la mort de son impudique épouse, il ne s'en souvint plus, et s'étonna de ne pas la voir venir s'asseoir à sa table : « *Occisâ Messalinâ pauló postquàm in triclinio decubuit, cur domina non veniret requisivit.* » (Suétone, *ibid.*) Néanmoins, ce César imbécile et bafoué, pour me servir de l'expression de M. Nisard, montrait parfois quelques lueurs d'intelligence. Il s'était même essayé à écrire l'histoire; et ses ouvrages manquaient plutôt de suite dans les idées que de style. Possédé, comme Perrin-Dandin, de la passion de juger, il y passait des journées entières, montrant parfois quelques éclairs de bon sens, plus souvent une stupidité qui le rendait la risée de tous. Valétudinaire et en proie à de cruelles maladies dans son enfance, abruti dans

(1) Cet homme-là qui ne semble pas capable de mettre une mouche dehors, tuait aussi facilement les hommes que le coup du chien tombe au jeu de dés. (Sénèque, *Apokolokyntose*, chap. v.)

sa jeunesse par les plaisirs crapuleux auxquels il s'était abandonné quand on l'avait relégué dans la vie privée, Claude, bien qu'il eut les apparences de la santé, en ce qui concernait les fonctions de la vie nutritive, était resté sous le poids d'un incurable vice d'organisation cérébrale, comme l'atteste assez son état physique et intellectuel. (Suétone, Dion-Cassius, Tacite, Lisle, *loc. cit.*)

Fils de ce féroce Domitius, qui disait que d'Agrippine et d'un homme tel que lui il ne pouvait rien sortir que d'exécrable (1), NÉRON trouvait Voltaire incrédule, tant il lui semblait dépasser les limites de la vraisemblance dans le crime. C'est un des types les plus hideux de ces fatales aberrations parfaitement constatées par la science moderne, et qui ont pour caractère le goût du meurtre ou de la destruction, avec absence de désordre habituel dans les perceptions, la mémoire ou l'imagination. On peut néanmoins signaler, dans le cas particulier, cet orgueil ineptement ridicule d'histrion qui n'abandonne pas le tyran, même au moment

---

(1) Le bisaïeul et l'aïeul de Néron étaient déjà cités pour leurs désordres et leur dépravation. Les aliénistes modernes ont démontré que l'hérédité de certains vices est soumise à des lois à peu près aussi invariables que celles qui président à la transmission des facultés physiques.

suprême, et lui fait regretter qu'un artiste tel que lui cesse de vivre : « *qualis artifex pereo* ! (1) Les instincts sanguinaires que Néron avait montrés dès son enfance, et qui semblaient s'être un moment assoupis par suite de l'enivrement que lui cause dans les premiers jours le pouvoir absolu, ne tardent pas à se réveiller sous l'influence de passions désordonnées, de caprices de débauche que rien n'enchaîne, et à se développer avec une violence inouïe. Faut-il, sans parler du plus exécrable de ses crimes, rappeler pour quels motifs futiles le tyran fait égorger des personnes de tout rang, de tout sexe, de tout âge ? Thraséas immolé sous le prétexte qu'il n'a jamais sacrifié aux dieux pour la conservation de la voix du prince ; d'autres, parce que leurs talents et les applaudissements qu'ils recueillaient sur la scène, faisaient ombrage à ses prétentions d'artiste ? Faut-il représenter le tyran incendiant trois quartiers de Rome pour se donner le plaisir de chanter en costume de théâtre, à la

---

(1) Artiste médiocre, n'ayant qu'une voix faible et sourde, il avait imaginé, pour en augmenter la force, de porter sur sa poitrine, quand il était couché, une lame de plomb (*plumbeam chartam*). Il s'abstenait des fruits, comme de tout ce qu'il croyait pouvoir être contraire à ses organes vocaux, et prenait volontiers les remèdes qu'il jugeait devoir leur être favorables. (Suétone.)

lueur des flammes, l'embrasement de Troie? (Suétone, Naudet, etc.) Simple particulier, Néron eût passé pour un de ces misérables fous qui tuent pour le plaisir de tuer; maître absolu du monde, ses passions sanguinaires et ses atroces extravagances ne trouvent que des complices pour y applaudir, ou des bourreaux pour les satisfaire. Ses cruautés et ses meurtres, ses dépenses insensées et ses odieuses spoliations, sa fureur pour les jeux du cirque et ses débauches effrénées, son impiété jointe aux plus ridicules superstitions, ses affreux desseins et ses lâches alarmes en apprenant la défection de ses armées, établissent une funeste similitude entre lui et Caligula, sur lequel il renchérit peut-être en cruauté, s'il peut y avoir des degrés dans une perversité qui dépasse toutes les bornes. (Suétone, Tacite, Naudet, Lisle, *loc. cit.*)

COMMODE, lui, offre le hideux mélange des goûts sanguinaires de Caligula et de Néron, avec la stupidité de Claude. Dès l'âge de douze ans, il laisse éclater la cruauté qui constituait le trait le plus saillant de son caractère (1). Un jour, étant entré,

(1) Comme cela se vit chez Néron, Caligula, don Carlos, et chez tant d'autres moins connus, dont les observations se trouvent dans les ouvrages des aliénistes. Il est donc faux de prétendre avec Platon

jeune encore, dans un bain trop chaud, il ordonne de jeter le baigneur dans la fournaise. Empereur, il occupe ses loisirs à tuer à coups de flèche ou de massue les hommes et les animaux exposés dans l'arène. Il combat tout nu dans le cirque contre des gladiateurs ou contre des animaux (Hérodien, *Hist. rom.*); et fier de ses exploits, il ordonne qu'on l'adore sous le nom d'Hercule. On enlève, par son ordre, la tête de la statue colossale du soleil pour y mettre la sienne, et l'on inscrit sur le socle le titre de « victorieux de mille gladiateurs. » L'orgueil insensé de ce misérable égale sa cruauté. Il veut que le siècle qui a eu le bonheur de le voir naître s'appelle *seculum aureum Commodianum*; la nation

---

et J.-J. Rousseau qu'aucun homme ne naît méchant, « qu'on ne le devient qu'à cause d'une mauvaise éducation ou d'*une mauvaise disposition du corps*. » (*Timée, trad. de* M. Cousin); à moins que l'on n'ajoute, ce que ne dit pas le philosophe, que *cette mauvaise disposition du corps* n'est pas toujours acquise : qu'elle est plus souvent innée ou inhérente à une organisation vicieuse, parfois même héréditaire; ce qui ne veut pas dire, du reste, qu'elle ne puisse être combattue et jusqu'à un certain point modifiée. C'est sur des observations de ce genre que s'est étayée la phrénologie. Quelque opinion l'on se forme de la doctrine très-contestable et très-justement contestée de Gall, il y a là cependant des faits de notoriété scientifique dont il faut tenir compte en philosophie comme en histoire. Ainsi, faire complètement abstraction d'un état de santé donné chez des hommes qui portent dès leur enfance la peine d'une organisation viciée, est-ce de l'équité ?

romaine *Commodiana*, etc. Les douze mois doivent prendre les titres ou surnoms qu'il s'est donné à différentes époques de sa vie, *amazonius, invictus, Herculeus, exsuperatorius*, etc. Mais il ne lui suffit pas d'être ridicule, il faut qu'il soit atroce. Rencontrant, un jour, un homme d'une extrême corpulence, il le coupe en deux pour faire parade de sa force peu commune, et voir, dit-il, les entrailles de ce malheureux s'échapper de son corps. Il prescrit de rassembler dans le cirque tous ceux qui par accident ou maladie avaient perdu l'usage de leurs jambes, leur fait lier les genoux avec des cordes, puis il se met à les assommer à coups de massue. (Dion-Cassius, Lampride, Hérodien, Naudet *in Biogr. génér.*) C'est à ne pas croire à tant d'horreurs et de stupidité, si ces faits n'étaient attestés par les historiens les plus dignes de foi.

Le règne de Caracalla, le digne rejeton de ses incestueux amours; celui du mystique idiot qui eut nom Héliogabale, ne serait que la répétition des mêmes turpitudes, des mêmes atrocités (1). Lampride écrivant dans une langue qui « dans les mots

(1) On ne peut s'empêcher d'être frappé des nombreuses analogies qu'il y a entre les vices et les crimes de ces hommes, dont chacun semblerait être cependant un type exceptionnel de la dépravation humaine portée à ses dernières limites; mêmes cruautés, mêmes débauches, mêmes

brave l'honnêteté », a reculé devant l'inénarrable récit des saturnales qui souillent l'histoire de ce monstrueux débauché ; je ne serai pas plus hardi que Lampride, et j'ai hâte de détourner les yeux du spectacle de tant d'infamies, au seul souvenir desquelles la plume tombe de dégoût.

On pourrait retrouver dans nos maisons d'aliénés plus d'un exemple de malheureux auxquels il n'a manqué, pour épouvanter le monde de leurs forfaits, que le pouvoir d'assouvir ces goûts de destruction, ces instincts sanguinaires qui caractérisent certaines formes de l'aliénation mentale; ou des circonstances de nature à les développer et à les mettre au jour. Ces circonstances se rencontrèrent, par malheur, à une époque sanglante de nos annales. Ce pouvoir, il fut donné aux hommes de la terreur de l'exercer; et n'était le fanatisme politique qui manquait aux Césars, cruels pour l'affreuse volupté qu'ils trouvaient à l'être, on pourrait saisir plus d'un trait d'analogie entre les odieux tyrans que je viens de rappeler, et quelques-uns de ces fameux proconsuls, dont la triste célébrité ne nous apparait qu'à travers

prodigalités insensées, mêmes exactions, mêmes inepties. Cette analogie se retrouve aussi, sinon dans les traits du visage, au moins dans l'habitude extérieure et dans plusieurs particularités physiques communes à Caligula, Néron, Domitien et Vitellius.

un nuage de sang. Les vives émotions qu'entretenaient les scènes terribles dont on était entouré, les perturbations qui devaient en résulter chez les individus à constitution névropathique, ou dont le système nerveux possédait une surexcitabilité exceptionnelle, soit acquise, soit héréditaire, développèrent chez quelques-uns des principaux acteurs de ce drame sanglant ces prédispositions fatales, dont rien dans leurs habitudes antérieures n'ont fait parfois soupçonner le germe ; prédispositions qui, dans des temps moins troublés, eussent peut-être sommeillé éternellement dans l'âme des impitoyables proscripteurs. « Quand on analyse les actes de cette tyrannie, dit un critique contemporain, on ne lui trouve qu'une seule excuse, la folie : seule explication possible des crimes de ces monomanes, qui doivent s'adresser à la pitié de la science plutôt qu'à celle de l'histoire. »

Pinel constatait, en effet, dès 1790, dans *le Journal de Paris*, une augmentation considérable du nombre de folies déclarées depuis la révolution ; les unes caractérisées par l'exaltation des idées et le fanatisme politique porté jusqu'au délire ; les autres par une mélancolie sombre, résultat de la haine ou de l'effroi qu'inspirait à un certain nombre d'individus le nouvel ordre de choses.

Ces faits se reproduisent dans toutes les grandes commotions politiques. Les établissements d'aliénés en Angleterre se remplirent de malades à la suite de la révolution de 1688. On vit de même, en 1848, les clubs payer chez nous leur tribut aux maisons de santé. (Voy. *de l'influence des clubs sur les facultés intellect.*, *Union médicale*, 1849 (1).

On peut tirer une double conclusion de ce qui précède :

La première, c'est qu'il y a une part considérable à faire à la société, au courant d'idées fausses qui la traversent à des époques troublées, des crimes qui s'y commettent ; — c'est que l'on trouverait dans une meilleure organisation sociale, dans une tendance

(1) Quelques aliénistes, notamment Esquirol, et dans ces derniers temps M. Morel, ont soutenu une opinion différente. Que le nombre absolu des aliénations mentales n'ait pas été plus élevé aux époques dont il s'agit, c'est possible, si l'on ne parle surtout que *des fous renfermés*. Mais que le nombre relatif des folies dues à cet ordre de causes soit resté le même, c'est ce qui me semble contraire à l'observation générale, et même à l'histoire de ces affections aux différentes époques de la civilisation. On voit, en effet, chacune d'elles imprimer son cachet sur ses manifestations diverses, politiques de nos jours, de même qu'elles furent religieuses au moyen âge dans leurs apparitions sporadiques ou épidémiques (chorées et hystéro-manies, tarentisme, vampirisme, lycantropisme, démonomanies, sorcelleries, etc). Ce qui faisait dire à je ne sais plus quel écrivain : que l'histoire de la civilisation pourrait s'écrire par celle des désordres de la raison.

élevée vers le progrès moral et religieux, le correctif le plus puissant à certains crimes, qui n'auraient plus leur raison d'être dans une civilisation plus parfaite.

La seconde conclusion à laquelle je voulais plus particulièrement arriver, c'est que l'étude physiologique de l'homme doit entrer comme élément dans l'histoire, quand il s'agit d'expliquer le sens vrai des événements; de restituer à chaque personnage sa physionomie propre, d'analyser les mobiles divers qui ont pu l'entraîner, de prononcer enfin le verdict de la postérité sur la valeur morale de certains actes. Est-ce à dire qu'il faille en déduire l'asservissement absolu de l'homme à ses mauvais penchants, et proclamer le fatalisme physiologique comme l'excuse d'une catégorie entière de crimes? S'ensuit-il, en un mot, que les hommes que nous avons cités comme exemples des troubles qui peuvent s'établir dans les rapports du physique et du moral, étaient des fous dans le sens absolu de ce mot? Non, car ces hommes avaient conscience de leurs actes; et ces actes ne portaient pas ce cachet d'irrésistibilité qui caractérise essentiellement les différentes formes d'aliénation mentale. Et cependant, qui oserait affirmer qu'ils jouissaient de l'intégrité de leur entendement?

A ces deux propositions en apparence contradictoires, il n'est qu'une explication possible : c'est ce qu'il existe entre la folie et la raison, ou, pour parler plus exactement, entre quelques aberrations mentales et certains états de l'intelligence des analogies telles, que l'on peut passer des unes aux autres par des gradations successives ; c'est enfin qu'il est souvent bien difficile, sinon impossible, comme nous le disions précédemment, de savoir où commence la folie, où cesse la raison.

Quand on recherche quel trait d'union il est possible d'établir entre ces deux termes extrêmes, on reconnaît qu'en dehors de certaines maladies, comme l'épilepsie, qui conduisent fatalement de l'une à l'autre, cette transition s'opère ordinairement par des passions violentes, favorisées par le milieu dans lequel elles ont pris naissance, et au développement desquelles rien n'est venu mettre obstacle. Tels le fanatisme politique ou religieux, la haine, l'envie, l'orgueil, la colère ; certains instincts innés de cruauté que l'on voit poindre dès l'enfance de quelques hommes, et qui subissent un accroissement formidable au milieu des scènes sanglantes des révolutions, ou dans l'exercice d'un pouvoir tyrannique auquel rien ne fait obstacle.

Ainsi l'orgueil est, on le sait, une cause très-fréquente d'aliénation mentale. Or, comment cette passion, qui naît d'un sentiment exagéré de notre puissance ou de notre valeur personnelle, n'aurait-elle pas atteint le plus haut degré d'exaltation chez des hommes qui voyaient le monde à leurs pieds? Comment aussi les violences, les emportements d'une nature irascible n'auraient-ils pas fini par dégénérer en cette forme de manie furieuse, qui n'est, en quelque sorte, que la colère à l'état chronique? *ira diuturna*, disait Hippocrate. Rien, en effet, ne ressemble plus à un accès de colère porté à son plus haut paroxisme que certains accès de folie. C'est ce qui faisait admettre par Plater, Fr. Hoffmann, Hencke, sous le nom d'*iracundia morbosa*, une espèce de manie incomplète ou mixte, caractérisée par le passage rapide et sans motif de la colère à une fureur qui ne connaît pas de bornes, mais dont les accès, de courte durée, sont suivis de retour à la réflexion. Ces observateurs en citent des exemples pris dans leur pratique; nous en avons trouvé plusieurs dans l'histoire. Ce fut un des traits caractéristiques du czar Pierre Ier, et des infâmes Césars dont je rappelais tout à l'heure l'histoire. Cette passion redoutable se retrouva aussi chez quelques-uns des odieux dictateurs qui ensanglantèrent notre révolution. Tel Marat, que la moindre contradiction mettait en fureur, et qui, assistant un jour à une leçon du physicien Charles, tira l'épée contre lui, parce que le professeur refusait de se rendre aux objections que lui adressait son irascible auditeur.

On pourrait, dans certains cas, assimiler l'explosion subite de ces passions à l'une de ces folies instantanées et temporaires dans lesquelles l'intelligence, encore intacte au début, est impuissante à maîtriser le trouble de la volonté. Les passions affectives surtout ont, comme le remarque M. Moreau, une tendance naturelle à franchir les limites qui séparent l'état sain de l'état morbide. Placées sous la dépendance de l'organisation « leur action devient irrésistible comme celle des forces physiques. » (Loc. cit. p. 122.) Où donc poser la limite qui sépare, en pareille circonstance, le libre arbitre du monde de la fatalité? Quel *criterium*, quelle règle prendre, là où tout est encore incertitude, mystère pour la science?

Il ne reste, évidemment, qu'une chose à demander à l'historien, appelé à formuler une opinion sur les faits de cet ordre : c'est de ne se prononcer qu'après une étude suffisante des données complexes de la physiologie saine ou morbide. C'est ici surtout, qu'il est à propos de se rappeler la pensée d'un ancien :

sapere est discere quid sit insania. Combien laisserait à désirer celui qui croirait pouvoir s'en tenir, à cet égard, aux lueurs obscures de la conscience !

IV

Un ordre de faits non moins curieux, mais auquel il n'est permis de toucher qu'avec réserve lorsque ces faits se rattachent à des événements d'un caractère respectable, ce sont ces états insolites connus sous le nom d'*extases*, *visions*, *hallucinations*, qui résultent souvent d'un mysticisme exalté, d'une foi ardente, ou même de passions violentes et exclusives. On peut toujours, en effet, constater, en pareil cas, une surexcitation spéciale du système nerveux qu'il me semble impossible de négliger au point de vue historique, bien qu'à l'encontre de beaucoup de physiologistes, les troubles organiques concomitants m'apparaissent plutôt ici comme effets que comme cause, au moins dans un certain nombre de circonstances.

Laissant de côté ce qui se rattache à l'existence du mysticisme religieux, aux extases et aux visions de quelques saints personnages, je n'envisagerai ces faits que dans leurs rapports avec l'histoire profane et avec les sciences médicales.

Considérons un instant à ce point de vue la mission de Jeanne d'Arc.

A Dieu ne plaise que je méconnaisse la grandeur de cet épisode dans notre histoire nationale ; mais enfin, il est certain que les appréciations auxquelles il a donné lieu ont dû subir et ont subi, en effet, des modifications profondes, par les révolutions du temps et de la science. Une longue note insérée par M. H. Martin dans le volume où il parle de l'héroïque pucelle, — note qui est presque à elle seule une dissertation, — me paraît être un indice remarquable du besoin ressenti par le savant historien, comme par le public, de se rendre compte de certains phénomènes qui ont incontestablement un pied dans la physiologie. C'est, en un mot, un des symptômes non équivoques de la nécessité éprouvée par les esprits exacts, de ne plus négliger aussi complétement qu'on l'avait fait jusqu'à présent dans l'histoire, l'homme physiologique. Entre le doute qui n'était plus possible sur les détails les plus importants de cette merveilleuse légende, si complétement élucidée par les dernières recherches de nos historiens, et l'aveugle adoption dans leur réalité objective des circonstances supernaturelles du fait, il y avait un choix à faire. Or, tout préoccupé qu'est M. H. Martin de laisser à un événement marqué d'un cachet providentiel son caractère de grandeur morale, le savant historien ne peut cependant se refuser d'inscrire à côté du nom de Jeanne les mots d'extase et d'hallucination. « Nier, dit-il, l'action d'êtres extérieurs sur l'inspiré, ne voir dans leurs manifestations prétendues que la forme donnée aux intuitions de l'extase par les croyances de son temps et de son pays : chercher la solution du problème dans la profondeur de l'espèce humaine, ce n'est en aucune manière révoquer en doute l'intervention divine dans ces grands phénomènes et ces grandes existences (1). »

Honni soit qui mal y pense ; quant à moi, je ne vois pas ce que l'histoire, ce que la morale religieuse même peuvent perdre à une interprétation positive de « ces

(1) Plus loin, M. Martin conseille « d'éviter cette piété mal éclairée qui refuse d'admettre aucune part d'illusion, d'ignorance ou d'imperfection là où elle voit le doigt de Dieu, comme si les envoyés de Dieu cessaient d'être des hommes, les hommes d'un certain temps, d'un certain lieu ; et comme si les éclairs sublimes qui leur traversent l'âme y déposaient la science universelle et la perfection absolue. Dans les inspirations les plus évidemment providentielles, les erreurs qui viennent de l'homme se mêlent à la vérité qui vient de Dieu. L'être infaillible ne communique son infaillibilité à personne. » (Ibid.) Ainsi Jeanne redevient femme dès que croyant sa mission terminée, elle n'est plus soutenue par sa foi naïve et par ses voix d'en haut. J'ai cité le précédent passage non pas pour la justification de l'auteur, qui n'en n'a pas besoin, mais pour qu'il soit bien établi que cette manière de voir n'a rien qui puisse heurter les croyances les plus sincères.

sublimes folies qui sauvent le monde. » Si, en passant de l'ordre surnaturel dans l'ordre naturel, ces faits perdent quelque chose de leur prestige, ils y gagnent en certitude, et j'y trouve du moins l'avantage d'enlever au scepticisme ses derniers retranchements. Il est illogique de faire intervenir directement la divinité dans des circonstances qui s'expliquent naturellement par les lois qu'elle a établies pour le gouvernement du monde.

Sauf, en effet, la noblesse de l'intention et la grandeur de l'entreprise, la science possède une foule de faits semblables aux voix de Jeanne, à ses conversations avec saint Michel, sainte Marguerite ou sainte Catherine. Le dilemme posé naguère dans *la Revue des Deux-Mondes* par un éminent publiciste, *miracle* ou *imposture*, laisse donc une troisième interprétation beaucoup plus conforme à un rationalisme éclairé, et dont M. de Carné trouverait peut-être le mot dans cette pensée de Pascal « ni ange, ni bête ; » ou, dans cette autre de Montaigne, « ce n'est pas une âme, ce n'est pas un corps, il ne faut pas en faire à deux. »

Et pourquoi refuserait-on ici au système nerveux les fonctions qu'il remplit dans l'ordre établi par Dieu ? Pourquoi cesserait-on de le regarder comme l'instrument indispensable aux manifestations de la pensée ? Quelle nécessité d'admettre la réalité objective des faits ou des êtres extérieurement décrits par Jeanne, du moment que la croyance à ces faits, à ces êtres extérieurs auxquels elle attribuait ses révélations internes, devait suffire à développer ses généreuses impulsions ? Malebranche, avec d'autres théologiens, n'a-t-il pas tenté d'expliquer de la sorte, non pas de simples hallucinations, mais la foi irrésistible du genre humain en la réalité extérieure ? Sans doute, la distinction des phénomènes de l'ordre purement physiologique et des phénomènes de l'ordre rationnel et immatériel, est aussi difficile que délicate ; mais ne serait-ce pas qu'il y a presque toujours parmi les seconds une part quelconque à faire aux premiers ? Et pense-t-on hâter la solution du problème en ne considérant jamais qu'un des côtés de la question ; en séparant d'une manière absolue ce qui de fait est indissolublement uni, sinon par analogie de nature, du moins dans les conditions actuelles de notre existence ? Que l'on choisisse, comme un des exemples les plus frappants de l'empire de l'âme sur le corps, le martyre ou l'immolation du corps à une idée, et l'on verra qu'un tel acte s'accompagne presque toujours d'un état de surexcitation cérébrale qui, s'il n'en est pas la cause directe, en est du moins un des éléments, et d'une idée dominante sous l'obsession de laquelle se trouvent tous les actes organiques et psychiques.

Voltaire disait judicieusement à une époque où cependant la psychologie morbide était bien peu avancée : « Ce n'est point du tout une chose rare qu'une personne vivement émue voie ce qui n'est point. *Ce n'est pas s'imaginer voir, c'est voir en effet.* Le fantôme existe pour qui en a la perception..... Si la raison ne venait pas corriger ces illusions, toutes les imaginations échauffées seraient dans un transport presque continuel. » (*Dict. philos.*) Faut-il craindre de donner prise, par une semblable interprétation, à ceux qui seraient tentés de ne voir dans les visions de Jeanne que l'élément secondaire, c'est-à-dire, un simple trouble cérébral : un de ces phénomènes si communs au début et dans le cours de plusieurs maladies mentales? je répondrai qu'une telle confusion, qui pourrait naître d'une étude superficielle des faits, disparait devant leur étude plus approfondie ; — que se refuser à voir autre chose que des phénomènes de l'ordre naturel dans un certain nombre de faits où le mysticisme admet le concours de puissances extérieures, surnaturelles, ce n'est pas nier qu'il soit des circonstances où les facultés de l'esprit humain puissent, chez des êtres d'élite, dépasser leur portée commune. A une surexcitation extraordinaire des fonctions organiques doit nécessairement correspondre une exaltation corrélative des facultés intellectuelles et morales, et réciproquement. Pour qui étudie attentivement les visions de l'héroïque fille, et sans parler même de l'admirable bon sens dont elle fait preuve dans ses interrogatoires, il doit rester évident que par leur enchaînement, par les entreprises raisonnées et importantes auxquelles ces visions la conduisent, par l'intégrité où elles laissent l'entendement, nonobstant leur persistance, elles se distinguent complétement des hallucinations plus ou moins confuses, mobiles, puériles ou absurdes, contradictoires ou sans but, qui traversent à toute heure le cerveau des aliénés. C'est ce que M. Brière de Boismont a parfaitement mis en lumière dans son intéressant traité sur cette matière.

Il me semble, en effet, démontré, comme à ce savant aliéniste, qu'il est des hallucinations compatibles avec l'exercice de la raison générale. L'histoire en fournit plus d'un illustre exemple : telle la vision de Brutus, à la veille de la bataille où allait se jouer la liberté romaine. Examinons les circonstances de ce fait d'après le récit de Plutarque, dont nous n'avons ici aucun motif de suspecter la véracité. Plongé dans

— 63 —

de profondes réflexions, Brutus voit, à la lueur de la lampe qui éclaire faiblement sa tente, apparaître un spectre d'aspect étrange et horrible. Qui es-tu, lui demande-t-il, que me veux-tu ? — Je suis ton mauvais génie, tu me verras à Philippes. — Eh bien ! je t'y verrai aussi. Le fantôme disparait, et Brutus à qui ses serviteurs affirment n'avoir rien vu, rien entendu, reprend tranquillement son travail. (*Vies de Plutarque.*) Brutus employait alors la plus grande partie de ses nuits à lire, à méditer et à expédier ses ordres. L'esprit tendu, et fortement préoccupé des grands événements qui se préparaient, il était dans cet état de surexcitation cérébrale si favorable au développement des hallucinations.

C'est à des causes du même ordre que l'on peut attribuer celles d'Ignace de Loyola, de Savonarole ; celles de Luther entendant distinctement le bruit que Satan fait derrière son poêle, recevant sa visite pendant ses insomnies, discutant, en venant même aux prises avec lui, et le mettant en fuite par de grosses injures (*Mém. de Luther,* publiés par M. Michelet) (1);

---

(1) Le hardi réformateur professait, comme on sait, les idées les plus superstitieuses à cet endroit, croyant à l'intervention matérielle du diable dans les événements terrestres, notamment dans la production des maladies. Il importe beaucoup dans l'appréciation de ces phénomènes

— c'est ainsi qu'on peut expliquer les révélations surnaturelles de Swedenborg, son commerce avec les esprits, ses entretiens avec Dieu et beaucoup de morts illustres, faits qu'il raconte dans les plus grands détails et avec toutes les apparences de la bonne foi ; les visions de Raymond Lulle, qui eurent une si grande influence sur sa destinée ; — celles de Van-Helmont, qui vit son âme sous la forme d'une lumière ayant figure humaine ; — l'abîme ouvert à côté de Pascal, à la suite de son accident du pont de Neuilly, etc. Or, comptera-t-on au nombre des aliénés l'illustre vaincu de Philippes, et le puissant réformateur de l'église au xvie siècle ? Le génie original d'où est sorti l'animisme moderne, et le

de tenir compte de leur cause et de leur caractère. Si je ne regarde pas l'hallucination comme un signe univoque de folie, je ne nie pas d'ailleurs qu'elle n'ait été chez quelques hommes célèbres le signe caractéristique ou le point de départ d'un trouble profond de l'esprit. Ainsi Benvenuto Cellini affirmait que depuis l'époque où, étant à Rome en captivité, il y avait eu une vision, il lui était resté sur la tête une lueur miraculeuse, qu'il avait fait voir à quelques personnes, et qu'on apercevait sur son ombre au lever et au coucher du soleil. (*Ses mémoires.*) Voilà un exemple d'idée délirante. Chez Le Tasse, les hallucinations si pénibles qu'il décrit lui-même dans une lettre à un ami, furent les prodromes d'une véritable maladie mentale plutôt due, à ce qu'il faudrait induire de récentes recherches, au mysticisme religieux qu'à un amour malheureux ; tandis qu'on peut les considérer chez Paracelse comme le résultat de ses habitudes crapuleuses, et de l'état d'ivresse dont il sortait à peine une heure ou deux par jour, au témoignage de son secrétaire Oporin.

créateur bizarre, mais ingénieux *du grand art*? Et le mystique Suédois qui, au milieu de ses rêveries, conservant toute la lucidité de sa raison, donnait, dans l'administration à laquelle il était attaché, les preuves d'une capacité qui lui valut les plus hautes distinctions? Ou bien enfin, l'auteur de ces pages immortelles, dans lesquelles la profondeur des pensées s'unit au plus sublime bon sens (1)? Y a-t-il, je le demande, identité entre les faits que je rappelle ici et les visions délirantes d'un Charles VI ou d'un Charles IX?

(1) M. de Sainte-Beuve après avoir protesté, « au nom du bon sens et du bon goût, contre les physiologistes qui réclament l'auteur des *Provinciales* comme un de leurs malades, » ajoute : « sans nier les singuliers accidents nerveux de Pascal et leur contre-coup sur son humeur ou sur sa pensée, ce qui nous paraît positif, c'est que, si malade des nerfs qu'on le voie, il demeure jusqu'à la fin dans l'intégrité de sa conscience morale et de son entendement. Le reste nous échappe. » (*Port-Royal*, t. 3.) Ce grand homme disait que depuis l'âge de dix-huit ans, il n'avait pas passé un seul jour sans souffrir. (*Id., ibid.*) Ce n'est donc pas seulement à son accident du pont de Neuilly qu'il faudrait faire remonter sa prétendue folie, ou l'hallucination qui s'ensuivit. C'est ce qui ressort très-bien, d'ailleurs, de l'analyse physiologique de son tempérament, et des détails circonstanciés dans lesquels entre l'éminent critique. Quant à sa croyance à la diablerie, comment y trouver la preuve d'une aberration d'esprit, quand on voit jusque dans le milieu du xviiie siècle, les médecins admettre, dans leurs rapports en justice, les possessions démoniaques? (V. Devaux, l'*Art de faire des rapports en chirurgie*, Paris, 1743.)

4.

En résumé, nous répéterons avec M. Brière de Boismont : « Nulle comparaison sérieuse à établir entre les hallucinations de ces personnages, et celles des aliénés. Là des entreprises conçues, suivies, exécutées avec toute la force du raisonnement, la puissance du génie, et dont l'hallucination n'est que l'auxiliaire (ou un épiphénomène) ; ici des projets sans suite, sans but, sans actualité, et toujours frappés au coin de la folie. . . . Les uns puissants, forts, logiques se montrent pleins de grandeur dans leurs actes, ils sont les représentants d'une idée. . . . Les autres indécis, et rusés, absurdes, ne se proposent que des missions sans motif et sans utilité. » (*Loc. cit.*)

Mais sans regarder l'hallucination comme étant dans tous les cas un symptôme d'aliénation mentale, ou essentiellement compliquée de délire, quelques observateurs veulent que celui-ci commence du moment où le moi acquiesce à l'existence de ses visions, croit à leur réalité extérieure. « Pour qu'il y ait aliénation, dit un célèbre spécialiste, il faut que l'esprit adhère au phénomène, et que les actes se formulent en conséquence. » (Morel, *Traité cliniq. des malad. mental.*) Sans doute, il n'est pas de folie sans cette circonstance ; mais cette circonstance n'implique pas nécessairement la folie. En d'autres termes, croire à l'objectivité ou à la réalité extérieure des hallucinations, n'est pas la marque infaillible d'un esprit aliéné ; et M. Morel lui-même n'est nullement tenté, j'en suis certain, d'admettre une lésion des facultés mentales chez Jeanne d'Arc, bien que celle-ci crût fermement à ses apparitions. Il pourrait peut-être en être ainsi des hallucinés de notre temps, de ceux au moins auxquels on sait quelque culture d'esprit. Quel homme, ayant reçu une certaine éducation, ignore aujourd'hui que ce sont là des phénomènes cérébraux avec surexcitation particulière ou état congestionnel de ce viscère, soit par des causes physiques, telles que certaines substances toxicantes ; soit par des causes morales, telles qu'une idée, une passion dominantes, la tension ou la concentration de nos facultés psychiques sur un travail abstrait, sur les phénomènes de l'ordre surnaturel, etc. Mais il n'en a pas été toujours ainsi. Il ne faut pas oublier qu'à certaines époques, l'hallucination fut regardée comme un des modes de communication de l'âme avec le monde des esprits. C'est ce qui faisait dire à Leuret : qu'avec les mêmes idées, on pouvait être regardé comme sensé ou comme fou, selon les temps, les lieux, les mœurs, les préjugés religieux, etc., la raison générale étant, en quelque sorte, la mesure de la folie des autres. Regardera-t-on, par exemple, comme des fous ou comme des imposteurs, ces hommes de génie, ces grands conducteurs des peuples au début de leur histoire, qui en se disant les envoyés de Dieu et inspirés directement par lui, parlaient, agissaient, sentaient comme les masses ? Il est, en effet, des croyances tellement en harmonie avec l'atmosphère morale dans lequel elles se développent, qu'on peut considérer comme les représentants de leur temps les puissantes individualités en lesquelles ces croyances s'identifient ou se résument. Tels Moïse, Numa, Minos, Lycurgue, Pythagore, Mahomet, Jeanne elle-même, et leurs voix d'en haut. Ainsi, à l'époque où apparut l'héroïque enfant qui devait sauver la France, de vagues pressentiments couraient parmi le peuple. « Il régnait, dit M. Martin, une de ces grandes attentes qui appellent et suscitent les prodiges attendus. De même qu'à toutes les époques de fermentation religieuse, les extatiques se multipliaient à la suite des prédicateurs errants; et l'idée que la France serait sauvée par une femme s'accréditait de jour en jour. » (*Hist. de France*, t. 16.) Des prophéties même répandues sous le nom de l'enchanteur Myrdhinn ou Merlin, l'oracle du moyen âge, annonçaient que « des marches de Lorraine, près du bois Chesnu, sortirait une fille qui foulerait aux pieds les archers bretons, et délivrerait la France. »

(Vallet de Viriville, *nouvell. recherches sur Jeanne d'Arc et sa famille.*) On peut dire que ces choses-là sont dans l'air avant de prendre une forme précise. C'est comme l'étincelle à laquelle s'illumine le génie de ces êtres d'élite choisis par Dieu pour l'accomplissement de ses desseins.

Les mêmes circonstances s'étaient présentées à l'époque où parut Mahomet. Il résulte, dit M. Renan, de faits nombreux signalés pour la première fois par M. Caussin de Perceval, que l'illustre fondateur de l'Islamisme ne fit que suivre le mouvement religieux de son temps, au lieu de le devancer..... Ce grand travail se trahissait au dehors par des faits significatifs, et qui annonçaient une prochaine éclosion. . . . Toute apparition religieuse est ainsi précédée d'une sorte d'inquiétude et d'attente vague, qui se manifeste dans quelques âmes privilégiées par des pressentiments et des désirs..... De toutes parts, on pressentait une grande rénovation sociale ; de toutes parts, on répétait que le temps de l'Arabie était venu. . . . C'était dire qu'elle allait avoir son prophète comme les autres familles sémitiques, car le prophétisme est la forme que revêtent toutes les grandes révolutions chez ces peuples. . . . Plusieurs individus même, devançant la maturité des temps, crurent ou prétendirent être l'apôtre annoncé. (*Études religieuses*, p. 273 à 279.)

Mais Mahomet était-il de bonne foi dans le récit qu'il faisait de ses apparitions, et de cette conversation avec l'ange Gabriel qui fut le point de départ de ses prédications ?

Je ferai d'abord remarquer que les crises épileptiformes ou extatiques auxquelles il fut sujet pendant une partie de sa vie ne pouvaient être feintes. Ces crises offrent une analogie complète avec celles qu'ont présentées les extatiques de tous les temps. Ces étranges accès longtemps attribués par la superstition (comme tout ce qui faisait sortir l'homme de son état normal), à l'action d'êtres surnaturels, étaient précédés chez le prophète d'un tremblement, et suivis d'une sorte de défaillance pendant laquelle ses yeux s'injectaient et se fermaient, son front ruisselait de sueur, sa bouche écumait, et exhalait une sorte de mugissement. Il lui semblait alors que la vie allait le quitter, ou du moins il perdait conscience de ce qui l'entourait, et il avait des hallucinations.... C'était le plus souvent un ange à forme humaine qui lui parlait. (Reinaud, *vie de Mahomet.*)

Si, à l'exemple d'autres législateurs, Mahomet trouva là un moyen d'imposer avec plus d'autorité ses décisions et ses doctrines : s'il fit servir plus d'une fois ses visions d'instrument à sa politique, comme cela se vit si souvent à l'origine des sociétés, on ne peut guère douter que dans le principe et dans un certain nombre de circonstances importantes, il n'y ajoutât une pleine croyance. Peut-être même y puisa-t-il l'idée première de sa mission. Il n'y a que la foi qui puisse accomplir de telles choses, agir ainsi sur les masses, pousser les populations les unes contre les autres, renverser de vieilles croyances pour leur substituer des croyances nouvelles. Jamais la ruse ou les calculs d'une froide politique n'auraient un tel pouvoir. (*Id.*, *ibid.*, Renan, H. Martin, *loc. cit.*)

Accuser de fourberie les acteurs de ces grands événements, c'est vouloir les transformer en sceptiques de notre temps ; c'est oublier, comme l'a dit fort bien M. Lélut, qu'en ces siècles d'ignorance où l'homme ne se connaissait pas plus qu'il ne connaissait la nature extérieure, on devait nécessairement rapporter à l'action d'êtres surnaturels, génies, anges ou démons, les sensations morbides, les états extatiques, les visions ou les hallucinations nées des croyances générales et de l'état des esprits. Plus tard, ces phénomènes perdront leur caractère divin et leur importance sociale, pour prendre un caractère individuel ou exceptionnel ; et le mysticisme raisonné ou pseudo-scientifique succédera au mysticisme politico-religieux. C'est l'époque des Paracelse, des Van-Helmont, des Swedenborg, etc. Ces hommes ont encore des adeptes, car leur enseignement répond à certaines facultés de l'esprit humain, mais il n'entrainent plus les peuples, et la philosophie inventera pour eux les noms de *rêveurs* et d'*illuminés* (1). Plus tard encore, lorsqu'une autre fille, à l'âme non moins fortement trempée que celle de Jeanne, voudra, elle aussi, sauver la France, elle n'aura

(1) On peut, cependant, citer de nos jours encore quelques épidémies d'hallucinations, d'extases ou d'affections convulsives, à formes variées, qui rappellent celles qu'ont offertes dans les siècles précédents les trembleurs des Cévennes, les convulsionnaires de Saint-Médard, les possessions démoniaques des religieuses de Loudun, etc. Ces phénomènes qui empruntent à l'élément mystique leur principale raison d'être, se sont reproduits surtout en Amérique, où les prédicateurs méthodiques exaltent jusqu'au délire le fanatisme des sectaires, ainsi que cela s'était vu naguère en Europe, à la suite des prédications des Anabaptistes. Ce qui étonne davantage, c'est de voir une épidémie du même genre apparaître, il n'y a pas plus de vingt ans, en Suède, où elle eut également pour point de départ des prédications exaltées. Cette épidémie y fit un jour explosion à la suite de l'extase convulsive qui se déclara chez une jeune fille, et s'étendit de proche en proche, avec la rapidité de l'éclair, par la contagion de l'imitation si fréquente dans ces sortes d'affections. On finit néanmoins, dit l'historien de ces événements, par faire comprendre aux populations des campagnes, un moment égarées, que les principaux acteurs de ces scènes bizarres étaient de véritables malades. (Docteur Soupé, cité par M. Morel, *loc. cit.*) Ces mêmes faits se sont encore reproduits tout récemment en Savoie (hystéro-démonomanies); on n'y a mis fin que par l'intimidation. (V. *Gazett. des Hôpit.*, 1862.)

pas de visions, mais elle s'inspirera de la lecture des philosophes et de la conversation des hommes politiques de son temps ; elle ne ceindra pas une épée, mais elle s'armera d'un couteau pour frapper Marat.

Je me crois dispensé, d'après les développements dans lesquels je suis entré, d'insister davantage pour prouver que les personnages dont je viens de parler ne doivent pas être considérés comme des aliénés, bien qu'ils aient pu croire à la réalité de leurs visions. Tous, guerriers ou politiques, philosophes ou législateurs, savants ou poètes, eurent la conscience plus ou moins raisonnée des phénomènes qui se passaient en eux ; leur raison n'en était pas troublée, leur sens moral n'en était pas nécessairement perverti ; ils conservaient leur libre arbitre sous la pression même des mobiles qui les inspiraient, donc ils n'étaient pas fous.

N'y a-t-il pas aussi, à un autre point de vue, un grand mépris de la raison et de la dignité humaine, à proclamer que les hommes qui se sont attirés l'admiration du monde par leur sagesse ou par leur génie, que les conceptions les plus sublimes les actions les plus nobles, que les plus belles découvertes se sont accomplies sous l'impulsion d'idées délirantes? — Que de ces états d'extase et d'enthousiasme auxquels s'allume la flamme de l'inspiration, source des intuitions du génie, puisse sortir parfois une perturbation plus ou moins profonde des facultés mentales, si le système nerveux n'est pas assez puissamment organisé pour résister à cette tension périlleuse des forces vitales dans un même organe, c'est ce dont l'histoire de beaucoup de grands hommes ne nous permet pas malheureusement de douter. Qui ne connaît ces nobles et déplorables victimes d'une incurable hypocondrie, ou de tristes monomanies, les J.-J. Rousseau, les Zimmermann, les Swift, les Ben-Johnson, les William Cooper, les Chatterton, les Kleist, les Gérard de Nerval, etc., dans les souffrances physiques et morales desquels on trouve l'explication de cette exaltation passagère entremêlée de tristesse ou d'accablement, de ces bizarreries, de ces hallucinations, de cette amère misanthropie qui inspire leurs pages les plus éloquentes, et leur fait croire qu'ils sont sans cesse en butte aux persécutions d'ennemis acharnés à leur perte. Il y a longtemps qu'Aristote a dit : « *nullum magnum ingenium sine mixturá dementiæ.* » Mais faut-il prendre à la lettre cette sentence un peu bien absolue, et ne reste-t-il qu'à se ranger sous la bannière des médecins spécialistes qui ne voient dans le génie que l'effet d'une infirmité corporelle, *une névrose?* Cette doctrine n'est-elle pas autre chose, au moins pour un certain nombre de cas, qu'une application du sophisme *cum hoc* ou *post hoc, ergò propter hoc ?* Il est, disait Réveillé-Parise, des organisations qui s'usent rapidement sous l'action d'une intelligence trop active. Leurs nerfs sont trop fortement excités pour que l'équilibre se maintienne; la vie semble se réfugier dans le cerveau. Mais cet organe, à son tour, incapable de supporter ce flot continuel d'impressions violentes, de sentiments extrêmes, d'idées tumultueuses, s'affaiblit et se détériore plus ou moins rapidement (1). Néanmoins, dans ces cas-là même, ajoute le sagace observateur : « Il y a toujours un intervalle profond, un hiatus in-

(1) C'est ce que l'on observe, comme l'a judicieusement remarqué M. Nisard, chez les jeunes gens qui s'abandonnent de trop bonne heure à la passion d'écrire. « On cite des morts prématurées par suite d'ambitions précoces et d'ardeurs littéraires, ayant mis le transport dans de jeunes têtes. La médecine parle aussi de folies occasionnées par la fatigue des organes de l'intelligence. » (*Études sur les poètes latins de la décadence*, t. 1.) M. Sainte-Beuve dit plus poétiquement, à propos de Pascal : « Ces grandes facultés spéciales sont au dedans de ceux qui les possèdent, comme des coursiers le plus souvent indomptés, et qui emportent après eux leur char et leur Hippolyte. . . . ; et, ajoute-t-il, le coursier peut tuer le corps, s'il ne peut venir à bout de mener l'âme. » (*Port-Royal*, t 2.) C'est l'histoire du poète Gilbert, qu'une intéressante étude de M. le conseiller Salmon (de Metz) nous montre s'acheminant fatalement vers l'affection cérébrale qui termina ses jours, par suite de ses efforts désordonnés pour arracher à la fièvre nocturne de l'inspiration ces vers, qui dénotent souvent par leur emphase et leurs bizarreries une surexcitation maladive chez leur auteur.

franchissable qui sépare à jamais du génie les hommes atteints de ce ce genre d'infirmités morales. » (*Bullet. de thérap.*, 1858.)

La douleur, dont je ne nie pas d'ailleurs l'influence sur notre perfectionnement moral, n'a rien de fécondant par elle-même au point de vue des productions de l'esprit. Que le génie ne mette pas plus à l'abri de la folie que de toute autre maladie, c'est possible ; mais qu'il y conduise fatalement par une foule d'affections nerveuses, et d'autres maladies encore qui seraient, à ce que l'on assure, le partage des élus de l'intelligence, c'est ce qui ne me semble pas prouvé. On s'expliquerait, à la rigueur, la fréquence de ces affections chez les hommes supérieurs, par les injustices dont ils sont fréquemment les victimes, par les luttes qu'ils ont à soutenir contre l'envie et la médiocrité. Mais ces états morbides, mais l'hypocondrie, les névroses et leur triste cortége, ne nous permettent pas plus de considérer un grand homme comme aliéné, que les éclairs d'intelligence d'un maniaque ne nous autorisent à l'admettre parmi les hommes raisonnables. A-t-on jamais songé à trouver dans le cardinal de Richelieu l'étoffe d'un fou ? Eh bien ! ce grand politique, cet homme si maître de ses pensées, était sujet à des accès de mélancolie et à des crises choréiformes « pendant lesquelles il sautait, riait, hennissait comme un cheval une heure durant, après quoi, il se couchait, et rien ne paraissait plus au réveil. » (*Corresp. de la princesse Palatine.*)

Que si vous vous appuyez sur quelques habitudes familières aux esprits contemplatifs, sur quelques actions plus ou moins bizarres au point de vue de la vie commune, sur des hallucinations plus ou moins prouvées, pour nous présenter Socrate comme un fou (1), j'interrogerai sa vie, son enseignement ; et cette vie tout entière, et cet enseignement immortel témoigneront non-seulement de l'intégrité de la raison, mais même du bon-sens pratique du grand philosophe dans les détails de la vie privée. Toujours maître de lui-même

---

(1) Lélut, *le démon de Socrate* ; voir aussi du même écrivain *l'Amulette de Pascal*. On peut regarder comme résultant du même courant d'idées un mémoire lu à l'Académie de médecine en 1840, sur *Mahomet considéré comme aliéné*. Nous avons vu ce qu'il fallait en penser. Constatons ici, d'après le témoignage de toute l'antiquité, et contrairement à la théorie de M. Moreau, que Socrate jouissait d'une excellente santé, et qu'on ne le vit jamais malade. (V. Aulu-Gelle, *Nuits attiques*, etc.) Sans doute, le mot *folie* n'est pas pris par les éminents observateurs que je viens de nommer dans sa signification absolue, ou dans un sens aussi étendu qu'on l'entend vulgairement ; mais enfin, l'hallucination, « ce signe par lequel se révèle, chez les hommes de génie *la véritable origine* de leurs puissantes facultés », n'en est pas moins pour nos confrères un fait morbide, indice d'une prédisposition très-réelle à la folie. (Moreau, *loc. cit.*, p. 490-91.)

comme de ses passions, il supporte avec calme l'humeur acariâtre de sa femme. Chef de famille, il supplée par l'ordre et l'économie à la fortune qui lui manque. Lorsque la patrie réclame le secours de son bras, il se conduit en brave, et sauve les jours de Xénophon à Délium. Si, malgré son éloignement pour les affaires publiques, il exerce les fonctions de prytane, c'est pour résister à la tyrannie des Trente. (Nourrisson, *Tableau des progrès de la pensée humaine*.) Quant à son enseignement, jamais peut-être, dit l'écrivain distingué que nous citons ici, homme n'a autant fait pour la philosophie. Lui assigner un nouveau point de départ, la connaissance de l'homme ; un nouveau but, le perfectionnement moral ; une nouvelle méthode, l'induction, voilà ce qu'a fait ce sublime halluciné ! — Quelle était donc la nature de ces hallucinations, ou de ce *démon familier* sur lequel il revient souvent sans s'en expliquer formellement ? « Est-ce une menterie et une fable, ou quoi? dit un personnage de ses dialogues. Quant à moi, il me semble que, tout ainsi comme Homère feint que Minerve assistoit à tous les travaux pénibles d'Ulysse, ainsi, dès le commencement, la divinité attache à Socrate une vision qui le guidoit en toutes actions de sa vie : laquelle vision marchant devant luy, étoit comme une lumière en affaires où l'on ne voyoit goutte, et qui ne se pouvoit comprendre ny colliger par raison et prudence humaine. » (Plutarque, *trad. d'Amyot.*) Cette raison supérieure, cette intuition puissante de l'esprit, qui seule fait les grands hommes, ce souffle puissant, ou plutôt ce Dieu intérieur dont parle le poète :

Est Deus in nobis, agitante calescimus illo,

et sans lequel on n'est ni poète, ni artiste, ni même grand philosophe, voilà bien, en effet, le démon de Socrate. Platon le donne lui-même à entendre, quand il fait dire dans un de ses dialogues à son maître : « Ce n'est pas d'aujourd'hui que j'ai pris pour principe de n'écouter d'autre voix que la raison. »

Mais sur ce mot raison, il me semble nécessaire de s'entendre si, à un point de vue plus général, on veut trouver l'explication des faits exceptionnels plutôt que surnaturels dont je viens de parler.

Il y a dans l'homme, ne l'oublions pas, outre la raison réfléchie, la raison spontanée ; outre les faits conscients des faits inconscients, ou dont l'âme n'a du moins qu'une perception tellement confuse, qu'elle est portée à leur attribuer une origine en dehors d'elle. Or, n'est-ce pas dans cet ordre de faits que la philosophie (qui s'en est trop peu occupée peut être), doit étudier ce côté mystérieux du monde psychique où la crédulité du vulgaire aime à voir une origine surnaturelle ? Ne trouve-t-on pas là l'origine de beaucoup de phénomènes qu'on est porté tout d'abord à nier, parce qu'ils sont de leur nature aussi insaisissables que les rêves, avec lesquels ils ont d'ailleurs tant d'analogie, et qu'ils échappent aux classifications de la science ? Et ce cachet mystérieux que leur donne l'obscurité même de leur origine, n'explique-t-il pas l'influence que ces sortes de faits exercent sur les âmes superstitieuses ou exaltées, auxquelles le monde des réalités visibles ne suffit pas ? Songes ou pressentiments, visions ou extases, et le somnambulisme lui-même dans ce qu'il a d'acceptable (1), tout cela, — en faisant la part aussi grande que l'on voudra d'un côté à quelques états morbides du système nerveux, d'un autre côté à la supercherie et aux exagérations qu'enfante l'amour du merveilleux, — tout cela, dis-je, n'a-t-il pas sa source dans les profondeurs mêmes de notre nature, et ne peut-il s'expliquer sans le secours de la médecine mentale ?

On ne s'est pas contenté de rattacher à la folie, par des analogies plus ou moins rigoureuses, les différents groupes d'affections dont nous venons de parler. On

(1) Je veux dire la surexcitation insolite de quelques sens ou de certaines facultés, coïncidant avec le sommeil des autres.

est même remonté aux ascendants et aux collatéraux, « si ce n'est toi, c'est donc ton frère », pour prouver qu'un grand nombre d'hommes célèbres à divers titres dans l'histoire, ne jouissaient pas de toute l'intégrité de leur raison. Ces faits, fussent-ils plus nombreux, j'ajouterai plus concluants, ne prouvent pas plus la thèse que l'on défend, qu'on n'aurait démontré que tous les criminels sont des fous, parce que chez un certain nombre d'entre eux, la raison était réellement perdue.
— Cette espèce de statistique de la fréquence relative des maladies mentales dans les intelligences d'élite, n'aurait de valeur qu'autant qu'on aurait fait la contre-épreuve, c'est-à-dire qu'on l'aurait appliquée aux différentes catégories d'intelligences ; qu'on aurait prouvé par des chiffres, que les hommes placés à des degrés inférieurs dans l'échelle des êtres pensants, sont plus épargnés que ceux qui présentent cette riche expansion des facultés intellectuelles et morales, dont la condition organique serait, dit-on, un état morbide du cerveau (1). Qui nous dit, en effet, que cette étude à la loupe que vous faites sur les illustrations historiques, n'eût pas amené les mêmes découvertes,

---

(1) Dans les épidémies de visionnaires que nous avons rappelées précédemment, les hallucinations ne se montraient-elles pas dans la partie la plus ignorante des populations ?

appliquée à des individualités que leur obscurité met à l'abri de pareilles investigations ? Si, comme l'affirme l'habile aliéniste que nous combattons, l'esprit élevé à sa plus haute puissance conduisait fatalement, par une foule d'affections nerveuses issues d'une prédisposition héréditaire à la folie, et la folie à l'idiotisme, c'est dans les races dégénérées, c'est dans les familles de crétins qu'on devrait observer le plus d'hommes supérieurs.

Enfin, avant de porter contre le génie un arrêt d'insanité, n'eût-il pas fallu s'entendre sur certains mots quelque peu vagues de la langue philosophique ; se demander si l'on s'est rendu un compte exact des facultés assez complexes du trouble combiné desquelles résulte la folie ? Il y a dans le génie une puissante imagination, puisqu'il n'y a pas de génie sans invention, point d'invention sans imagination. Il y a aussi une haute raison, ou si l'on veut un sublime bon sens ; il y a, enfin, une force d'attention peu commune, ce que dénote l'activité, l'étendue, la profondeur des conceptions chez ces rares privilégiés de l'intelligence. Et c'est apparemment, comme le fait remarquer Vauvenargues, « la nécessité de ce concours de tant de qualités différentes, qui fait que le génie est toujours si rare. » (Tome 1.) Lors donc qu'on porte contre lui l'accusation de côtoyer la folie, on devrait nous dire quelles sont de ces diverses facultés celles qui sont particulièrement atteintes en pareil cas ; si c'est l'attention, comme le pense Esquirol ; ou l'imagination, qui me semble y jouer un rôle plus considérable encore ; ou, enfin, la raison, la seule de nos facultés psychiques qui ait pour attribut spécial la distinction du vrai et du faux, et qu'il me semble impossible de regarder comme lésée, à ce haut degré de force et de rectitude qu'elle offre chez les hommes supérieurs.

Voilà des questions qu'on ne peut laisser en dehors, au point de précision et d'exactitude qu'a prise aujourd'hui l'analyse psychologique. N'est-il pas infiniment probable, en effet, que c'est de la rupture de l'équilibre intellectuel, de l'inégale pondération de quelques-uns de ces éléments, que résultent psychologiquement les troubles de l'entendement ? Et l'idéal du génie, loin de s'allier au délire des conceptions et à la détérioration physique de l'espèce, ne nous apparaît-il pas plutôt (nonobstant certaines exceptions dont nous avons signalé les causes), dans cet état de perfection relative, où toutes les facultés se développent avec ordre et harmonie : où l'âme en pleine possession d'elle-même dispose aussi comme il lui plaît de son élément terrestre ? *Mens sana in corpore sano,* disaient les anciens ; *désordre et génie,* entend-on répéter fréquemment de nos jours. Soit, si l'on entend parler de quelques éclairs dans une nuit profonde. Mais si l'on veut désigner le rayonnement du vrai, du bien ou du beau dans une grande âme, il faut changer la formule. Dans le premier cas on a Cardan, dans le second Newton.

V.

La folie n'est pas la seule maladie du cerveau qui trouble l'exercice de la pensée ; la plupart des affections qui atteignent cet organe sont dans ce cas ; et la supériorité, pas plus que l'imbécilité d'esprit, ne met à l'abri des conséquences fatales qu'elles entraînent sous ce rapport ; témoin la triste fin de Marlborough, de Leibniz, de Linné, de Kant, etc.

Il y a plus : les divers appareils de l'économie animale se rattachant à l'organe de la pensée par le système ganglionnaire, il s'ensuit qu'il n'est aucun d'eux dont la souffrance ne puisse avoir, comme pour le viscère intra-crânien, son retentissement dans les facultés intellectuelles ou affectives, et altérer l'exercice de notre liberté morale, que cette souffrance soit effet ou cause. Quand un illustre médecin, connu par ses opinions spiritualistes et orthodoxes, disait « qu'il n'est pas de pensée qui ne s'unisse à des conditions déterminées du corps, » il n'entendait pas parler uniquement du cerveau. C'est qu'en effet, sans nier le rôle prépondérant de ce viscère dans tous les actes de la vie morale et affective, Van-Swiéten n'avait pu méconnaître : que s'il est des modifications de l'âme qui n'influent que très indirectement sur les fonctions de la vie de nutrition, — par exemple, les travaux de l'ordre abstrait, — il en est, au contraire, qui ont pour résultat de provoquer immédiatement dans ces fonctions des perturbations tellement considérables, que nos prédécesseurs avaient cru pouvoir leur assigner pour siége les différents viscères thoraciques et abdominaux où ces phénomènes ont leur contre-coup. Tels, les faits de l'ordre affectif, ou qui ont pour effet de passionner l'homme. Ainsi, un accès de colère retentit instantanément sur la circulation ; la jalousie, la haine, l'envie portent leur action sur les fonctions nutritives, amènent à la longue l'amaigrissement, etc. Et de même que les affections tristes provenant de peines du cœur, de la mort d'êtres chéris, se réfléchissent plus particulièrement sur les viscères de la vie organique (cœur, estomac, etc.), celles qui résultent de perte de fortune, d'ambition ou d'orgueil déçus, exercent plutôt leur action sur les centres nerveux.

Dans d'autres circonstances, ce sont, au contraire, les désordres viscéraux qui sont le point de départ du désordre intellectuel ou moral, et qui impriment aux phénomènes psychiques un caractère particulier, inconnu jusqu'alors chez l'individu en qui ils se manifestent. Un grand nombre de dissections comparées ont fait voir, dit Cabanis, que les maladies des viscères abdominaux correspondent fréquemment avec les altérations des facultés morales. (2º mémoire.) De là, l'importance que nos prédécesseurs attachèrent à ces maladies dans l'étiologie de la folie : « *fœcundaque pœnis viscera.* » Peut-être les progrès accomplis de notre temps dans la physiologie du cerveau, nous ont-ils trop fait perdre de vue ce côté du problème. Pour n'en citer ici que les exemples les plus incontestables, qui ne sait que les maladies chroniques du foie, de l'estomac, des intestins, du cœur, des poumons, entraînent souvent des modifications profondes dans le caractère, les habitudes morales, les goûts, les passions, les jugements même des personnes qui en souffrent depuis longtemps? Que l'imagination exaltée dans la phthisie, s'éteint fréquemment dans le diabète, d'où naissent parfois même certaines aberrations mentales (1) ; que le rachitisme, le scorbut, amènent plus particulièrement le découragement et la tristesse ; que la chlorose suscite des appétits dépravés, des goûts vicieux ; que certaines maladies du cœur développent chez quelques individus une sensibilité exagérée ou même des troubles graves dans l'intelligence (2) ; que la misanthropie a fréquemment sa raison d'être dans une lésion des voies biliaires, gastriques ou urinaires (3) ? J'ai signalé précédemment l'influence analogue qu'ont quelques altérations de la lymphe. Enfin, sans adopter dans ce qu'elle a d'un peu brutal la sentence « *propter uterum solum mulier id est quod est* », qui pourrait contester l'autocratie que ce viscère exerce sur la femme, notamment dans l'hystérie, et dans la plupart

---

(1) Ces aberrations se montrent spécialement, d'après M. le docteur Landouzy, dans le diabète non sucré.

(2) J'en fournis la preuve dans le mémoire qui suit.

(3) Telle fut, entre autres, sur J.-J. Rousseau, en proie d'ailleurs à certaines idées fixes qui confinaient à la folie, l'influence d'une affection douloureuse de la prostate, affection dont l'incurabilité était le point de départ de ses déclamations contre la médecine. On ne vit jamais, au reste, d'après le témoignage de ses propres amis, d'homme dont le caractère se ressentit davantage des oscillations de la santé.— C'est aux douleurs que lui occasionnaient parfois ses hémorroïdes, qu'il faut attribuer, suivant Voltaire, les récrudescences sanguinaires de Richelieu ; « c'est ce qui coûta probablement la vie au maréchal de Marcillac ; la liberté au maréchal de Bassompierre.»(*Dict. philos.*) D'Aguesseau n'in-

des cas où l'innervation s'exerce d'une manière désordonnée?

Il est certain qu'on observe des mutations profondes dans l'état psychique de certains individus, à la suite même de maladies auxquelles on n'attribue pas ordinairement ce résultat. « J'ai vu, dit Cabanis, chez un homme, dont toutes les habitudes étaient mélancoliques au dernier point, des accès de fièvre quarte opiniâtre, produire un changement complet de goûts, d'humeurs, d'idées et même d'opinions. Du plus morne de tous les êtres qu'il avait été jusqu'alors, il devint vif, gai, presque folâtre. Sa sévérité habituelle fit place à beaucoup d'indulgence ; son imagination n'était plus occupée que de tableaux riants et de plaisirs. Comme la fièvre dura pendant plus d'un an,

---

voquait-il pas lui-même l'*inégale révolution des mouvements de notre humeur* pour expliquer « la diversité des jugements des magistrats, ses jours de grâce et de miséricorde où il n'aime qu'à pardonner : ses jours de colère et d'indignation où il semble ne se complaire qu'à punir ? » Voltaire signalait aussi, en termes d'une crudité que je ne veux pas imiter, l'influence que le bon ou le mauvais état de nos excrétions a sur notre caractère et nos résolutions. (*Dict. philos.*) Un homme de lettres cité par Réveillé-Parise pour son esprit satirique, avait besoin, pour lancer ses traits les plus acérés, ou ce qu'il appelait *ses déjections bilieuses*, d'être sous l'impression d'une digestion contrariée. Au reste, l'observation n'est pas neuve, comme le prouve certain passage d'Horace :

. . . . væ ! meum
Fervens difficili bile tumet jecur. (Lib. 1, ode 13.)

et état eut le temps de devenir presque habituel. Deux ou trois ans après, ce malade qui habitait alors un département, étant revenu à Paris, je trouvai qu'il se ressentait encore beaucoup de cette singulière révolution ; et quoique son ancienne manière d'être soit ensuite revenue à la longue, il n'a jamais repris ni toute sa mélancolie primitive, ni toute son ancienne âpreté. » (7ᵉ *mémoire*.)

Ces considérations seraient susceptibles sans doute de plus longs développements ; mais j'en ai dit assez, ce me semble, pour faire accepter des faits dont nous allons trouver d'ailleurs la preuve expérimentale dans l'histoire, et pour obliger ceux qui seraient tentés de les passer sous silence, à reconnaître qu'il y a là pour l'historien un champ fructueux de recherches. Si je m'en exagère l'importance, j'aurai mis, en les discutant, la critique historique à même de faire justice des prétentions de la physiologie. Dans le cas contraire, j'aurai arrêté l'attention des hommes compétents sur un des éléments de la certitude historique pour lequel on montrait peut-être un peu trop de dédain, et il y aura profit pour tout le monde. On comprend, d'ailleurs, que je n'aie pas la prétention de traiter complétement ici un sujet d'une telle étendue ; il me suffira d'en indiquer la portée et l'intérêt.

La maladie, comme le remarquait avec raison un critique de notre temps, a deux résultats différents : 1° elle change la face des événements, et peut modifier profondément la destinée de ceux qu'elle frappe, en les rendant plus ou moins impropres à la mission qu'ils avaient à remplir ; 2° elle met à nu les plaies de l'âme, ses défaillances, et tous les mensonges de la vie humaine. Étudiée à ce point de vue, la vie des hommes qui ont joué un grand rôle dans le monde, est donc d'un intérêt à la fois historique et philosophique. Un coup d'œil rapide jeté çà et là sur l'histoire va nous montrer, en effet, dans quelle étroite association les plus grands événements peuvent se trouver avec l'état de santé habituel, ou avec les maladies des personnages qui en ont été les principaux acteurs ; les perturbations profondes que les faits de cet ordre ont souvent amenées dans les affaires publiques et dans l'histoire de certains règnes, là surtout où le pouvoir était entre les mains d'un seul.

Le règne de François Ier nous en offre une preuve éclatante. A partir de 1538, c'est-à-dire, de l'époque où la maladie qui le ronge éteint peu à peu les facultés brillantes qui distinguaient le vainqueur de Marignan, on peut dire que François Ier se survit à lui-même. A la suite de l'abcès compliqué et très-douloureux auquel il faillit succomber en 1545, et dont il ne guérit jamais complétement (1), son humeur change entièrement. Affaibli, découragé, incapable de suite dans les idées ou dans les résolutions, il ne siége plus au conseil que nominalement, laisse les affaires les plus importantes se décider sans lui, signe sans l'avoir lue la révocation de l'amnistie accordée aux Vaudois, et laisse échapper toutes les occasions favorables à sa politique. La réaction triomphe ; les réformés sont poursuivis avec plus de rigueur que jamais. Toute l'influence passe entre les mains de Montmorency, puis dans celles de deux cardinaux fanatiques. « La France, dit M. Michelet, ne compte plus, elle est hors du droit de l'Europe. » (H. Martin, Michelet, *loc. cit.*; Gaillard, *Hist. de François I*er.)

Tel Louis XII, épuisé et languissant à la suite d'un flux de sang chronique, se laissait arracher par la reine Anne, intriguant dans l'intérêt de la maison d'Autriche et de sa fille, un pacte d'alliance (le traité de Blois, 1505), qui menaçait d'enlever la Bretagne à la France ; politique heureusement abandonnée à la

---

(1) Cet abcès se compliquait de lésions graves des voies génito-urinaires, et communiquait avec la vessie, comme le prouva l'autopsie dont voici un extrait : « *In collo vesicæ ulcer latum pure multo refertum. Sub pube omnia purulenta, et ipsa substantia gangrænosa.*» Ces désordres étaient la suite d'une vieille infection syphilitique.

suite du revirement favorable opéré dans la santé du monarque. (H. Martin, *loc. cit.*)

C'est ainsi qu'Henri IV malade à Rouen, cédait aux obsessions de son entourage, et signait, « entre deux diarrhées, » dit crûment M. Michelet, le rappel des jésuites (1603) ; de même que son successeur, convalescent d'une maladie à laquelle il avait failli succomber à Lyon, laissait, grâce à son état de langueur, s'ourdir autour de lui les intrigues qui devaient renverser le cardinal, dont plus tard, revenu à la santé, il ne croira plus pouvoir se passer. (*Id.*, *ibid.*)

Tels encore, on avait vu Charles XII miné, dit Voltaire, par une fièvre de suppuration sur le chemin de Bender, se montrer tout différent de lui-même, et se laisser conduire comme un enfant (*Histoire de Charles XII*) ; — Charles-le-Téméraire, à la veille de Morat, « malade et passant sans cesse de la colère à une sorte d'engourdissement, plus incapable que jamais d'aucun conseil et n'ayant plus, à vrai dire, la plénitude de sa raison, perdre toute son habileté guerrière » (de Barante, *Hist. des Ducs de Bourgogne*) (1) ; — Charles IX enfin devenu, par suite de

(1) Angelo Catto, son médecin, avait prédit, d'après l'état dans lequel il avait vu ce prince, qu'il perdrait la bataille, et il l'avait même écrit à Naples. Plongé dans une noire mélancolie, « Charles fut probablement devenu fou de chagrin, » dit M. Michelet. (*Hist. de France*, t. 6.)

la vie insensée dans laquelle il achève de perdre sa santé, incapable de l'application qu'exigent les affaires, affaibli par de fréquentes hémorragies, sans passion, ni volonté, subir, pour vivre en repos, le joug de sa mère, « entre les mains de laquelle le pouvoir croulait en France. » (H. Martin, *ibid.*)

Il n'est pas jusqu'à ce monarque altier sous lequel tout pliait naguère, et qui s'indignait un jour que son médecin lui fît des *ordonnances*, qui ne courbe la tête sous ce fatal niveau, et ne laisse, à mesure qu'il perd ses forces, dériver sa politique au gré de Louvois, ou de Mme de Maintenon dans sa lutte d'influence contre l'impitoyable ministre. La chose est assez curieuse et la leçon assez instructive, pour que nous nous y arrêtions quelques instants.

Le tardif rejeton du débile Louis XIII avait reçu de la nature, — on en tirera la conclusion que l'on voudra, — une constitution robuste, quoiqu'on en ait dit dans ces derniers temps, et qu'il ne craignit pas de soumettre à toutes sortes d'épreuves. C'est même de ces épreuves, c'est des excès de tous genres auxquels il se livra (excès auxquels n'aurait certes pas résisté une constitution débile), qu'on peut déduire la preuve que ce prince, pour vivre ainsi 75 ans, avait de la santé autre chose que *la représentation*, comme on l'a dit, et qu'il n'était pas si lymphatique que le donne à penser M. Sainte-Beuve, dans l'analyse qu'il fait d'une publication récente. (*Journal de la santé de Louis XIV.*) C'était, en réalité, le tempérament lymphatico-sanguin, avec prédominance de ce dernier. Je ne trouve ni dans les orages qui signalent chez ce prince l'éclosion de la puberté : ni dans quelques vertiges dont la cause est dans son intempérance : ni dans une fièvre périodique-miasmatique contractée dans les guerres de Hollande, renouvelée à la suite de mouvements de terrain qu'il faisait exécuter à Versailles et à Marly : ni enfin dans quelques exanthèmes, ou dans les troubles fréquents de la digestion, résultant de ses habitudes « de grande mangerie, » les indices d'un lymphangisme constitutionnel. Tout cela, en un mot, ne constitue pas, à mes yeux, l'homme valétudinaire dont M. Leroy nous fait le tableau un peu chargé. C'est au roi, comme l'a parfaitement remarqué un de nos plus savants critiques, M. Daremberg : c'est à ses passions, à ses imprudences, à ses appétits immodérés, à sa volonté de ne faire que ce qui lui plaît jusqu'à ce qu'une maladie s'ensuive, qu'il faut rapporter presque toutes les affections dont il est assailli, et qui, d'ailleurs, dans la première partie de sa carrière, au moins, se terminèrent vite et bien, nonobstant le défaut de toute précaution. Je dirai, en retournant une phrase de M. Sainte-Beuve : que le roi n'eût pas paru si bien portant, si l'homme eût été si fréquemment malade ; qu'on a beau prendre sur soi, quand on est si travaillé en dedans, il est impossible qu'il n'en paraisse pas quelque chose au dehors. L'ingénieux écrivain en convient lui-même indirectement quand il dit : « L'histoire, aujourd'hui qu'elle en a les moyens, est désormais tenue à une chose : à noter si pour certains actes peu expliqués de la conduite de Louis XIV, par exemple, de brusques retours de l'armée, des revirements de détermination dans ses campagnes, il n'y a pas coïncidence d'un de ces accidents relatés par les médecins du roi. » Ces coïncidences ont été signalées, en effet, dans plusieurs notes, par le savant bibliothécaire de Versailles.

J'ajouterai cependant, qu'il faut se défendre dans la lecture du journal des trois archiâtres, Vallot, d'Acquin et Fagon (car c'est ce qui a pu donner le change à quelques critiques), de l'importance qu'ils attachent aux moindres incommodités de leur auguste client ; de la complaisance avec laquelle ils s'arrêtent sur des circonstances qui passeraient inaperçues chez l'humble vulgaire, et qu'ils élèvent à la hauteur d'un événement. Quand plus tard arrivent, avec les troubles plus fréquents des organes digestifs, la carie des dents, la goutte, etc., faut-il s'en étonner, lorsqu'on lit ce que disent les contemporains de l'hygiène et des habitudes de ce royal Gargantua (1)?

A dater de 1680, Louis XIV commença à souffrir d'une maladie qu'il eût voulu tenir secrète, et dont il ne pouvait guérir que par une opération, dont le bruit

(1) « Il mangeait, dit Saint-Simon, si prodigieusement et si solidement soir et matin, et si également encore, qu'on ne s'accoutumait point à le voir.... Ses potages dont il mangeait de plusieurs (on servait alors quatre potages à la fois) et en quantité de chacun, sans préjudice du reste, étaient pleins de jus d'une extrême force, et tout ce qu'on lui servait plein d'épices, au double au moins de ce qu'on y met ordinairement. Il finissait son repas par beaucoup de salade, de fruits glacés, de pâtisseries, en quantité qui surprenait toujours. » La princesse Palatine raconte ainsi le menu d'un dîner qu'elle lui vit faire : « Quatre assiettes de soupe, un faisan entier, une perdrix, une grande assiettée de salade, du mouton au jus et à l'ail, deux bonnes tranches de jambon, une assiettée de pâtisseries, et puis encore des fruits et des confitures. » (Corresp.) Voici, d'après Fagon lui-même, comment il pratiquait la diète quand on le mettait au régime : « Le roi, fatigué et abattu, fut contraint de manger gras le vendredi, et voulut bien qu'on ne lui servît à dîner que des croûtes, un potage aux pigeons et trois poulets rôtis, dont il mangea quatre ailes, les blancs et une cuisse. » Que dites-vous de ce *valetudinaire*, de cet homme *faible d'estomac*, suivant son médecin Vallot? Il n'y a guère lieu de s'étonner, d'après cela, si à sa mort on lui trouva « le volume de l'estomac et des boyaux double au moins de l'ordinaire. » (Saint-Simon.) Cette particularité anatomique se rencontra aussi, si j'ai bonne mémoire, à l'autopsie du roi Louis XVIII, goutteux et gros mangeur comme son aïeul, comme tous les Bourbons; et qui succomba, ainsi que le grand roi, à une gangrène sénile des extrémités inférieures.

retentissant en France et en Europe eût quelque peu amoindri l'éclat de sa grandeur olympienne. C'était une fistule au fondement envenimée par un régime incendiaire, et qui n'avait pu se prolonger ainsi sans s'aggraver : ni s'aggraver sans influer sur l'humeur du monarque. Ce n'était là, au reste, qu'un des épiphénomènes d'un désordre plus général dans la constitution, comme le prouvent les diverses affections auxquelles ce prince fut dès-lors en proie, avec la circonstance aggravante du traitement épuisant à outrance que lui firent suivre ses premiers médecins (1). Cette maladie, ou plutôt cette aggravation dans l'état de la santé royale, a semblé, aux yeux d'historiens modernes, couper en quelque sorte ce long règne en deux

(1) Outre de fréquentes saignées, l'auguste client de Fagon était impitoyablement purgé toutes les trois semaines, malade ou non. Lorsqu'il contracte une fièvre intermittente, il est saigné, vomitisé deux fois, et purgé vingt-deux. Dans ses dernières années, déjà très-affaibli et « aussi maigre, selon l'expression de la princesse Palatine, qu'un éclat de bois, » il est soumis toutes les nuits à de fortes sueurs, sous prétexte de goutte. Quand on lit dans les mémoires contemporains, le détail des traitements prescrits aux plus grands personnages de ce temps : quand on voit le premier médecin Vallot consulter l'astrologie sur la constitution de son royal client, le saigner et le purger à outrance pour le guérir du chagrin que lui cause le départ de Marie de Mancini, Diafoirus et Purgon vous reviennent en mémoire, et l'on comprend mieux combien Molière trouva matière à s'égayer aux dépens de la médecine pédantesquement ridicule de son temps.

6

moitiés : l'une remplie par les conquêtes et par les grandes choses accomplies sous le ministère de Colbert (1661-1686) ; l'autre assombrie par des défaites, par les dragonnades et la proscription de cinq cent mille Français (1687 à 1715). « Le roi échappé au fer de l'opérateur, dit Lémontey, semble se succéder à lui-même. On eût dit que le monarque épuisé expiait une grandeur sans exemple entre ses pareils par une décadence hors de proportion avec son âge. Si l'on oublie quelques éclairs que le choc des événements fit encore jaillir par intervalles de son âme, Louis XIV ne paraît plus à quarante-sept ans que l'ombre de lui-même. » (*Essai sur l'établissem. monarchiq. de Louis XIV.*) M. Michelet a reproduit depuis le même jugement. (*Hist. de France.*) (1).

C'était, on le voit, la répétition de ce qui s'était passé déjà sous le règne de François Ier, avant et après sa maladie. Exemple mémorable des dangers que fait courir à une nation un pouvoir sans contrôle, et livré

---

(1) M. Michelet se moque quelque part, non sans raison, du *Journal des digestions de Louis XIII*, qui a fourni à son médecin Hérouard la matière de 6 volumes in-folio. Il est vrai que les auteurs de ces documents (lesquels commencent à Henri IV et finissent en 1711, quatre ans avant la mort de Louis XIV), se préoccupent plus que de raison d'une foule de circonstances sans importance, et accordent une attention trop exclusive à l'observation des phénomènes de la digestion

à toutes les éventualités qu'offre la fragile organisation humaine ! — Chose remarquable : les mêmes événements se reproduisent à plusieurs siècles d'intervalle, et dans des circonstances toutes différentes, sous l'influence de ces mêmes causes physiologiques que nous signalons ici. Les deux monarques Français, aigris et déchus par la maladie, persécutèrent les réformés, de même que Dioclétien tombé dans un état de mélancolie et de langueur qui affaiblissait jusqu'à ses facultés mentales, et lui ôtait la force de résister aux suggestions impérieuses de Galérius, ordonnait cette sanglante persécution contre les chrétiens, qui ternit l'éclat d'un règne jusque-là clément et heureux. (Aurélius-Victor, Naudet, etc.) Les cruautés qui déshonorent la fin du règne d'Adrien, datent également de l'époque où se déclarent les premiers symptômes de la maladie qui devait terminer ses jours, et qui lui occasionnait de telles souffrances, qu'on l'entendait demander parfois la mort.

et de ses résultats. « Ainsi, toute l'industrie de Fagon est de faire croire au roi que ses médecins le soulagent d'une prodigieuse quantité d'humeurs fermentées, et qu'il rend des vers. » Cependant, rédigé avec plus de discernement et dans un esprit philosophique, un récit fidèle des habitudes hygiéniques d'un personnage historique et de son état de santé habituel, le montrerait souvent sous un jour tout nouveau. C'est ce que prouve le *Journal de la santé de Louis XIV*.

Des circonstances du même ordre avaient aussi amené des résultats analogues sous le règne de Charles VI. « Les instants lucides de ce prince furent signalés par des ordonnances utiles et populaires ; mais les détenteurs habituels de son autorité attendaient que son esprit recommençât à s'obscurcir pour lui arracher la révocation de ses mandements, ou pour rendre en son nom des édits funestes au pays.... Cette situation était plus fâcheuse pour la France que ne l'eût été la démence complète du roi. Au lieu d'une régence officielle, on avait un gouvernement sans chef, et perpétuellement tiraillé entre les influences rivales, celle des oncles et celle des frères du roi. » (H. Martin, *loc. cit.* ; Voltaire, *Essai sur les mœurs*.)

Mais les dispositions morales engendrées par la maladie varient selon la nature de celle-ci, selon le tempérament de l'homme ; et la même diversité s'observe nécessairement dans le contre-coup qu'en reçoivent les événements. Tandis que Charles-Quint, déjà malade, surexcité par le régime stimulant auquel il s'est habitué et dont il deviendra victime, s'inquiète, s'emporte, et rejette toutes les propositions de paix, son rival, dompté par le mal, résiste aux conseils du Dauphin qui le pousse à faire la guerre, et il n'aspire, *quantum mutatus ab illo!* qu'à obtenir de l'empereur une trêve qui le conduise doucement et sans batailles jusqu'à la fin de sa carrière. — De même qu'après la mort du cardinal, Louis XIII retombé dans la langueur d'où il était momentanément sorti, abandonne les projets arrêtés avec son ministre mourant, montre, une mansuétude singulière, rouvre les prisons, envoie de tous côtés des lettres d'abolition et d'amnistie, et rappelle à la cour ceux-là même qu'avait frappés Richelieu. (*Id.*, *ibid.*) Il n'avait fallu, pour opérer ce revirement dans sa politique, qu'une rechute après une courte trêve dans ses souffrances ; de même qu'il avait suffi naguère pour que la face de l'Europe changeât, que Richelieu gravement malade d'une rétention d'urine, pût satisfaire au besoin impérieux de la nature.

Je ne parle là que de faits constatés, et sur lesquels les historiens n'ont pu garder le silence ; mais que d'autres du même genre sont passés inaperçus ! Et de quelles difficultés se complique la tâche de celui qui veut savoir de quel poids ont pu peser sur le libre arbitre des hommes historiques, et dans la balance de leurs destinées, les perturbations de l'organisme auxquelles ils purent être soumis ! Où trouver à se renseigner sur les prédispositions constitutionnelles nées de leur régime de vie ou de leur tempérament ; sur les maladies qui en altérèrent le caractère ; sur l'intervention salutaire ou nuisible de l'art pour en modifier la nature et la durée ; souvent même sur le genre de mort auquel ils succombèrent? On dirait que parler d'une infirmité physique, nommer une maladie par son nom, serait abaisser la dignité du genre, faire descendre la muse de l'histoire du piédestal sur lequel on l'a hissée. Vous trouverez à chaque page dans les biographies les plus autorisées, le récit de morts surnaturelles ou survenues par suite de causes morarales, comme pour les besoins d'une mise en scène. Il semble qu'un héros ne puisse finir par un de ces trépas vulgaires réservés à la vile multitude, c'est-à-dire, mourir tout simplement de maladie, comme M. de la Palisse. Ce sont presque toujours des émotions, des préoccupations, des chagrins, des passions, ou quelques circonstances extraordinaires qui ont amené chez eux le terme fatal. Passe encore, s'il ne s'agissait que de trépas prématurés ou arrivés dans des conditions peu communes. Mais chercher des raisons exceptionnelles, imaginer la mort par des causes extra-physiologiques pour des personnages qui avaient atteint le terme d'une longue vie : vouloir, par exemple, qu'Elphinston soit mort à 85 ans des regrets que lui causa la perte d'une bataille ; Rodiginus à l'âge de 75 ans du chagrin qu'il ressentit de la captivité de François Ier, et le cardinal Ximénès, octogénaire, du dépit que lui fit ressentir sa disgrâce; affirmer que Sophocle, arrivé à une extrême vieillesse, succomba à la joie que lui causa son dernier triomphe dans un concours, c'est, en vérité, se mettre bien inutilement en frais pour faire accepter des faits auxquels on trouverait une explication beaucoup plus naturelle. On devient terriblement sceptique à l'endroit de ces morts singulières, quand on a eu cent fois l'occasion, dans une longue carrière médicale, de voir des individus de tout âge, souvent très-malingres, quelquefois même atteints de maladies mortelles, résister aux émotions les plus fortes, aux chagrins les plus cuisants, aux peines les plus accablantes. Qu'est-ce donc quand il s'agit de circonstances infiniment moins graves, de contrariétés presque passagères, capables d'occasionner tout au plus quelques nuits d'insomnie? A quel homme du métier persuadera-t-on, par exemple, que l'évêque Duprat mourut à 72 ans, *parce que* les chanoines de son chapitre voulaient le forcer à couper sa barbe; le duc de Nevers de la honte que lui causa un reproche de Henri IV; le compositeur Corelli de celle qu'il éprouva pour s'être trompé sur la valeur d'une note; et qu'Alexandre Guidi, le Pindare italien, fut frappé d'apoplexie *pour avoir découvert* une faute d'impression dans un exemplaire de ses homélies? Comment des hommes d'esprit peuvent-ils répéter sérieusement de telles naïvetés! Que des romanciers se permettent de semblables licences, que Fr. Soulié, par exemple, fasse tomber *dans le marasme (sic)*, en une demi-heure de temps environ, un jeune homme en butte aux sarcasmes d'une femme... permis à eux, ce sont là — toute vraisemblance à part — les immunités du genre. Mais l'histoire a d'autres exigences. Malheureusement peu de médecins ont songé ou ont pu, comme Cabanis le fit pour Mirabeau, Zimmermann pour le grand Frédéric, écrire le récit des circonstances qui ont amené la mort des grands hommes, ou ce qu'ils savaient des maladies dont ils étaient atteints; de l'influence que leur état de santé a eue sur leurs résolutions; et si les historiens en parlent, c'est pour leur donner un caractère d'étrangeté mystérieuse, comme la prétendue sueur de sang dont mourut Charles IX (1).

Cependant, l'exactitude des méthodes qui caractérise la science de nos jours, semble avoir inspiré

---

(1) L'autopsie de ce prince prouva qu'il avait succombé à une affection de poitrine. Il mourut subitement en rejetant le pus d'une vomique formée dans le poumon gauche.

quelques travaux modernes, où la tendance à des appréciations plus positives se révèle d'une manière non équivoque. J'en ai fourni déjà des exemples remarquables, empruntés surtout aux travaux de MM. Michelet et H. Martin. J'en trouve une nouvelle preuve dans l'histoire de l'abdication et de la retraite de Charles-Quint par M. Mignet, et par M. Gachard, le savant historien belge. On s'était naguère livré aux suppositions les plus contradictoires, les plus absurdes même, pour expliquer ce curieux épisode de l'histoire contemporaine. Or, M. Mignet, comme M. Gachard, appuyé sur une foule de circonstances authentiques, prouve qu'il faut chercher la véritable cause de l'abdication du grand politique dans les infirmités cruelles, dans la décadence prématurée où des habitudes notoires d'intempérance, et la goutte qui s'en était suivie, l'avaient fait tomber. Charles-Quint n'avait alors que cinquante-six ans ; la goutte l'avait pris à trente. Plus tard, il s'y était joint un asthme et un flux de sang dont les retours l'épuisaient. « Il mange d'une manière si désordonnée, écrivait un de ses contemporains, qu'on croirait qu'il a dessein d'abréger ses jours. » Les mets les plus épicés lui étaient devenus insipides. Dans sa plus mauvaise santé, au milieu de ses plus grandes souffrances, il ne pouvait maîtriser sa voracité, ni se priver des aliments les plus nuisibles. Ajoutez à cela une particularité physique rappelée par M. Mignet : « Sa mâchoire inférieure, trop large et trop longue, dépassait extrêmement la mâchoire supérieure ; en fermant la bouche, il ne pouvait joindre les dents. L'intervalle qui séparait celles-ci, d'ailleurs rares et mauvaises, l'empêchait de bien faire entendre la fin de ses phrases, et de broyer ses aliments; il balbutiait un peu, et digérait mal. » (*Charles-Quint, son abdication*, etc., p. 20.)

A Dieu ne plaise qu'on m'impute la pensée de vouloir introduire la clinique dans l'histoire, et de faire avec Thomas Diafoirus assister le public aux démonstrations de l'amphithéâtre. Je comprends certaines réserves commandées par la gravité même des choses; et quoique Voltaire lui-même conseille plaisamment de s'informer, avant d'en obtenir une audience, si monseigneur a été à la garde-robe, on ne le voit pas souvent occupé de tirer des inductions historiques de ces infimes mystères de notre organisation. Mais faut-il donc, par une sorte de pruderie littéraire, et pour éviter quelques détails peu académiques, tomber dans un extrême opposé, et laisser dans l'ombre des circonstances qui peuvent jeter une vive lueur sur certains faits ? Quant à moi, je suis un peu de mon temps ; je tiens, dans la mesure bornée de mes forces, à tout approfondir. Je crois qu'on ne connaît pas complétement les grandes figures qui apparaissent dans l'histoire quand on ne voit pas le dessous de la draperie, quand on ne les contemple que dans cette auréole dont les entoure l'admiration de la postérité ; et qu'il peut être utile aussi de nous montrer les côtés par lesquels elles se rattachent à l'humanité. Je pense, en dépit du proverbe, qu'on peut être un grand homme même pour son valet de chambre : « Guenille si l'on veut », mais il me semble que dans une science où l'exactitude est d'obligation stricte, il serait bon de se montrer un peu moins collet-monté à cet endroit, dût-on sacrifier la forme au fond, et la pompe du style à la vérité des détails.... Craindrait-on de favoriser par là les tendances matérialistes ? Eh ! mon Dieu, les deux grandes lumières du XVIIe siècle dans l'ordre rationnel et dans celui de la foi, Descartes et Bossuet, n'ont-ils pas proclamé à l'envi avec Platon, Cicéron, Leibniz, Malebranche et autres matérialistes de cette trempe, l'influence énorme du physique sur le moral (1) ? L'auteur de l'*Esprit*

---

(1) « Car même l'esprit dépend si fort du tempérament et de la disposition des organes du corps, que s'il est possible de trouver quelque

des lois a-t-il jamais compté parmi les philosophes de cette école, pour avoir cru à l'utilité de l'anatomie au point de vue de la connaissance complète de l'homme, et l'avoir étudiée comme Bossuet (1); pour avoir montré, comme Descartes, l'action puissante que le milieu physique dans lequel elles vivent, exerce sur la civilisation et sur les destinées des nations? Et quand on aura retranché à Cabanis lui-même tout ce qui se rattache à ses idées sur l'unité matérielle de l'homme, ne restera-t-il pas *les faits*, qui peuvent très-bien se passer de sa théorie, et se concilier avec le spiritualisme le moins indécis?

VI

Si de la physiologie de l'individu et des troubles organiques qui peuvent se refléter sur les facultés

---

moyen qui rende communément les hommes plus sages et plus habiles qu'ils n'ont été jusqu'ici, je crois que c'est dans la médecine qu'il faut le chercher. » (*Disc. de la méthode,* 6me *partie.*) Déjà Cicéron disait: « *Et ipsi animi magni refert quali in corpore locati sint; multa enim obtundant.* » (*Tuscul. quæst. lib.* 3.) Si c'est dans les grands philosophes, dans d'illustres écrivains que j'ai le plus souvent cherché mes autorités, ce n'est pas qu'il n'eût été plus logique d'invoquer, en semblable matière, le témoignage plus compétent des hommes spéciaux ; mais c'est que sur ce chapitre les médecins sont ordinairement tenus en suspicion par les lettrés, toujours tentés de les renvoyer à l'amphithéâtre pour toutes les questions qui ne sont pas directement afférentes aux études cliniques : *odi profanum vulgus et arceo.*

(1) Voir sa vie en tête de ses œuvres, édit. Auger, 1816.

morales, je passais à l'action du médecin et de l'art qu'il met en œuvre, quelle mine inépuisable ? Que de riches matériaux pour ces mémoires secrets, où les faits dépouillés de leur caractère officiel apparaissent avec un caractère si souvent opposé à celui qu'on leur a donné ! Quand je lis dans les mémoires écrits du temps de Louis XIII, que ce malheureux prince fut, dans l'espace d'une année, purgé ou vomitisé deux cent quinze fois, et saigné quarante-sept (Amelot de la Houssaie, *Mém.*, t. 1), je ne puis me défendre de croire, en songeant à l'énorme affaissement qui dut en résulter pour l'auguste malade, que son archiâtre, Ch. Bouvard, servit merveilleusement en cela les vues de Richelieu ; et il me semble que je m'explique mieux ce prince soupçonneux, défiant de lui-même, presque toujours malade, et ne pouvant dans cet état de langueur s'occuper que bien peu des affaires du royaume ; supportant impatiemment le joug de son premier ministre, que la conscience de sa faiblesse physique et morale lui rendait cependant nécessaire (1). (*Mém.* de Mme de Motteville, et des Contemporains.)

Voltaire à qui ces faits n'avaient pas échappé disait :

(1) « Ce n'était plus à la fin de sa vie, dit Pontis, qu'un squelette avec la peau collée sur les os. Tirant un jour ses bras décharnés du lit : Tiens, Pontis, me dit-il, tels sont les bras du roi de France. » A l'au-

« Voulez-vous changer le caractère d'un homme, purgez-le tous les jours. » Il y aurait, en effet, des recherches intéressantes à faire sur les modifications que certains remèdes, certains traitements peuvent imprimer aux facultés intellectuelles ou morales. Il est certain qu'il est des médications qui peuvent changer profondément les dispositions de l'âme. Sans parler même des effets du haschich, de l'opium, et en général des substances vireuses qui portent leur action sur le cerveau, nous voyons tous les jours les traitements appropriés à certaines maladies, comme le fer à la chlorose, l'hydrothérapie aux névropathies, etc., dissiper les aberrations de la sensibilité et de l'intelligence que ces affections entraînent souvent après elles.

Maintenant, quand je pense à la puissance redoutable dont est armé le médecin, aux coupables desseins auxquels il a pu servir d'instrument, et aux ressorts immoraux dont la politique ne s'est jamais fait faute de se servir : quand je réfléchis à l'influence que l'homme de l'art exerce, — surtout à certaines

---

topsie, on trouva un poumon ulcéré, avec des adhérences de la plèvre.— Il faut dire que ce prince avait personnellement contribué à cette décadence prématurée par le régime violent qu'il avait adopté, croyant sans doute par là se donner des forces. (V. Rob. Lyonnet, *Dissertat. de morbis hereditariis*, Paris 1646.)

époques de l'histoire où il est en même temps astrologue, devin, — sur les esprits timorés et superstitieux, je me prends à penser qu'il est plus d'un Lestoq inconnu, plus d'un Coitier (1), dont l'influence est écrite dans l'histoire en caractères invisibles, et dont les révélations, s'ils eussent voulu parler, eussent éclairci bien des énigmes historiques. On ne dit au confesseur que ce que l'on veut, ou ce que l'on croit devoir avouer ; devant le médecin habile à sonder les plaies de l'âme aussi bien que celle du corps, et initié aux secrets des familles les plus élevées comme les plus obscures, tous les voiles tombent, tous les intérêts s'effacent devant l'intérêt suprême de la conservation.

Il serait intéressant de rechercher quel usage ont fait non-seulement de leur influence, mais de ce droit

(1) Coitier parvint par des moyens qui sont restés ensevelis dans le mystère, dit un de ses biographes, le docteur Chereau, à se faire agréer de Louis XI comme son médecin ordinaire, et à exercer sur l'esprit de ce prince une telle influence, qu'il provoquait les destitutions des médecins ou des fonctionnaires dont il voulait prendre la place, et obligeait, en quelque sorte, son royal client à le faire profiter des amendes prononcées contre divers agents du royaume. « Le dit Coitier estoit si rude au roi que l'on ne diroit pas à un vallet les outrages et dures parolles qu'il luy disoit ; et si le craignoit tant le dit seigneur qu'il ne l'eust osé envoyer hors d'avec luy. » (Philippe de Comines, *Mém.*, t. 1.) L'amour du gain était, du reste, le vice dominant de ce très-peu honorable confrère.

de vie et de mort qu'ils ont sur leurs semblables, les médecins appelés à donner des soins aux hommes qui ont joué un rôle dans l'histoire. Furent-ils toujours sinon scientifiquement du moins moralement à la hauteur de leur mission ? N'ont-ils pas servi parfois d'instruments à d'odieux desseins ? Questions destinées à rester le plus souvent dans un profond mystère ; car si le médecin confesse le malade, qui confessera le médecin ? qui s'avouera coupable, lorsqu'abstraction faite des intérêts privés, un tel aveu serait de nature à compromettre des intérêts généraux, ou les hommes les plus haut placés ? Disons-le cependant à l'honneur des temps modernes, rarement, jamais peut-être, — c'est du moins ma conviction appuyée sur l'honorabilité de leur vie, — y trouverait-on des hommes semblables à ceux que Néron dépêchait vers Domitia sa tante, atteinte d'une irritation d'entrailles, et dont il convoitait l'héritage, avec mission de la purger... trop. « *Præcipit medicis ut largiùs purgarent ægram.* » (Suétone, *in Nero.*) ; — ou encore à ceux que ce monstre envoyait aux accusés *pour les soigner*, selon sa propre expression, c'est-à-dire, pour les dépêcher plus vite en coupant leurs veines : « *Medicos admovebat qui cunctantes curarent, ità enim vocabat venas mortis gratiâ incidere.* » (*Id.,ib.*)

Que l'on se rappelle quel souci nos anciennes ưcultés faisaient de la moralité de celui auquel elles dispensaient l'honneur de les représenter, et l'on sera convaincu qu'à dater du moins du xII[e] siècle, époque où commencent à s'élever ces établissements, de pareilles infamies deviennent presqu'impossibles. — Si, échappés à la tutelle des anciennes corporations, les médecins sont libres de nos jours de se précipiter *per fas* et *nefas* dans les voies ouvertes à leurs convoitises, les progrès de la moralité publique sont là pour faire contre-poids à ce danger. D'ailleurs, Dieu merci, les Néron ne sont plus possibles ; et aux faits relatés par Suétone, les médecins modernes peuvent opposer avec orgueil la conduite des Thomasseau, des Desgenettes, etc. (1).

L'étude des poisons, cette arme anonyme d'autant plus terrible entre les mains du médecin qu'elle peut s'y dissimuler sous l'étiquette trompeuse d'un remède, ne constituait pas naguère, comme de nos jours,

---

(1) Thomasseau de Cursay, médecin de la faculté de Paris, ayant reçu, comme chef de la municipalité d'Angers, l'ordre de faire massacrer les protestants pendant la nuit de la Saint-Barthélemy, répondit par un refus plein de dignité : « Qu'on ne trouverait pas un seul homme dans cette ville qui voulût exercer un office aussi odieux et si contraire à l'humanité. » Ces Thomasseau, d'une famille noble, avaient pris pour devise : *Plutôt mourir que se souiller.* (V. la *Notice* de Hazon.)

une branche de la médecine légale. Ils se préparaient dans des officines mystérieuses par les soins de gens adonnés le plus souvent à la pratique des sciences occultes, ou qui en avaient, à prix d'argent, recueilli la tradition secrète d'individus livrés, comme les Locuste de l'antiquité, les Exili des temps modernes, à cette affreuse industrie. Aussi, ne trouve-t-on guère de médecins mêlés, — du moins notoirement, — aux catastrophes qu'on voit si fréquemment en résulter dans l'histoire ; plus fréquemment même qu'elles n'arrivèrent en réalité, la rumeur publique ayant été de tout temps portée à donner cette interprétation aux morts inattendues qu'on ne croyait pas pouvoir expliquer par des causes naturelles. — Ainsi, notre illustre A. Paré qui, en sa qualité de huguenot, avait beaucoup d'ennemis, fut accusé d'avoir fait périr par des topiques empoisonnés le jeune roi François II mort inopinément à la suite d'un écoulement fistuleux par une oreille ; et il ne fut complétement absous de cette odieuse imputation, que par les déclarations du valet de chambre, qui avoua avoir déposé le poison dans la coiffe de nuit du roi, au point correspondant à la fistule. — De même, Adam Fumée, médecin de Charles VII, et qui fut depuis garde des sceaux de France, soupçonné d'avoir voulu empoisonner ce malheureux prince, avait été jeté en prison, puis reconnu innocent. — Mais moins heureux qu'eux, un des chirurgiens de Louis IX, Louis Delabrosse, avait été pendu à Montfaucon pour avoir, dit sa sentence, méchamment et traîtreusement pansé avec du poison des boutons que Louis, fils d'Isabelle d'Aragon, mort quelques jours auparavant, portait au front. (Percy, *Opusc. de médecine.*)

Dans un siècle plus éclairé, Saint-Simon lui-même que ses préventions haineuses portent volontiers, du reste, à adopter les bruits défavorables aux gens qu'il n'aime pas, ou qui subit, sans s'en rendre compte, l'influence des préjugés populaires à cet endroit, voit des empoisonnements partout, sans s'inquiéter beaucoup de fournir les preuves d'aussi terribles accusations. Ainsi fait-il pour la Dauphine, morte, à en juger par les symptômes qu'il relate, d'une fièvre pernicieuse céphalalgique ; — pour le duc de Berry succombant, après huit jours de maladie, à une hématémèse ; — pour Louvois, qu'il fait empoisonner, sans qu'on sache pourquoi ni comment, par son médecin ordinaire Séron. Quand il mentionne les autopsies pratiquées à la suite de ces morts inattendues, il ne prouve qu'une chose, c'est l'ignorance absolue que l'on trouve, jusqu'à la fin même du xviiie siècle, chez les médecins appelés à constater la présence de l'agent vénéneux, dont ils n'eussent pu fournir la démonstration rigoureuse, lors même qu'un crime eût été accompli. Il fallait, pour cela, le concours de l'anatomie pathologique qui ne faisait que de naître, et celui de la chimie, qui attendait encore son créateur.

On ne peut, néanmoins, révoquer en doute les services intéressés que la politique ou les intérêts de famille ont dû réclamer souvent des médecins attachés au service d'importants personnages. Ainsi Bouvart, le premier médecin de Louis XIII, est bien plus encore l'homme des deux reines. Gagné à la cause espagnole, il déclare que l'état de santé du roi ne permet pas de songer à la guerre, et qu'il lui faut revenir à Lyon. Une trêve favorable à l'Espagne, et l'abandon de Casal se signent sous l'influence de ses conseils combinés avec les menées de ces deux princesses. (Michelet, *loc. cit.*) — Bien plus grave encore est l'accusation portée par quelques historiens contre Miron, médecin de Henri III, entièrement à la dévotion de Catherine de Médicis. Catherine pressait le roi de faire étrangler en secret dans leur prison les maréchaux Montmorency et Cossé. Miron, mis dans la confidence, aurait répandu le bruit que ces deux personnages étaient menacés d'une esquinancie, afin qu'on s'étonnât moins de leur fin subite. (H. Martin, *loc. cit.*) C'est ce même archiâtre qui, lorsque la mort de Charles IX eut laissé le trône vacant, avait favorisé l'évasion du duc d'Anjou, gardé en quelque sorte à vue par les Polonais, en le faisant passer pour malade. — Louis de Bourges, médecin de François Ier, n'eut pas moins de part à la délivrance de ce prince, prisonnier de Charles-Quint, en amenant adroitement les médecins de l'empereur à partager son avis sur la nécessité qu'il y avait de mettre l'illustre captif en liberté, si on ne voulait le voir succomber à sa maladie, plus feinte que réelle. Combien de faits du même genre n'ont pu arriver jusqu'à nous !

Il ne faudrait pas conclure, en effet, du peu d'importance politique qu'ont aujourd'hui les médecins, au rôle qu'il ont joué dans l'ancienne monarchie, je ne dirai pas seulement dans les intrigues de la cour, (ainsi que Saint-Simon nous montre Dacquin, Fagon, Bourdelot, Chirac, etc.,) mais au point de vue de l'ascendant qu'ils devaient à leur mérite, et à la haute considération dont jouissait la faculté. Ainsi Arnould de Villeneuve n'était pas seulement un des hommes les plus savants de son siècle, c'était aussi un habile politique, qu'on employa souvent dans des négociations délicates. Henri IV envoyait secrétement Marescot, son médecin à Paris, pour qu'il y sondât les sentiments des habitants, tout en ayant l'air de ne s'occuper que de malades. C'était l'époque où les médecins pouvaient prétendre à tout, et arrivaient parfois aux plus hautes charges de l'État; où Louis XIII tenait sur les fonts baptismaux le fils de son archiâtre, Jean de Bourges ; où Henri III assistait en personne au mariage de la fille de L. Duret, le savant commentateur d'Hippocrate et conduisait lui-même la mariée à l'église ; — où princes et prélats tenaient à honneur de se faire agréger aux collèges de médecine, à la confrérie de Saint-Côme, etc ; — où le premier médecin du roi prenait rang parmi les hauts officiers de la couronne, avait le titre de comte, et transmettait sa noblesse à ses enfants. Les temps ont bien changé depuis. Nous, médecins, y avons incontestablement perdu : mais la société y a-t-elle gagné ?

On se tromperait étrangement si l'on croyait pouvoir conclure de ce qui précède, que, regardant l'homme comme rivé d'une manière absolue à la servitude de ses organes, je ne vois dans les événements de l'histoire que le produit fatal de l'action qu'exerce sur nos déterminations la partie matérielle de notre être. Quand j'ai parlé des *deux* principes qui constituent la créature humaine, je n'ai pas voulu apparemment absorber l'un au profit de l'autre. Grâce au ciel, si le physique agit sur le moral, celui-ci, à son tour, réagit plus puissamment encore sur le physique. Montrer l'empire de la volonté sur le corps, et l'étonnante énergie que peut déployer l'âme humaine sur les ruines d'une organisation prête à se dissoudre : prouver par d'illustres exemples que la maladie, qui déprime les âmes faibles, fait quelquefois mieux ressortir encore l'héroïsme des âmes fortes, est une tâche qui me tenterait tout comme un autre. J'aimerais à faire voir un Guillaume de Nassau déployant un courage héroïque pendant tout le cours d'une vie qui ne fut, dit Macaulay, qu'une longue maladie (1) ; un Grégoire-le-Grand réglant les affaires du monde du lit où le clouent des souffrances continuelles ; un Kant, combattant par un traitement purement moral les douleurs qui l'assaillent (2). Et de nos jours même

(1) C'est à ce prince que Labruyère faisait allusion, lorsqu'il parlait « de cet homme pâle et livide qui n'a pas sur soi dix onces de chair : que l'on croirait jeter à terre du moindre souffle, et qui fait néanmoins plus de bruit que quatre autres, et met tout en combustion. »

(2) Voir son traité *du pouvoir de l'esprit de maîtriser par la seule volonté ses impressions maladives.*

cet admirable A. Thierry, poursuivant pendant trente ans, sous l'étreinte d'infirmités cruelles, ses belles et fécondes recherches. Je me plairais à citer les exemples plus consolants encore de malades revenant en quelque sorte à la vie sous l'influence d'une grande satisfaction morale ; telle la femme de Charles II d'Angleterre, qui, abandonnée des médecins, guérit à la vue de la douleur de son mari, dont elle ne s'était jamais crue aimée. Mais il m'a semblé que des deux faces de la question, la plus séduisante, celle qui montre l'homme aux prises avec la matière et vainqueur dans la lutte, avait seule jusqu'ici occupé les historiens comme les moralistes ; et j'ai cru qu'il y avait lieu de signaler, sous ce rapport, d'importantes lacunes dans l'histoire. A l'historien éloquent et profond la gloire de buriner en caractères immortels le récit épique des grandes choses qu'il raconte. A nous, obscur pionnier de la science, habitué et presque condamné par devoir à dépouiller les choses de leur brillant prestige pour voir l'homme sous son plus humble aspect, la tâche plus ingrate de rendre à la partie périssable de la créature ce que nous ne saurions sans violer les lois de la vérité, notre seule idole, attribuer exclusivement au principe immortel qui l'anime. L'histoire, selon Polybe, n'est bonne qu'à amuser l'esprit, si elle ne cherche le pourquoi et le comment des choses.

« Il faut en prendre son parti, disait, à ce propos, un des princes de la critique contemporaine, si l'*art* était la forme la plus haute sous laquelle l'antiquité aimait à concevoir et à composer l'histoire, *la vérité*, au contraire, est décidément la seule loi que les modernes aient à suivre et à consulter. La vérité, toute la vérité donc ! Passons-en par là, puisqu'il le faut, et allons jusqu'au bout tant qu'elle nous conduit. » (Sainte-Beuve, *in constit.* du lundi 26 mai 1862.) Je ne saurais abriter mes opinions sous un nom plus littéraire, et moins suspect de prévention en faveur des idées médicales que j'ai développées ici.

En résumé, il m'a semblé qu'entre un physiologisme excessif dont les tendances peu dissimulées sont d'absorber le moral dans le physique de l'homme, et un spiritualisme transcendental qui n'accorde rien à l'organisation, il y avait un parti à prendre, un milieu à tenir ; et qu'il ne pouvait être sans utilité pour notre époque de la prémunir contre les prétentions exclusives d'une école, et les dédains peu motivés de l'autre.

DE L'ÉTAT ACTUEL DE LA SCIENCE

SUR LES

RAPPORTS DU PHYSIQUE ET DU MORAL [1]

I

Où en est aujourd'hui la science sur les rapports du physique et du moral, ou pour nous servir des termes de M. Lélut, du corps à l'esprit? C'est ce que je ne saurais mieux faire comprendre qu'en analysant ici, comme en étant l'expression la plus exacte, l'ouvrage que l'éminent physiologiste a récemment consacré à cette question ; question dont il serait bien inutile, assurément, de démontrer la haute importance, car savoir la nature des rapports qui unissent l'âme au corps, ce serait en réalité savoir tout l'homme. Aussi n'est-il pas de philosophe, n'est-il guère de physiologiste, qui ne se soit cru obligé

[1] *Physiologie de la pensée*, par Lélut, de l'Institut, 2 vol. in-8.

de donner une solution plus ou moins hasardée de ce grave problème. L'ouvrage de notre savant confrère est-il appelé à jeter une lueur nouvelle sur ces obscures recherches? Personne plus que lui, certes, n'était en droit d'élever une telle prétention. Cette étude a été, de son propre aveu et comme ses publications antérieures le témoignent assez, la grande préoccupation de sa vie, et son nom se rattache avec éclat aux tentatives faites depuis vingt-cinq ans pour éclairer la psychologie par la physiologie. Or, en ces questions qui ont un pied dans la métaphysique, un autre dans la science de l'organisme, il semble qu'on ne puisse être entièrement compétent qu'à cette condition : que dans le médecin on trouvera un philosophe, dans le philosophe un médecin. Je ne prétends pas dire qu'on n'est l'un ou l'autre qu'à la condition d'être l'un et l'autre. La psychologie renfermée dans son domaine spécial, l'étude de la pensée à la lumière de la conscience, est une science qui a, comme la science de l'organisation, sa méthode propre, son objet distinct, son but déterminé. Si l'on s'en tient à l'observation des phénomènes psychiques en eux-mêmes, de leurs caractères, des facultés auxquelles ils doivent naissance, sans remonter à l'origine de ces facultés, sans rechercher dans quels rapports ces facultés sont avec les instruments organiques auxquels elles sont associées, il n'est pas absolument nécessaire, quoi qu'on en ait dit, de savoir de quelle partie du cerveau l'âme se sert pour sentir, connaître ou vouloir. Il est d'illustres penseurs, de profonds moralistes qui, sans avoir jamais mis le pied dans un amphithéâtre, nous ont laissé sur cette sorte d'anatomie morale de l'âme, des descriptions d'une perfection achevée ; tandis qu'il est fort peu de physiologistes qui aient ajouté quelque idée nouvelle à l'étude de l'esprit considérée comme science expérimentale. Mais lorsqu'il s'agit des rapports de l'esprit au corps, c'est-à-dire, d'expliquer leur mode de production ou leur genèse, et leurs évolutions diverses dans les phases de la santé et de la maladie, la question change, et il n'est plus possible, comme dit M. Littré, de séparer l'étude des facultés psychiques de celle de leur substratum organique. Nous ne sommes ici ni en pleine métaphysique, ni en pleine physiologie ; nous sommes sur un territoire mixte, ou, si l'on veut, sur les confins de ces deux sciences, dont il nous faudra reconnaître les limites respectives. Nous serons tenu de faire marcher de front, dans l'explication que nous en donnerons, des faits qui se pénètrent, réagissent les uns sur les autres et peuvent se modifier mutuellement, l'âme agissant sur le corps comme force motrice, le corps sur l'âme comme force résistante, ou réciproquement. Or, loin qu'on ait tenu compte des nécessités qui découlent de cette sujétion réciproque, partout, depuis Platon jusqu'à Descartes, depuis Galien jusqu'à Cabanis, vous trouvez la trace des erreurs systématiques dans lesquelles l'étude exclusive d'un seul ordre de faits peut jeter les meilleurs esprits ; et l'on est tenté de penser avec M. Lélut, qu'à l'exception d'un certain nombre de phénomènes partiels, d'observations de détail, on ne possède guère jusqu'à présent que le roman de la physiologie psychologique.

On peut considérer, à mon avis, les rapports du physique au moral sous trois aspects différents : dans leur cause, — dans leurs lois, — dans leurs conséquences ou l'influence générale du corps sur l'esprit.

1° De leur *cause*, c'est-à-dire, de l'essence même du lien qui unit la pensée à la matière, la conscience ne nous apprend rien. L'âme est-elle, comme on l'a prétendu, le principe de la vie du corps ? On n'a jamais pu former à cet égard que d'aventureuses hypothèses. Aussi, les plus grands génies sont-ils venus se heurter sans succès contre cet insondable mystère, et l'on ne s'étonnera pas qu'un esprit aussi rigoureux que M. Lélut ne les ait pas suivis dans cette voie.

2° Il n'en est pas de même des *lois* de cette association, ou du rapport des organes aux facultés. Ici l'on doit procéder comme on le fait dans les autres branches de nos connaissances, c'est-à-dire que de la corrélation invariable de certains phénomènes, on peut conclure à leur dépendance réciproque ; s'élever, par induction, de la reproduction constante et identique des phénomènes observés dans les mêmes conditions, à la loi de ces faits. Telle est la marche que semble préférer l'auteur ; c'est dans cet ordre de recherches tout empiriques, au moins à leur point de départ, qu'il a cru devoir se renfermer, en y faisant entrer pour une large part la critique des travaux accomplis dans le même but.

3° Pour ce qui est des conséquences ou des applications des lois ainsi constatées, l'auteur de la *Physiologie de la pensée* ne s'en est pas occupé. Prenant l'homme adulte et moyen comme type, il a laissé hors de son cadre ce qui est relatif aux divers genres d'influences que la nature extérieure exerce sur l'esprit ; de même qu'il a passé sous silence les phénomènes qui peuvent naître de l'action des organes de la vie nutritive sur l'organe pensant, et réciproquement. On ne cherchera donc rien dans le livre de

M. Lélut, de ce qui concerne les tempéraments, l'âge, le sexe, la race, étudiés au point de vue psychologique ; de même qu'on n'y trouvera rien de relatif à l'influence des maladies, de l'hérédité, des mœurs, ou des climats et du sol sur le caractère et le développement de la pensée. — Si, comme il paraît le dire dans sa préface, c'est par une défiance exagérée de ses forces, par une application intempestive du *quid valeant humeri* que l'éminent écrivain a volontairement renoncé à cette partie du magnifique programme qu'il trace lui-même en tête de son second volume, nous le regrettons d'autant plus que personne mieux que lui n'était capable de mener cette grande entreprise à bonne fin ; de nous rendre Cabanis dépouillé de ses erreurs physiologiques, et enrichi de ce que les progrès des connaissances humaines ont ajouté à l'histoire philosophique de l'homme. Je dois dire, toutefois, que dans un mémoire inséré à la page 501 du 2ᵉ volume, l'auteur semble donner un autre motif à cette abstention. La question des rapports du physique au moral ne serait plus aujourd'hui, selon lui, que « celle des rapports du système nerveux central aux actes de l'intelligence, et n'embrasserait plus, comme au temps de Cabanis, l'influence réciproque des fonctions plus particulièrement matérielles du corps et de ses fonctions intellectuelles. » Mais pourquoi cela ? De ce qu'à tort ou à raison on n'admet plus l'action *initiale* de ces fonctions sur l'organe pensant, est-on pour cela autorisé à passer complétement sous silence dans une analyse complète des conditions organiques de la pensée, les modifications incontestables que peuvent lui faire subir, en réagissant sur le centre encéphalique, les viscères autres que le cerveau ? Et (pour ne pas sortir de la physiologie cérébrale), sans regarder avec un habile aliéniste de nos jours certaines facultés de l'esprit comme le résultat d'un état névropathique, n'y a-t-il pas lieu de faire à la psychologie morbide une part plus importante que ne la lui fait notre docte confrère ? Quoi qu'il en soit, rester fidèle à la méthode expérimentale, à cette rigueur de procédés dont il n'est plus permis de se départir aujourd'hui, dans l'analyse de phénomènes d'une nature aussi indéterminable que la vie et la pensée ; déblayer le terrain d'une foule d'assertions hasardées, de faits mal observés, d'hypothèses aventureuses qui n'avaient guère eu d'autre effet que d'enrayer le progrès véritable, c'était une tâche ardue, et dont M. Lelut devait d'autant moins se dissimuler les difficultés qu'il y avait réfléchi plus longtemps. Nous serions presque tenté de dire qu'il y a trop bien réussi, — si l'on pouvait avoir trop raison, — tant sont nombreuses les ruines qu'il accumule autour de lui.

Qu'on n'aille pas induire de là, néanmoins, que tombant dans les exagérations de ce scepticisme étroit qui n'admet tout au plus que ce qu'il voit ou ce qu'il touche, et absorbant la science de l'esprit dans celle de la matière, l'auteur demande à l'analyse microscopique de la substance nerveuse, ou au déplissement des circonvolutions cérébrales la solution des problèmes qu'il poursuit. On ne le voit pas, à l'exemple de quelques physiologistes mal inspirés, refaire une psychologie à son usage; mais comme il a le bon esprit de tenir compte des observations faites en dehors de nos cliniques, c'est l'analyse directe des phénomènes de conscience qui va servir de point de départ à ses recherches.

II

Les faits psychologiques, et les pouvoirs ou facultés auxquels ils se rattachent se divisent pour M. Lelut en plusieurs groupes, sous les dénominations suivantes : *besoins* et *appétits*, — *affections* et *passions*, — *sens externes*, — *mémoire* et *imagination*, — *aptitudes intellectuelles*, — *entendement* ou *facultés intellec-*

tuelles proprement dites, — *volonté*. — Quoique ces sortes de systématisations soient plus ou moins arbitraires, et qu'elles ne doivent pas nous faire perdre de vue l'indivisibilité du principe pensant, il ne faut pas méconnaître pour cela leur importance réelle. Elles offrent le seul moyen de s'orienter dans ces difficiles investigations. Les divergences que présentent sous ce rapport les philosophes tiennent au point de vue opposé où ils se sont placés, et ne consistent guère après tout qu'à déplacer les faits, ou à rejeter dans un groupe ce qui appartient à un autre. L'essentiel, en pareil cas, c'est de ne rien omettre d'important, et sous ce rapport la classification de M. Lelut, ou ce qu'il appelle plus modestement son programme, ne laisse guère à désirer. Cette gradation, des faits dans lesquels le corps apporte le plus gros appoint, et qui nous rapprochent le plus de la bête (les instincts) aux manifestations les plus élevées du sujet pensant (raison, volonté), en passant par les faits intermédiaires de la sensibilité, est aussi fondée en physiologie qu'en psychologie, puisqu'elle donne la mesure de la part plus ou moins considérable que l'organisation prend à leur développement.

Après avoir décrit les groupes psychologiques considérés en eux-mêmes, l'auteur les étudie dans leurs rapports avec les conditions organiques auxquelles ils sont unis. Ce plan est éminemment méthodique; mais en m'y conformant ici, je rapprocherai, pour être plus court, les considérations qui se rapportent à ce double ordre de faits.

Au premier groupe, celui qui constitue pour ainsi dire le lien des deux vies (besoins, appétits, instincts) se rattachent: les besoins de la respiration; de l'alimentation; l'instinct génésique; auxquels M. Lelut ajoute, après M. Garnier, le besoin de locomotion ou d'activité physique. — Le *besoin* en est l'expression primitive ou la plus simple; l'*appétit* un degré plus élevé ou le besoin en action; l'*instinct* est l'impulsion irréfléchie d'où naissent les mouvements nécessaires aux besoins; impulsion qui a elle-même sa source dans cet instinct de conservation auquel se rattachent tous les autres.

Existe-t-il réellement, comme le pense notre auteur, un instinct de locomotion ou d'activité physique, c'est-à-dire, un besoin de se mouvoir pour se mouvoir? Pourquoi ne pas mentionner alors le besoin de repos, le besoin de sommeil qui ont tous les caractères des instincts périodiques relatifs à notre conservation? Un grand besoin d'activité physique se montre, il est vrai, chez les enfants, que la mobilité de leurs impressions ne permet pas de maintenir longtemps dans la même position ; de même que chez les personnes qui ont des forces à dépenser, ou dont le système nerveux s'accommode mal de la privation d'exercice, d'air et de déplacement. Hors de là le besoin de locomotion pourrait bien être simplement la résultante ou la condition générale des actes nécessités par cet instinct supérieur de conservation dont nous parlions tout à l'heure, et qui est, en quelque sorte, dit M. Lélut, tout l'homme physiologique. — Quant aux instincts moraux ou intellectuels sur lesquels l'auteur ne s'arrête pas ici, et avec raison, ce n'est que par un abus de langage, ou si l'on veut par métaphore, qu'on qualifie ainsi ceux de nos actes qui empreints d'un caractère de moralité ou d'intellectualité qu'on ne trouve pas dans l'instinct proprement dit, paraissent innés parce qu'ils s'exécutent avant toute réflexion, et avec cette irrésistibilité qui caractérise les actes nécessaires à notre conservation physique. Ces instincts rentrent, à vrai dire, dans la classe des *inclinations* ou *désirs innés*, mobiles éminemment sociaux, si bien décrits par l'école écossaise (1).

(1) Tels *les désirs de sociabilité, d'estime, de pouvoir, de savoir*, etc., apparaissant à des degrés divers chez tous les hommes, et dont la bonne direction importe tant au succès de l'éducation, où l'on

En ce qui a trait aux conditions dans lesquelles se produisent les actes instinctifs, ou aux lois qui les régissent, elles sont les mêmes, selon M. Lélut, que pour les faits de perception externe : impression, — transmission, — sensation, — perception. — Ainsi le besoin de respirer n'est pas seulement un besoin instinctif, c'est encore un acte de sensibilité ou une sensation ; et comme il n'y a pas de sensation qui ne soit perçue, c'est par cela même un acte de perception, c'est-à-dire, d'intelligence, et aussi dans de certaines limites un acte de volonté. Ici l'auteur s'élève contre la prétendue cécité des instincts, expression qui prise à la lettre « mènerait à la mauvaise plaisanterie de l'automatisme Cartésien. » Il n'y a pas cécité là où il y a manifestement sentiment et émotion, « un sentiment et une émotion qui se lient en outre et nécessairement à des faits de sensibilité extérieure, et a des actes au moins spontanés de mouvement. » Voilà, en résumé, la théorie de M. Lélut.

On peut se demander s'il y a réellement de tout

---

n'en tient pas toujours assez compte. Que de maîtres inintelligents, que d'auteurs de prétendus traités d'éducation, ne voient dans la curiosité de l'enfant, dans le désir d'exercer ses forces sur ses jouets qu'il brise, dans l'émulation même, l'une des formes du désir d'estime, que de mauvais instincts qu'on doit réprimer, tandis que ce sont d'admirables instruments, dont il faudrait seulement savoir se servir.

cela dans les instincts, dans ces actes qui s'accomplissent d'une manière plus ou moins irrésistible, sans conscience des moyens, ni le plus souvent du but que l'on se propose d'atteindre (chez l'animal du moins, ou chez l'enfant à la mamelle, car pour bien juger de l'instinct, il faut l'étudier à son origine avant que l'intelligence ne s'y associe et ne le contrôle). Je ne prétends pas que l'âme n'ait rien à voir en tout cela, et qu'il faille revenir aux bêtes-machines de Descartes. Mais n'est-il donc pour l'animal ou même pour l'homme qu'une manière de sentir ou de percevoir ? L'auteur qui plaisante avec beaucoup d'esprit des sensations non senties de quelques physiologistes, et de la sensibilité reflexe, expédient imaginé, dit-il, pour rendre compte des sensations non perçues directement, ne craint-il pas de donner prise lui-même à la malignité, quand, à propos des instincts, il nous parle d'une intelligence « plus sensitive qu'intellectuelle, indistincte, *crépusculaire*, non pas inconsciente, mais *à demi, au quart, au dixième* consciente. » (T. 1, p. 180). J'avoue, pour ma part, ne pas voir bien clair dans ce crépuscule-là, ni me rendre suffisamment compte de ce que c'est qu'*un quart* ou *un dixième* de conscience. Je ne sais pas trop non plus comment notre confrère concilie cette doctrine avec ce qu'il dit plus loin de ces mêmes actes, lorsqu'il reconnaît : « qu'ils ont lieu conformément à une sorte de représentation psychique, où la réflexion n'intervient pas, et qu'on peut regarder comme véritablement innée, c'est-à-dire, antérieure à la naissance. » (P. 184.) En tout cas, cette manière de voir me semble se rapprocher beaucoup, à certains égards, des idées Cartésiennes ou Leibnitziennes. — Enfin, l'auteur reconnaît lui-même qu'il est des cas où la physiologie expérimentale et la pathologie (celle des monstruosités, par exemple), ont semblé montrer que, soit chez les animaux, soit même dans l'espèce humaine, on peut voir, en l'absence des hémisphères cérébraux, par l'unique action de la moelle épinière et des nerfs, se produire des sensations, de vraies sensations, à en juger au moins par toutes les circonstances du fait. (T. I, p. 140.) Sans doute, ce sont là des faits exceptionnels ; mais enfin, quelques rares qu'ils soient, ils prouvent du moins que les choses ne se passent pas toujours, ne se passent pas nécessairement comme le veut la théorie consacrée. M. Lélut va même jusqu'à croire que les nerfs de la vie organique « peuvent être la condition de vraies sensations. » (P. 162.)

Un seul mot encore : si l'existence des instincts

— 137 —

implique des actes organiques aussi complexes que l'admet notre savant confrère, s'il n'y a, en un mot, d'instincts « qu'à la charge de sensations et de perceptions, » comment expliquer que des actes entièrement identiques par leurs caractères et par leurs fins, nous dirons même les plus merveilleux, s'accomplissent chez des animaux dépourvus de cerveau? Cela ne prouverait-il pas que l'appareil ganglionnaire a plus d'importance qu'on ne lui en attribue dans la production de cet ordre de phénomènes (1)?

Au reste, l'auteur conséquent avec les opinions de toute sa vie, s'élève vivement contre les prétentions de la phrénologie à assigner un siége spécial aux instincts dans l'encéphale. Tout ce que l'on sait à cet égard, dit-il, c'est que le cerveau est pour eux, comme pour les autres sensations, la condition ou le couronnement nécessaire; mais qu'il l'est de masse, d'ensemble, et par ses deux substances, sans qu'on puisse réclamer pour aucun un siége particulier, pas même pour l'instinct génésique attribué à tort au cervelet, lorsqu'il est démontré aujourd'hui en physiologie cé-

(1) « Une surface, une nappe nerveuse spéciale, un ou plusieurs nerfs spéciaux, un point de la moelle épinière d'où partent ces nerfs, et au-delà le centre nerveux encéphalique. » (P. 572.) Voilà les seuls organes nerveux des instincts pour M. Lélut. L'appareil ganglionnaire, comme on voit, n'est pas même nommé.

8.

rébrale : « que cette partie de l'encéphale est plus particulièrement affectée à l'exercice des mouvements, et à peu près étrangère à toute autre destination particulière. » (T. I, p. 155.)

A ceux qui désirent conserver toutes leurs illusions, je conseille de passer le chapitre où notre confrère traite cette question délicate. Pour l'auteur de la *Physiologie de la pensée*, il n'y a qu'une espèce d'amour, celui dont parle Virgile dans ses Géorgiques, *amor omnibus idem*. Seulement, au besoin physiologique s'associent dans l'homme d'autres actes psychologiques qui le déguisent, en font « une sorte de monstre à mille masques », — un bien joli monstre, il faut en convenir, — au-dessous desquels il n'y a qu'une figure de vraie, celle que Rabelais, Montaigne, Voltaire lui ont attribuée, et qu'il tient des lois de la physiologie. (T. I, p. 159.) — Voilà, cher lecteur, où en est aujourd'hui notre sceptique confrère sur *ces amours dans le bleu* qu'on ne trouve, selon lui, que chez les poètes, les romanciers et autres *abstracteurs de quintessence*. Qu'il me permette quelques réflexions sur cette théorie d'un réalisme un peu bien Rabelaisien.

Il semble difficile, à mon avis, que la cause première ait fait dépendre d'un instinct aveugle et brutal que l'on trouve chez les bêtes à tous les degrés de l'organisation, et qui une fois satisfait nous laisse indifférents l'un à l'autre, un sentiment qui tient une si grande place dans notre existence ; qui a exercé de tout temps une influence si générale et si puissante sur les mœurs, les arts, la civilisation tout entière ; sentiment fécond en héros et en martyrs, et qui épuré par le Christianisme, contribua pour une si large part à l'adoucissement des mœurs. Si l'appétit sexuel est le seul mobile de l'amour, d'où vient que l'homme vivement épris ne voit dans le monde que son idole ; qu'il reste froid devant d'autres femmes supérieures même en attraits, et dans la possession desquelles il pourrait trouver la satisfaction de ses sens ?

>............ amatorem quod amicæ
> turpia decipiunt cæcum vitia, aut etiam ipsa hæc
> delectant. (Horace, *sat.* 3, *lib.* 1.)

Où trouver place dans ce grossier matérialisme de l'amour-instinct pour le respect, pour l'admiration ? Comment expliquer cette espèce de culte pour la personne aimée, qui est de l'âme autant que des sens ? — Pur effet de l'imagination, direz-vous, qui rêve dans l'objet de sa passion des perfections à nulles autres pareilles. — L'imagination joue, sans doute, un très-grand rôle parmi les éléments divers dont se forme cette passion composite. Entre l'instinct bestial d'un boschimane, d'un crétin, et la flamme divine qui inspirait Pétrarque ou le Tasse, là peut-être est la principale différence (1). Mais qu'en conclure, sinon que cette faculté éminemment esthétique peut tellement primer les besoins sensuels, que ceux-ci donnent à peine signe d'existence ? Est-il, après tout, beaucoup de passions, même parmi les plus intellectuelles, les plus nobles, qui, en face des plates réalités de la vie, conserveraient leur charme et leur puissance, dépouillées du prestige que leur prête cette grande magicienne, grâce à laquelle nous communiquons, dit un ingénieux penseur, avec l'âme des choses ?

En un mot, si l'attrait qui rapproche les sexes est un

---

(1) Cette différence se retrouve jusque dans la perversion maladive de ces penchants. Ainsi, le *satyriasis* et l'*érotomanie* constituent deux genres d'aliénation distincts : dans le premier, l'instinct bestial seul est en jeu ; dans le second, l'exaltation de l'imagination joue le principal rôle. — L'amour, a-t-on dit, prend, comme la dévotion, l'empreinte du caractère ; on pourrait ajouter celle du tempérament, avec lequel le caractère est dans une si étroite dépendance. Enfin, ce sentiment est dans la forme générale qu'il revêt une expression de la la société. Matériel dans la société romaine en décadence, il est chevaleresque dans le moyen-âge, raffiné et délicat dans le xviie siècle. Aujourd'hui, il se cote à la Bourse.

instinct, c'est encore et tout autant un sentiment (1) ; sentiment qui découle de notre sensibilité morale, et qui tient à notre nature d'êtres sociables ; union volontaire de deux âmes, d'où découle le charme de la vie intérieure et la dignité de l'espèce. Car, pour qui ne voit plus dans la femme que l'instrument avili des satisfactions matérielles, il n'y a plus de famille ; et comme le dit un écrivain moraliste de notre temps, il ne reste à la place de l'amour de choix, ou de ce sentiment délicat qui élève l'âme et inspire le dévouement, que l'amour vague qui souffre la promiscuité, et abaisse la personne morale en la mettant sous la dépendance absolue du corps.

Que mes lecteurs veulent bien me pardonner cette digression sur un sujet dont l'importance philosophique et sociale ne peut échapper à personne.

Aux instincts, M. Lélut rattache les *habitudes* « comme aux différentes branches d'un même arbre on voit, dit-il, des fruits qui, pour provenir du même tronc, n'en offrent pas moins entre eux des différences. » La comparaison est ingénieuse, mais est-elle aussi vraie ? J'adopterais plutôt, quant à moi, la proposition inverse. Ce qu'il y a de semblable ou d'ana-

---

(1) C'est ainsi que la tendresse maternelle est à la fois un instinct, car elle ne manque à aucun animal, et la plus profonde des affections.

logue dans l'instinct et dans l'habitude, ce sont leurs manifestations extérieures ou *leurs fruits ;* ce qu'il y a d'essentiellement différent, c'est leur origine ou *leur tronc.* En effet, les instincts nous sont donnés tout formés par la cause première ; c'est nous, au contraire, qui créons nos habitudes ; et voilà dans quel sens on a pu dire que l'instinct est une habitude innée, l'habitude un instinct acquis ; ce qui n'est vrai, d'ailleurs, qu'avec beaucoup de restrictions. On confond ici, en effet, deux choses fort distinctes, l'*innéité* et la *spontanéité* qui est un fait d'activité libre et non réfléchie. Entre l'instinct et l'habitude, il y aura toujours cette profonde différence, que l'instinct n'attend pas pour apparaître le mot d'ordre de la volonté, tandis que l'habitude est toujours volontaire, surtout à son point de départ. Il est même une classe d'habitudes, — et ce sont les plus importantes, — qui ne se forment et ne se conservent qu'à la suite d'efforts longtemps répétés, comme celles qui se rattachent au noviciat de chaque profession, tandis que les instincts ne se perdent jamais. Il est presqu'inutile d'ajouter enfin que les habitudes sont transmissibles et perfectibles, contrairement aux instincts qui ne peuvent ni se transmettre, ni se perfectionner, car ils s'accomplissent, dès l'abord, avec toute la perfection possible, et l'intelligence n'y saurait rien ajouter. Les instincts soi-disant perfectionnés sont en réalité des habitudes destinées à leur servir d'auxiliaires, ou à suppléer à ce que les actes instinctifs ont nécessairement d'imparfait chez les êtres intelligents.

III

Je passe au second groupe psychologique : celui dont le parallélisme ou les connexions avec les besoins et les appétits n'échappent, dit l'auteur, à personne, *les affections* et *les passions*.

Mais d'abord qu'est-ce qu'une passion, sinon un sentiment ou un désir qui, par sa durée et sa violence, a pris un tel empire sur nous que notre liberté morale en est sensiblement amoindrie, ou même momentanément suspendue ? Sans doute, un sentiment, quelle que soit sa durée, un désir quelle que soit sa violence, ne constituent pas une passion, si à ce sentiment ne se joint la violence, à ce désir la durée ; mais hors de là, et dans l'excellente analyse qu'en donne M. Lélut, je ne vois rien de plus, si ce n'est peut-être la poursuite persévérante d'un but à atteindre, et le rôle qu'y joue l'imagination, si étroitement associée, comme on le sait, à la sensibilité.

L'auteur nous montre, d'ailleurs, fort bien que si

l'on retranche de l'interminable liste des phénomènes psychologiques décorés du nom de passions, les états disparates de l'âme qu'on y a inscrits, il ne reste qu'un petit nombre de passions fondamentales, à prendre ce mot dans un sens plus rigoureux qu'on ne l'a fait généralement.

La détermination anatomique du siége de ces mobiles, qui a été l'une des visées de l'école phrénologique, aurait donc exigé, d'une part, leur réduction psychologique ; d'autre part, leur indétermination naturelle, leur enchevêtrement et la connexité de leurs éléments ne comportaient guère la possibilité d'une localisation rigoureuse dans les organes cérébraux multiples qu'on leur avait assignés. — Rappelant ici, pour mémoire, les faits et les raisonnements qui ruinent les prétentions de la phrénologie, et le coup de grâce que lui a porté la réfutation péremptoire que M. L. en a faite, dans ses publications antérieures, l'auteur, en l'absence de toute localisation possible dans l'état actuel de la science, devait aboutir à des conclusions identiques à celles qu'il avait déjà présentées au sujet des appétits et des instincts : c'est-à-dire que c'est par toute sa masse, par son ensemble que le cerveau, centre unique de ces phénomènes, y prend sa part, y joue un rôle.

ce rôle, je ne suis pas le moins du monde tenté de le contester ; mais je regrette que le plan adopté par l'auteur, ou que ses idées à cet égard ne lui aient pas permis d'entrer dans quelques développements, touchant le retentissement que les phénomènes de cet ordre ont sur les différents appareils de la vie de relation et même de la vie organique, soit dans l'ordre physiologique, soit dans l'ordre pathologique. Ainsi, il n'est personne qui ne reconnaisse qu'il est, dans l'ordre affectif plus particulièrement, des passions qui ont sur les viscères de la vie organique (le cœur, le foie, l'estomac, l'utérus, etc.), une influence qu'on ne peut pas plus négliger, qu'on ne peut nier la réaction puissante que les perturbations de ces viscères exercent à leur tour sur l'organe pensant. A défaut de l'observation clinique, l'association habituelle des passions avec certains tempéraments en fournirait une preuve suffisante. Combien d'idées ont leur point de départ dans les sensations de la vie végétative ! Qui ne sait, par exemple, l'influence de la menstruation, celle de la castration sur les manifestations de la vie morale ? M. Lélut, qui déplore le premier, p. 199, l'oubli dans lequel les philosophes et beaucoup de physiologistes ont laissé ces faits, n'a pas cru devoir combler cette lacune ; il reproche même à Bichat de n'avoir guère vu dans les passions que leurs émotions corporelles, et d'avoir fait abstraction de leur partie intellectuelle, c'est-à-dire, de leur mécanisme et de leur essence. (P. 201.) Je regrette d'autant plus, pour ma part, ce silence volontaire, que cette étude, celle des âges, des mœurs, du genre de vie, etc., dans leurs rapports avec les conditions organiques des passions, eût fourni à l'esprit philosophique de l'auteur matière à des développements de la plus haute importance ; et que son remarquable talent d'analyse eût prêté à ces recherches une rigueur qui leur a manquée jusqu'ici.

IV

Le savant académicien consacre un chapitre très-étendu à la physiologie des sens, ou de la perception externe. C'est que c'est là le terrain sur lequel toutes les écoles semblent s'être donné rendez-vous depuis l'origine de la philosophie. Qui nous eût enseigné la manière dont la force immatérielle pensante entre en communication avec la nature extérieure, eût résolu l'un des plus profonds mystères de notre nature. Faut-il donc s'étonner que la philosophie se soit épuisée, à ce sujet, en efforts le plus souvent infructueux, et est-on bien fondé à en prendre texte pour proclamer son incurable impuissance à nous révéler les obscurs problèmes dont elle cherche vainement, nous dit-on, la solution depuis deux à trois mille ans ?

Les philosophes, ou plutôt certaines écoles philosophiques ont eu un tort, c'est de croire à la nécessité de démontrer des choses qui ne devaient pas l'être, et qui pouvaient se passer de l'être : telle l'existence des corps. C'est de là que sont résultés les idéalistes. Il était bien facile, en effet, à cette classe de sceptiques de démontrer, non pas que les corps n'existent pas (ce qu'ils n'ont pas en général voulu dire), mais, ce qui est bien différent, *qu'on ne peut prouver leur existence*, parce qu'en réalité l'évidence ne se prouve pas, et que les raisons qu'on voudrait en donner l'affaibliraient plutôt qu'elles ne la corroboreraient (1). Est-ce là un motif pour renoncer à toute recherche sur les premiers principes, sur l'origine et la certitude de nos connaissances ? S'il y a une métaphysique chimérique, aventureuse, qui ait la folle prétention de tout résoudre, de pénétrer jusqu'à l'essence des choses, ou, comme dit Montaigne, « jusqu'à ces extrémités de notre perquisition, qui tombent toutes en éblouissements », n'en est-il pas une autre, légitime

(1) C'est dans ce sens que Plotin disait : « Quiconque veut s'élever au-dessus de la raison, risque de tomber au-dessous. »

expression des plus nobles besoins de l'âme et de la foi de la raison en elle-même ? Faut-il renoncer à rechercher quelle est l'origine de ces vérités universelles, nécessaires et absolues, raison dernière des choses, qu'on ne peut ébranler sans ôter toute base au raisonnement, à toute opération de l'intelligence ? Quand l'esprit humain aurait cent fois échoué à la poursuite de ces éternels problèmes, lui ôtera-t-on jamais le désir impérieux de s'en rendre compte ? Et l'*acharnement* (pour me servir d'une expression de M. Lélut) que les philosophes mettent à cette poursuite, ne suffit-il pas à prouver qu'ils obéissent en cela à l'une des tendances les plus irrésistibles de notre nature ?

Je ne sais si notre docte confrère admet cette distinction entre la véritable et la fausse métaphysique; mais, ce qu'il y a de certain, c'est qu'il n'a pas assez de paroles d'ironie ou de dédain pour les malheureux philosophes dont la discussion amène le nom sous sa plume. « Tentatives insensées, fruit d'un impuissant orgueil et accueillies par d'*imbéciles admirateurs de la race des bêtes à Dindenault;* escamotages de vaines paroles; tours de force qu'on appelerait ailleurs tours de gobelets; espèce de kaléidoscopes ou de grands joujoux, phraséologie creuse, démonstrations ténébreuses aggravées de ténébreux volumes, et qui ne peuvent équivaloir pour un dix-millième au témoignage des sens, y compris le sens commun, » voilà de quoi se compose pour le savant académicien l'histoire de la philosophie « qui n'est la plupart du temps que l'histoire des erreurs, des divagations et des contradictions humaines. » (T. I, chap. 7, p. 185 et *passim*.)

Il y aurait plaisir à suivre l'auteur dans cette critique fine et piquante où il est passé maître, si l'on ne regrettait de le voir dépenser tant de verve et d'humour à frapper un ennemi par terre, ou du moins que l'on se plaît aujourd'hui à représenter comme tel. Est-ce bien, en effet, le moment de s'en prendre à cette pauvre philosophie sur laquelle les politiques du jour, alliés de circonstance avec un parti rétrograde, s'acharnent avec un zèle si édifiant? Est-ce chose si commune de notre temps que le culte désintéressé de la vérité, sans souci des mobiles inférieurs qui nous sollicitent de toutes parts, pour qu'on n'en sache pas quelque gré à ceux qui s'y vouent, quand même on en serait séparé par des dissidences de doctrines? Que beaucoup de métaphysiciens, que les philosophes allemands en particulier aient fait fausse route depuis Leibniz, qu'ils se soient mépris sur la méthode à employer, sur la fin à atteindre dans l'étude de l'obscur problème de l'extériorité, soit ; je ne prétends pas qu'on doive amnistier tous les systèmes. Nonobstant le progrès général des idées, qu'on nierait en vain (1), l'esprit humain a ses défaillances, la raison a ses éclipses momentanés ; l'histoire des sciences et en particulier celle de la médecine est là pour le prouver. Cependant, quand je vois l'influence que ces hommes que l'on raille ont conquise sur leur temps : celle qu'un Descartes, par exemple, pour prendre un exemple dans notre philosophie nationale, a exercée dans le monde, je ne puis m'empêcher de penser que leurs doctrines avaient quelque raison d'être, et que ces historiens de l'idée méritent autant que les historiens du fait d'être jugés par des procédés moins sommaires. Comment oublier que l'auteur du *Discours de la méthode* est de ceux qui procla-

(1) M. Lélut ne croit pas aux progrès de la philosophie. Il est de ceux qui pensent que l'esprit humain s'agite depuis trois mille ans dans un cercle de questions oiseuses dont il lui est à jamais impossible de sortir. Je crois, quant à moi, que ce cercle va en s'élargissant ; je crois que la raison arrive à des solutions plus nettes et plus complètes des grands problèmes qui se posent éternellement devant elle, je n'en voudrais d'autre preuve que le savant mémoire de notre confrère sur le *Siège de l'âme* suivant les anciens. On y voit clairement l'idée de l'unité et de la simplicité du principe pensant se dégager peu à peu, en même temps que le dogme de l'immortalité de l'âme, des liens matériels dans lesquels elle était naguère engagée.

mèrent les premiers ce droit de libre examen auquel les sociétés modernes doivent leur affranchissement civil, politique et religieux ? Que si c'est aux philosophes du xviiie siècle qu'est due la Révolution française (t. I, p. 205), peut-être bien s'en feront-ils absoudre aux yeux de bien des gens, en faveur des grands principes de tolérance, de justice, d'égalité et de droit commun dont 89 a inauguré le règne.

Sévère pour les philosophes, notre confrère n'est pas beaucoup plus indulgent aux physiologistes. Touchant les conditions organiques de la sensibilité générale il trouve : que les explications des physiologistes modernes ne sont pas des explications, mais tout au plus des descriptions établies sur des faits qui sont loin d'être généralement admis. Ainsi, par exemple, « *la sensibilité récurrente* n'a à peu près aucun sens, ou du moins ce n'est pas une espèce de sensibilité d'une nature différente de l'autre. Veut-on par là désigner la faculté de sentir ? Mais cette faculté est centrale, intime, intérieure, qu'on la considère dans l'esprit ou dans le cerveau. Veut-on parler de l'acte même, du fait de la sensation ? On peut dire que toute sensation envisagée dans l'impression qui en est le point de départ est récurrente en ce sens qu'elle va toujours de l'extérieur à l'intérieur ; ou, pour mieux dire, elle n'est ni plus ni moins récurrente dans un cas que dans l'autre, et cela veut dire tout simplement que des deux ordres de nerfs, les sensitifs et les moteurs, les uns plus, les autres moins, sont ou peuvent être conducteurs de l'impression qui arrive au cerveau, point de départ de la sensation. C'est là, dit en terminant l'auteur, un assez mince résultat. » (T. I, p. 255.) — Maintenant que l'on admette un mouvement vibratoire des nerfs, des esprits animaux, ou un fluide quel qu'il soit circulant à travers les filets nerveux tubulés ou non, quelle connexité, quelle relation établir entre deux faits d'un ordre aussi différent, une vibration, un choc et une sensation, une perception ? Comment un phénomène tout physique, comme celui d'un fluide, peut-il expliquer un fait immatériel comme celui de la pensée ? On se retrancherait dans le matérialisme qu'on n'en serait pas plus avancé. « Bref, des quatre ou cinq théories auxquelles a donné lieu la physiologie de la sensibilité externe, il y en a donc juste quatre ou cinq de trop, si l'on regarde au moins comme inutile ce qui est ridicule ou faux. » (P. 256.)

Quant à l'hypothèse du *sensorium commune*, elle n'éclaircit pas davantage ce mystère. Non-seulement, cette expression est vicieuse, car elle fait supposer comme le fait très-bien remarquer M. Cournault (*de L'âme*), qu'il y a un principe d'action là où il n'y a qu'une convergence d'effets. Mais, anatomiquement ou physiologiquement parlant, ce centre de perception n'est rien moins que démontré. « On voit les nerfs des sens naître çà et là de parties du cerveau souvent fort éloignées les unes des autres, et sans qu'avec la meilleure volonté du monde, il soit possible d'en rappeler les origines....; et ce que montre sous ce rapport l'anatomie, la pathologie le confirme. » Aussi rien de plus variable, de plus contradictoire même que les déterminations empiriques tentées sous ce rapport par les médecins et les philosophes, depuis Galien jusqu'à Descartes. Mieux inspirés de nos jours, d'habiles physiologistes ont vu que le siège du sens commun ne pouvait être que le cerveau lui-même ; seulement, ils ont donné à cet organe central une sorte d'organe préparatoire, la moelle allongée, siège de la sensation brute, laquelle sensation passerait à l'état de perception dans le cerveau et par son office. Cette théorie a, pour M. Lélut, le tort de distinguer deux faits qui se confondent, la sensation et la perception. « S'il peut y avoir deux degrés dans ce phénomène, c'est que dans cette partie du système nerveux central, la centralisation de nos perceptions se confond avec les conditions de la vie, et que si vivre n'est pas nécessairement sentir, on ne peut pas sentir sans vivre (1). » L'auteur reconnaît qu'il se passe là quelque chose de bien merveilleux, « mais d'une telle merveille, que s'imaginer qu'on le saura jamais, serait bien plus merveilleux encore. » (T. I, p. 274.)

En un mot, pour résumer toute la pensée de l'auteur à ce sujet : « l'organe, la condition dernière d'une sensation quelconque, c'est tout le système nerveux central, et le cerveau avant tout. Aussitôt qu'on s'éloigne de l'origine même des nerfs des sens, et surtout des nerfs spéciaux, on effectue, comme l'a fait remarquer M. Longet des organes prétendus centraux ou cérébraux de ces sens, des déterminations que n'autorisent ni l'anatomie, ni la physiologie, ni même la psychologie. » (P. 242.)

M. Lélut prend occasion des *hypothèses* aventureuses imaginées en vue d'expliquer la sensibilité externe, pour battre en brèche ce procédé philosophique, qui loin de servir à l'avancement de la science, retarderait, selon lui, ses progrès ; la rendrait

---

(1) C'est dans le même sens que l'auteur dit ailleurs : « Il y a tel point du centre nerveux encéphalique dont la lésion tue du même coup, et avec la rapidité de la foudre, la pensée et la vie, la pensée même avant la vie. » (T. I, p. 4.)

« stationnaire et rétrograde, en laissant croire que tout est fait, quand au contraire tout est à faire. » (P. 262.) Je ne puis être entièrement ici de l'avis de notre savant confrère. La méthode hypothétique a, sans doute, cet inconvénient, et plusieurs autres encore ; mais ces inconvénients ne concernent que l'*abus* qu'on en fait : et en argumentant de la sorte, on pourrait tout aussi bien bannir le raisonnement des sciences, à cause de l'usage outré que la scholastique fit, par exemple, du syllogisme, avant l'intronisation des méthodes expérimentales. Que dis-je ? On pourrait même, sous un prétexte analogue, chercher querelle à ces dernières ; et l'ouvrage de M. Lélut lui-même nous fournirait mille preuves pour une des applications abusives qui en ont également été faites. Mais s'il ne s'agit que de l'emploi légitime et rationnel de l'hypothèse, nous dirons que rejeter la méthode hypothétique, c'est-à-dire empêcher le savant d'imaginer les choses qu'il n'a pu constater positivement, c'est fermer l'accès aux découvertes, car il en est peu qui n'ait commencé par se produire sous la forme d'hypothèses ; c'est la vérité de l'avenir. Quand Newton supposait, pour expliquer certains faits de réfraction, que l'eau possède quelques-unes des propriétés d'un corps inflammable, il conduisait Lavoisier à découvrir la composition de ce fluide. C'est par l'hypothèse que Huygens arriva à découvrir l'anneau de Saturne, Newton les lois de la gravitation, et l'action de la lune sur les marées, admise hypothétiquement longtemps avant d'avoir été vérifiée par le calcul. De quelle utilité n'a pas été aux chimistes l'hypothèse des atomes pour rendre compte des combinaisons des corps ? L'histoire des sciences fourmille de faits analogues ; ce qui ne prouve pas, d'ailleurs, que l'hypothèse puisse être jamais préférée à l'observation directe, quand celle-ci est d'une application possible.

Je ne puis finir ce chapitre déjà bien long, sans soumettre un dernier doute à notre savant auteur, touchant la prééminence qu'il accorde à la vue sur le toucher. M. Lélut s'indigne de ce que les philosophes *aient osé* subordonner le premier de ces sens au second ; et, à ce propos, il se donne carrière contre ces rêveurs qui n'ont jamais pris la peine d'observer la nature, car « il leur en coûterait trop de penser, de parler et surtout d'écrire comme tout le monde. » — Mais d'abord, il est à remarquer que le sens du toucher est le seul dont on ne puisse citer la privation congéniale, ou qui ne puisse se perdre complétement. Le créateur n'a pas cru que nous pussions jamais nous en passer ; et cela annonce déjà quelle est son importance. L'auteur demande : « Si c'est l'éducation du toucher qui donne aux jeunes animaux à peine nés l'*instinct*, et, il faut bien le dire, la certitude de l'existence de ces objets extérieurs qui doivent immédiatement servir à la leur, et s'ils ne voient dans ces objets que la couleur ? » (P. 244.) Ce n'est, à mon avis, ni le toucher, ni la vue, mais, comme le dit excellemment M. Lélut lui-même, c'est l'instinct, c'est-à-dire ce sens interne et merveilleux, cette lumière intérieure qui pousse l'enfant à chercher et à saisir le mamelon de sa nourrice dès les premières heures de son existence, et, ne l'oubliez pas, *avant qu'il n'ait vu*, puisque la sensation de vision n'existe pas dans les premiers jours. Je pense donc, avec tous les psychologistes, que le sens de la vue ne fournit que des étendues colorées, planes ou dans un seul plan vertical ; et que si les nuances donnent l'idée de profondeur ou de matière, c'est par une association d'idées, et consécutivement à l'intervention du toucher. C'est ce que prouvent les illusions d'optique, qui ne sont redressées que par l'exercice du toucher ; et ce qui explique comment l'enfant cherche sans cesse à saisir les objets qu'il voit, comme pour s'assurer de leur existence. M. Lélut a écrit quelque part, en traitant de l'odorat : « Matière toujours matière, toucher toujours toucher, nous ne vivons, nous ne pensons que comme cela et par cela. (T. I, p. 241.) Nous n'en disons pas plus, nous en disons même moins.

V

Nous quittons le domaine de la sensibilité pour entrer dans celui de l'intelligence. Ici se présentent en première ligne, dans le programme de l'auteur, la *mémoire* et l'*imagination*, en raison du rôle plus considérable qu'y joue l'organisation, et parce que ces facultés forment, en quelque sorte, le passage de la sensibilité à l'intelligence.

Nous demanderons à M. Lélut si l'imagination n'est en réalité qu'une *faculté de rétention ?* (P. 279.) Si cela peut se dire jusqu'à un certain point de l'imagination passive ou spontanée, ce n'est plus aussi exact, à mon avis, de l'imagination active ou réfléchie, laquelle est véritablement créatrice, lorsque des matériaux épars dans l'espace et dans le temps, elle compose un idéal qui n'existe que dans l'esprit, et à la réalité duquel elle n'ajoute, d'ailleurs, aucune foi ; ce qui suffirait à établir une différence capitale entre la mémoire et l'imagination.

Sur les conditions organiques de ces facultés, l'auteur n'a rien de plus à nous apprendre, dit-il, que ce qu'on en savait jadis, au temps où la chimère des esprits animaux semblait avoir déchiré tous les voiles. Il pense même que, « l'anatomie arrivât-elle à une précision plus grande encore dans la détermination de quelques fibres nerveuses cérébrales, la lumière, si lumière il y a, s'arrêterait là ; car ici, comme ailleurs, Dieu a dit : Tu n'iras pas plus loin. » (P. 289.)

A la suite de l'imagination et de la mémoire viennent les *aptitudes*, qui sont à l'intelligence ce que les instincts sont aux fonctions organiques, ou ce que les affections sont au côté moral de notre nature. Il faut venir jusqu'à l'école Écossaise, dit M. Lélut, pour voir ces mobiles prendre rang parmi les facultés intellectuelles. Depuis lors, cette partie de la psychologie ne s'est ni agrandie, ni perfectionnée, nonobstant les tentatives de Gall et de ses successeurs pour lui donner un caractère plus rigoureux, et pour assigner un siége distinct dans l'encéphale à ces aptitudes qu'ils élèvent au rang des facultés perceptives et innées.

A ne considérer d'abord les choses qu'au point de vue psychologique, il faut reconnaître avec M. Lélut que lorsqu'on analyse de près ces aptitudes, et qu'on les envisage dans leurs rapports avec les autres facultés de l'esprit, « on voit pour presque toutes disparaître *les trois quarts et souvent plus* de ces déterminations spontanées, de cette innéité absolue qu'on avait cru pouvoir leur attribuer. » Je me demande même à ce propos pourquoi l'auteur de la *Physiologie de la pensée*, qui croit impossible de les systématiser, p. 377, — en quoi il va peut-être un peu loin, — a jugé devoir leur conserver une place à part dans le cadre de nos facultés ?

Quant au point de vue organologique, sans rentrer dans un débat épuisé sur la valeur de cette pseudo-science, « qui fonde sur les formes extérieures d'un organe dont la physiologie et l'anatomie nous sont presque totalement inconnues, des résultats divinatoires » ; sans chercher à prouver, à la suite de M. Lélut, que « rien n'est plus pauvre, plus ridicule que les prétendues preuves de fait sur lesquelles s'appuient les localisateurs », je me bornerai à reproduire sa formule invariable, quels que soient les phénomènes psychologiques en question : « Ici, comme pour toutes les facultés de l'intelligence sans exception, il n'est qu'un seul et même organe en action, le cerveau. » (P. 503.) Je ne m'arrêterai pas, — bien qu'elle prête matière à chicane, — à la division des facultés propres à l'entendement proprement dit. C'est une matière en laquelle il n'est pas de psychologiste qui n'ait son programme, et M. Lélut n'a garde de passer sous silence ces contradictions et ces discussions « d'où le raisonnement a si souvent banni la raison. » Il s'agira seulement ici de rechercher quelles relations cet ordre de faits peut avoir avec le cerveau.

D'après ce qu'on sait déjà des opinions de notre savant confrère, la réponse ne peut être douteuse. S'il est impossible, dit-il, d'établir dans les hautes facultés intellectuelles des coupures même approximatives, attendu leur indétermination naturelle, et parce qu'il n'est pas une de ces facultés dont l'action ne nécessite celle des autres, il ne serait pas moins hors de propos de chercher dans le cerveau le siége ou les organes soi-disant distincts de ces facultés. Si les facultés intellectuelles avaient un siége, ce siége devrait être, en raison de la connexité de leur action, commun à tous. En d'autres termes, des actes indivisibles, comme les actes de l'entendement, lequel ne s'arrête pas aux propriétés individuelles des choses, mais qui les considère dans leurs rapports, les étudie dans leur ensemble, ces actes ne peuvent avoir des siéges divers ou divisés. Donc, s'il existe un siége ou pour mieux dire une condition organique commune à tous, c'est dans le cerveau tout entier qu'il faut la chercher. Cela est vrai, qu'il s'agisse des circonvolutions des phrénologues, ou de la substance grise du cerveau, dont on a prétendu faire de nos jours l'organe spécial des hautes facultés intellectuelles, « comme si le reste du cerveau n'était pas aussi important ; comme si toutes ces hypothèses n'étaient pas contredites par des hypothèses opposées, qui, pour ne valoir pas mieux, ne valent pas moins. » (P. 515.)

Mais en accordant l'impossibilité d'assigner des conditions cérébrales distinctes aux diverses formes intellectuelles, ne peut-on admettre, en prenant ces facultés dans leur ensemble ou tout au moins par groupes, que le développement général se lie à un développement proportionnel du cerveau, soit qu'on considère ce viscère dans sa totalité, soit dans sa moitié antérieure ou frontale, soit, enfin, dans sa surface extérieure ou ses circonvolutions ?

. On peut évaluer, dit M. Lélut, le développement du cerveau de deux manières, en le pesant et en le mesurant. Il y a d'abord un fait hors de doute, c'est qu'au-dessous d'une certaine limite, d'un certain chiffre de pesanteur ou de volume, le cerveau ne peut plus être que l'instrument de l'idiotisme ou de l'imbécillité. Ainsi, au-dessous du chiffre de 430 à 460 millimètres (16 à 18 pouces) pour la circonférence horizontale, et celui de 1,000 grammes environ pour la pesanteur, il n'y a que des imbéciles, dans l'acception médicale du mot. Mais « à partir d'un développement cérébral exprimé en poids par 1,100 ou 1,200 grammes, métriquement par une grande circonférence horizontale de 520 à 550 millimètres (19 ou 20 grammes), il est à peu près indifférent pour un grand esprit ou un génie d'en avoir peu ou beaucoup plus que cela. » (T. I, p. 321.)

Il y aurait une égale erreur à prétendre que le développement de l'intelligence est proportionnel, non plus au développement de l'encéphale, mais à celui du cerveau proprement dit, ou des hémisphères cérébraux. « A côté d'un certain nombre de faits qui semblent donner gain de cause à cette opinion, il y en a d'autres aussi nombreux qui la contredisent, et en réalité l'annulent. » — Il y a plus, des observations faites directement sur des idiots et des imbéciles ont conduit l'auteur à constater : « que ce ne sont pas toujours les plus intelligents ou les moins imbéciles parmi eux qui ont le cerveau le plus considérable, proportionnellement au cervelet ou au reste de l'encéphale. » (T. I, p. 513, et t. II, *mém. sur le poids du cerveau.*) (1).

(1) Je dois, cependant, faire remarquer qu'on lit, t. II, p. 513, que « l'encéphale est en général, et sauf de nombreuses exceptions, plus pesant, ce qui, généralement aussi, veut dire plus gros chez les hommes

Si l'on compare sous ce rapport l'homme aux animaux, autant que la chose est possible et légitime : « on trouve que l'homme pour la proportion des hémisphères cérébraux au reste de l'encéphale n'est guère au-dessus du canard et de la corneille, du sanglier, du cheval, du chien ; qu'il est à côté du bœuf, et au-dessous de certains singes. » (T. I, p. 524.)

Relativement au développement de la moitié antérieure ou frontale du cerveau, qu'on a donnée comme l'instrument plus particulier de l'intelligence, M. Lélut est arrivé, à la suite de constatations directes et précises, à des conclusions non moins inattendues. « En tenant compte du développement général du corps exprimé par celui de la taille (laquelle est beaucoup moindre chez les idiots), on voit que le développement cérébral moyen est au moins aussi considérable chez ces derniers que chez les autres hommes. On voit ensuite et surtout que la partie la plus développée du cerveau chez les idiots ou imbéciles est *la partie frontale*, la partie occipitale étant, au contraire, chez eux celle qui est la plus diminuée. »

---

intelligents que chez les autres ; et que, dans un mémoire qui figure p. 429 du même tome, l'auteur parle des hémisphères cérébraux comme de la *partie plus spécialement intellectuelle* de ce viscère.

(T. I, p. 325, et t. II, *mém. sur le développement du crâne.*) — Enfin, en ce qui concerne *les circonvolutions cérébrales*, la zoologie comparée et les recherches de plusieurs observateurs très-exacts prouvent qu'il n'est pas possible d'établir une équation rigoureuse entre le développement de cette partie du viscère intrà-crânien, et celui de l'instinct ou de l'intelligence. (P. 327.)

Ces résultats sont fort extraordinaires, l'auteur ne se le dissimule pas; ils seraient même suspects sous la plume d'un observateur moins consciencieux et moins éclairé. Mais, comme M. Lélut le dit fort bien, on doit les accepter, ou les combattre par des résultats contradictoires, les remplacer par des faits plus nombreux et mieux observés; or, c'est ce que l'on n'a pas fait, et, ajoute-t-il en homme sûr de l'exactitude de ses recherches, « ce que l'on ne fera pas…. Il faut donc que le monde et la science en prennent leur parti. »

On a cherché plus récemment dans la *structure intime* du cerveau étudié à l'aide du microscope, dans sa *composition chimique*, dans sa *conformation générale*, des explications supplémentaires, en quelque sorte, aux conditions organiques précédemment énumérées : des éclaircissements à ce que ces conditions laissaient à désirer touchant le développement de l'intelligence. M. Lélut mettant un moment de côté les variations, les incertitudes, les contradictions sans nombre des micrographes entre eux, et quelque fois avec eux-mêmes, demande si la structure intime et microscopique du cerveau, à la supposer parfaitement connue, pourrait montrer la différence du cerveau d'un grand homme à celui d'un petit? Ces différences, dit-il, non-seulement nous ne les connaissons pas, mais nous ne les comprenons pas. « C'est dans la connaissance de cette texture que semble résider le secret des actions cérébrales auxquelles ces actes sont liés; mais découvrir ce secret, dévoiler cette structure, imaginer quelles modifications lui imprime la répétition des manifestations intellectuelles, c'est là ce qui est hors du pouvoir actuel de la science. » (T. II, p. 424.)

La chimie, il est facile de le concevoir, se montre tout aussi incapable d'expliquer le secret des différences d'esprit dans des cerveaux égaux de volume et de masse, et M. Lélut n'a pas eu de peine à faire justice de telles prétentions. (P. 534.) — En ce qui touche, enfin, à la forme générale du cerveau, quelle ombre de relation, dit-il, pourrait-on établir entre les formes ronde, carrée ou ovale de cet organe, et les facultés de l'entendement considérées une à une ou dans leur ensemble, surtout quand on considère que ce n'est pas le crâne qui suit le cerveau, mais bien le cerveau qui suit le crâne dans ses modifications de forme (hormis, bien entendu, les cas de maladie, ou de développement insuffisant de ce viscère)?

Tout en nous inclinant devant des observations aussi rigoureuses, devant des recherches aussi considérables, et que nous ne sommes, d'ailleurs, nullement en mesure de contrôler, nous nous bornerons à demander si les conclusions de l'auteur ne sont pas en quelques points un peu absolues? Si d'autres physiologistes ne viendront pas un jour les contester? Nous en avons tant vu, et M. Lélut lui-même nous en a tant fait passer sous les yeux, de « ces opinions qui mettent à néant toutes les opinions précédentes, en attendant que des opinions subséquentes leur infligent le même sort; » nous en avons tant observé de ces faits irrévocablement acquis à la science, et qui trouvaient un peu plus tard leur démenti dans des recherches ultérieures! Benjamin-Constant disait, à propos de son livre sur la religion : « J'ai là quarante mille faits qui se meuvent à mon gré. » Certes, notre éminent confrère n'est pas de ceux qu'on puisse accuser de se livrer à cette espèce de stratégie, d'une moralité douteuse ; mais quand on a lu la *Physiologie de la pensée,* comment ne pas se sentir gagné par le scepticisme ?

Le chapitre sur *la volonté* est un des plus courts. De même que pour l'entendement, il est impossible de ne pas rattacher les conditions organiques prochaines de l'exercice de la volonté au cerveau. C'est déjà, dit M. Lélut, ce qu'en pensait la philosophie grecque, il y a deux mille ans; c'est tout ce qu'on en peut dire aujourd'hui.....

VI

L'auteur consacre un dernier chapitre à l'action du système nerveux dans ses rapports avec le *fluide électro-magnétique.*

Quelle que soit l'opinion que l'on adopte sur les conditions organiques de la pensée : qu'on assigne aux facultés psychologiques des organes cérébraux multiples, ou qu'on les fasse toutes dépendre du cerveau pris tout entier, il faut bien, dans l'un comme dans l'autre cas, reconnaître la nécessité d'un agent destiné à mettre en mouvement ces organes immobiles ou inactifs par eux-mêmes. C'est à cette nécessité que correspondent les hypothèses successivement imaginées sur les esprits animaux, les vibrations de la fibre nerveuse, et plus récemment sur le fluide électromagnétique, cette force universelle à laquelle la science moderne, qui tend de plus en plus vers l'unité, essaie de ramener tous les êtres. Sur cette question, voici ce que pense M. Lélut :

D'abord, les phénomènes électriques observés chez l'homme sont-ils dus à la transmission de l'électricité extérieure dont nous ne serions que les condensateurs ou les conducteurs? Ou bien tiennent-ils au développement d'une électricité propre, personnelle, ayant sa source intime dans l'axe cérébro-spinal, et son écoulement par les nerfs? Voilà ce que, dans l'état actuel de la science, l'auteur ne croit pas pouvoir résoudre, quoiqu'il penche pour la première supposition. Toujours est-il, comme il le reconnait implicitement, que la science n'a pas atteint, sous ce rapport, le dernier de ses résultats.

Mais que cette solution soit affirmative ou négative, on peut dès aujourd'hui se demander quelles conséquences pourraient en sortir ultérieurement pour la science de l'esprit? Si l'existence d'un agent idio-électrique ne se confirme pas, la science n'en sera, selon M. Lélut, ni plus ni moins avancée qu'elle l'était au temps de Descartes. Dans le cas contraire, M. Lélut pense que bien qu'au point de vue général de la science, la réduction des actions nerveuses ou psychologiques au grand principe de l'action électro-magnétique universelle puisse être en soi une chose très-curieuse et très-digne d'intérêt, elle n'expliquera jamais l'homme. La personnalité humaine, dit avec une haute raison l'auteur, a une autre source. Quelle que soit la condition physiologique de sa pensée, l'homme, au milieu de cette nature impersonnelle et enchaînée, restera toujours la créature libre, responsable, et comme telle ne pouvant s'absorber dans le reste de la création. Le fluide électro-vital pourra remplacer d'autres hypothèses vieillies; mais les rapports de la pile vivante avec les actes de l'entendement et de la volonté n'en seront pas plus concevables. En un mot, « le même abîme continuera à séparer la pile et la personne, le fluide et l'esprit. » (P. 366.) Nobles et éloquentes paroles auxquelles on ne saurait méconnaître un grand mérite d'à-propos.

Au problème que nous venons d'exposer, s'en rattache un autre d'un ordre supérieur et plus impénétrable encore, si la chose est possible. Le principe pensant, et le principe vital imaginé pour rendre compte de ce que les phénomènes biologiques ont d'inexplicable par les lois de la physique et de la chimie, ces deux forces motrices de l'esprit et du corps, constituent-elles deux principes distincts ? Ne serait-il pas plus rationnel, au contraire, d'en faire une seule et même entité ? Il n'échappe à personne à quelle simplification des rapports de la pensée avec l'organisme conduit cette dernière hypothèse ; quelle clarté en reçoivent une foule de questions de l'ordre physiologique, pathologique et psychologique ; mais on ne peut se dissimuler non plus quelles graves objections elle soulève. Je n'entrerai pas sur cette question ardue qui a rempli des milliers de volumes depuis Stahl, dans une discussion qui dépasserait à elle seule les bornes de cette analyse. On ne s'attend pas, au reste, que sur un problème de sa nature aussi insoluble, et sur lequel on ne peut former qu'une de ces hypothèses que M. Lélut condamne si sévèrement, notre sceptique confrère formule une opinion dogmatique. La seule chose qu'on puisse induire des quelques pages qu'il consacre à cette obscure recherche, c'est qu'entre le vitalisme ontologique des animistes et le vitalisme organique de Bichat, il y aurait lieu à un compromis dont j'avoue n'avoir pas bien compris les termes. La pensée de notre auteur, habituellement si claire, ne m'a pas paru se dégager très-nettement ici, — peut-être ne faut-il s'en prendre qu'à mon insuffisance, — des profondeurs métaphysiques auxquelles elle est, d'ailleurs, si peu sympathique. Mais je reviendrai peut-être un jour sur cette discussion, à l'occasion des remarquables traités que lui ont consacrés deux estimables philosophes de notre temps (1).

Si, après avoir lu l'ouvrage de M. Lélut avec toute l'attention que commande le nom de son auteur et que mérite une œuvre aussi importante, on se demande de quelles idées nouvelles cette œuvre a enrichi la physiologie de la pensée, quels progrès elle a fait faire à la connaissance de l'homme considéré dans sa double nature, quel est enfin sous ce rapport l'état actuel de la science, il semble, au premier abord, qu'à une question ainsi formulée, la critique n'ait qu'une réponse négative à faire. On pourrait, en effet, réduire, ou peu s'en faut, à deux propositions fondamentales le volumineux traité du savant académicien, à savoir : 1° que le cerveau est le siége exclusif des phénomènes psychologiques ; 2° qu'il l'est par toute sa masse, et non comme l'ont prétendu aucuns par ses différentes parties, selon le genre de facultés en action. Encore, notez-le bien, de ces deux proposi-

---

(1) *La Vie dans l'homme*, par J. Tissot ; *de l'Unité de l'âme pensante et du Principe vital*, par Bouiller.

tions, la première est si peu nouvelle, que de l'aveu de l'auteur : « c'est, à peu de chose près, tout l'actif de la science sur ce sujet depuis Galien. » (T. II, p. 57.) — La seconde, acceptable dans l'état actuel de nos connaissances, ne peut engager l'avenir de la science. « En présence de cette prodigieuse quantité de formes ou de parties spéciales et presque séparées de l'intérieur et de l'extérieur du cerveau, formes invariables dans une bizarrerie que le corps humain n'offre nulle part ailleurs », si l'on conçoit « que l'esprit hésite à former même des conjectures sur les usages physiologiques et psychologiques de chacune d'elles », on ne comprendrait plus aussi bien, à mon avis, que de cette ignorance on dût conclure à l'inutilité ou à la non existence d'usages spéciaux de chacune de ces parties, qui n'ont certainement pas été créées en vain.

Toutefois, hâtons-nous de le dire, cette manière d'apprécier les recherches de notre éminent confrère, ne donnerait qu'une idée fausse et imparfaite de leur valeur réelle. Il y a deux manières de servir la science ou de contribuer à son avancement : l'une consiste à étendre son domaine en y faisant entrer des découvertes ou des vérités jusque-là nouvelles ; l'autre a pour but de le fixer, en lui assignant ses vraies limites, en le débarrassant d'une foule d'assertions problématiques ou erronées, dont le résultat est de nous faire croire que tout est fait là où tout est encore à faire. C'est la marche recommandée par Bacon, qui voulait qu'avant de procéder à de nouvelles recherches, on dressât l'inventaire des faits définitivement acquis à la science ; c'est celle qu'a suivie M. Lélut. L'auteur ne s'est nullement dissimulé, d'ailleurs, la portée de son œuvre et le caractère négatif qui découle de ses recherches. Plus que personne, il a dû déplorer de n'avoir qu'à abattre là où il aurait voulu édifier, et ce n'est « qu'à force de résignation, on pourrait presque dire d'abnégation, » qu'il a pu conduire jusqu'au bout sa laborieuse entreprise. Mais au milieu « de ces ombres épaisses que, suivant toute apparence, la science humaine ne percera jamais, en face de ces fantômes créés par l'imagination de ténébreux métaphysiciens, ou de physiologistes plus habitués à mesurer la matière qu'à interroger l'esprit, » il a dû, avant tout, se préoccuper de la nécessité de distinguer ce qui est ou peut être, de ce qui n'est pas ou de ce qui ne peut être connu ; et c'est en cela surtout qu'il a fait consister sa tâche. (T. I, p. 369.)

.............et chercher à connaître,
N'est souvent qu'apprendre à douter.

A l'impossibilité d'établir des rapports constants entre le développement de l'intelligence et celui du cerveau, il trouve une certaine compensation : « c'est un des faits qui semblent nécessiter la présence de cette grande inconnue, l'âme, de la nature matérielle de laquelle il serait absurde de faire dépendre la question de notre immortalité, et celle d'une vie à venir dans le sein d'une intelligence suprême, distincte du monde soumis à nos sens. » (T. II, p. 384.)

De quelque manière qu'on en juge, l'ouvrage de M. Lélut fixe d'une manière certaine l'état actuel de la science sur les rapports du corps à l'esprit, et restera, dans les questions qu'il traite, le point de départ obligé de toute recherche de ce genre, si même il n'en marque la limite. C'est du moins ce que pense l'auteur : « Non-seulement, nous n'en saurons jamais beaucoup plus long que nous n'en savons maintenant, mais *nous ne pouvons, nous ne devons guère plus en savoir.* » (Préface, XXXI.)

Sur ce point, comme sur plusieurs autres j'ai déjà fait mes réserves, je n'y reviendrai pas. J'espère, d'ailleurs, que le célèbre académicien ne verra dans mes critiques qu'un hommage indirect à l'importance qu'acquièrent, sous sa plume, les opinions qu'il défend.

DE L'INFLUENCE
DE QUELQUES MALADIES DU CŒUR

SUR LES

FACULTÉS INTELLECTUELLES ET MORALES
DE L'HOMME

Il est peu de questions aussi intéressantes, il n'en est pas qui ait été autant négligée que celle de l'influence qu'exercent sur nos facultés intellectuelles et morales les maladies chroniques des viscères autres que le cerveau. Les beaux travaux de la science moderne sur le système nerveux, en concentrant l'attention des observateurs sur cet appareil, nous ont trop fait perdre de vue, peut-être, le rôle important que jouent les divers instruments de la vie organique dans la production de certains phénomènes morbides ; phénomènes dont on croit devoir toujours chercher le point de départ dans l'encéphale, lorsque les troubles qui y apparaissent ne sont parfois que secondaires à une affection des cavités thoracique ou abdominale, ou tout au moins aux troubles de l'innervation ganglionnaire. En un mot, il reste à tenter, ce me semble, pour la physiologie de l'homme malade, ce que Cabanis a fait avec bonheur pour la physiologie de l'homme sain : chercher les modifications qui naissent dans les facultés psychologiques des individus atteints de certaines lésions organiques. La question étudiée et approfondie par de savants observateurs en ce qui concerne les maladies du cerveau, reste, je le répète, presqu'entièrement neuve quant aux affections des autres appareils. Je ne viens pas ici avec la prétentio de lui donner une solution, d'en formuler les lois ; mais j'aurai atteint mon but, si j'ai attiré sur un point aussi intéressant de philosophie et de pratique médicales l'attention de mes confrères.

Obligé de me restreindre dans un sujet aussi vaste, je ne m'occuperai ici que de quelques *maladies du cœur*, sur lesquelles j'ai réuni plusieurs observations assez curieuses, au point de vue qui nous occupe.

C'est une chose fort remarquable, que l'accord de toutes les langues parlées sur le globe pour désigner le cœur comme le siége de *la sensibilité morale* et *des passions* qui en résultent. Certes, une telle unanimité doit donner à réfléchir. Il faut qu'il y ait au fond de cette erreur physiologique un fait d'observation, qu'il s'agit seulement de dégager de l'induction erronée qu'on en a tirée.

Dira-t-on simplement que le cœur étant l'un des premiers à ressentir, et le plus à même de manifester par ses battements précipités les impressions qui se communiquent du cerveau aux viscères, on a dû naturellement, prenant l'effet pour la cause, lui attribuer le rôle le plus important dans les passions et les affections de l'âme? Soit, mais est-ce là tout? Non certes, et ici se place un autre fait non moins contestable, c'est le développement extrême de la sensibilité morale chez un grand nombre d'individus qui offrent une hypertrophie plus ou moins avancée du cœur, ou simplement une prédominance relative de cet organe. Observez de près ces personnes qui sont, comme on dit vulgairement *très-sensibles* : espèces de sensitives du règne animal, qui dans leur enfance versaient des torrents de larmes au moindre reproche; dont les yeux se mouillent en vous racontant leurs maux; dont le pouls bat cent pulsations à la minute à l'approche du médecin, lors même qu'ils n'ont pas de fièvre; ces individus qu'un regard déconcerte, qu'un mot trouble, qui rougissent en vous parlant, se laissent emporter à la fougue d'une première impulsion ou d'une colère irréfléchie, s'émeuvent au point de trembler dans des circonstances où d'autres garderaient leur sang-froid, et vous trouverez communément chez eux une hypertrophie plus ou moins développée, ou tout au moins une prédominance congénitale du cœur.

Dira-t-on que c'est le cerveau qui en réagissant violemment sur le cœur, en provoquant des palpitations fréquentes, des troubles variés de la circulation, a fini par développer chez ces individus une surexcitation morbide de l'organe central de la circulation, et par suite le genre de lésion que nous signalons ici? Cette explication serait assez spécieuse, si elle n'était démentie par le fait de l'existence *congénitale* de cette hypertrophie, chez les individus dont nous venons de parler. Il y a donc là tout au moins une influence réciproque.

Il ne serait pas moins intéressant de rechercher quelle influence ce même état pathologique exerce sur l'intelligence et sur la volonté. Nous verrions que passant fréquemment d'une impression à une autre, et sans cesse ébranlés dans leurs facultés affectives, ces mêmes individus ne sont pas doués, en général, de cette force d'attention, de cette ténacité à poursuivre une idée, de cette puissance d'abstraction qui nous isole complétement du monde extérieur, et qui caractérise, au moins dans les sciences exactes, les têtes les mieux organisées. Nous comprendrions pourquoi peu maîtres d'eux-mêmes, ils ne sont pas susceptibles de gouverner leur volonté avec ce calme, ce sang-froid de l'homme qui a fortement conscience de lui-même, *suî compos*, et qu'aucun ébranlement né de la sensibilité ne vient troubler dans l'élaboration de ses idées. Tel, pour en citer un illustre exemple, le grand capitaine des temps modernes, Napoléon, dont le pouls, au rapport de Corvisart, ne battait guère que quarante fois par minute, et dont le cœur fut trouvé très-petit à l'autopsie. Je crois qu'il doit en être de même chez tous les hommes de cette trempe. On sait que la circulation spéciale du cerveau est influencée directement par la circulation générale ; et l'on conçoit *à priori* quel trouble doit résulter dans le travail intellectuel de chocs violents répétés avec une fréquence anormale sur l'organe dans lequel nos idées s'élaborent. « J'ai constaté, dit M. Lélut, que les parois du ventricule gauche ont souvent une épaisseur considérable chez les aliénés ; et il est bien possible qu'elle doit exister aussi chez ces hommes ardents et mobiles qui semblent toujours sur le point de l'être, et qui le deviennent souvent. (*Physiologie de la pensée*, t. II, p. 403. Paris, 1861.) (1). Déjà Corvisart, Osiander, Alberti, Falret, etc., avaient observé des monomanies-suicides, résultant de maladies organiques du cœur. — Ajoutez à cela la perturbation que doit produire dans la stimulation physiologique et dans la nutrition de cet organe, un sang qui ne peut être aussi précipité dans son cours sans avoir subi de profondes modifications dans sa constitution intime. *Sanguis moderator nervorum*, disait le père de la médecine. Les physiologistes modernes ont, en effet, démontré l'action réciproque que l'appareil circulatoire et l'appareil nerveux exercent l'un sur l'autre. Ainsi, tout ce qui accélère le cours du sang, comme tout ce qui le ralentit, tout ce qui modifie même sa composition chimique se traduit par des phénomènes d'un ordre particulier du côté du système nerveux. On a cherché là, aussi, l'explication d'un certain nombre d'aliénations mentales. On peut admettre avec Klencke, dit M. Morel, que les filets nerveux enveloppant les vaisseaux artériels reçoivent, sous l'influence d'une circulation

---

(1) La première édition de ce mémoire a précédé de dix-huit ans l'ouvrage de M. Lélut. Je n'en ai donc pas emprunté l'idée fondamentale à cet éminent écrivain.

suractivée, une excitation particulière qui réagit à son tour sur le système nerveux général.

Mais abandonnant des généralités qui, bien qu'appuyées sur l'observation et sur une induction sévère, n'auraient peut-être pas aux yeux de tous le caractère d'une démonstration rigoureuse, je passe à l'analyse de quelques cas où la maladie du cœur, révélée par des signes non équivoques, s'allie par un incontestable rapport de causalité aux troubles divers que l'on voit apparaître dans l'intelligence.

Pour ne pas trop m'écarter du but de ce mémoire, je ne citerai que les particularités les plus saillantes de ces faits.

1re *Observation*. M...., officier retraité, âgé de 58 ans, d'une constitution robuste, mais fatigué prématurément par la guerre, succomba en janvier 1844 à une hydropisie générale succédant à une lésion organique du cœur, qui s'était révélée depuis longues années par les signes propres à l'hypertrophie avec dilatation des ventricules. Cette maladie offrit à plusieurs reprises des exacerbations assez violentes, qui s'accompagnèrent deux ou trois ans avant sa mort d'un dérangement singulier des facultés mentales, lequel ne se manifestait jamais qu'avec le redoublement des palpitations, de l'oppression, etc., et se dissipait avec eux, à l'aide des moyens communément employés contre les affections du cœur (saignées locales, digitale, nitre, etc.). M. était très-religieux ; des révélations intimes lui avaient appris, dit-il, des choses importantes pour le bonheur de la France. Il s'occupait alors à rédiger, sous forme de mémoires, des pétitions aux princes, aux ministres, etc. ; des réflexions incohérentes, des pensées sans suite sur les affaires publiques, sur la prospérité de l'État, sur les destinées du peuple juif, avec mille extravagances sur le Nouveau Testament, sur la mission divine dont il était chargé, etc. Un jour il eut une vision. Une voix d'en haut lui enjoignait de déposer entre les mains d'un prince de la famille royale, alors en séjour à Lunéville, une huile sainte qui devait assurer le bonheur de la dynastie et celui de la France. Vivement préoccupé de cette idée, M. se rend chez un pharmacien, y fait emplette d'une petite fiole d'huile d'amandes douces, attend le prince sur son passage, et lui remet entre les mains la précieuse liqueur sur laquelle reposent, dit-il à son altesse royale, les espérance de la patrie. Tout cela se passait à l'insu de sa famille, dans laquelle M. craignait de trouver de l'opposition à ses vues. Ce n'est que plus tard que tout fut découvert, car sur tout autre chapitre, il parlait en homme sensé, et n'aurait laissé soupçonner à personne le trouble partiel de l'intelligence. Or il est à remarquer que ce trouble coïncidait constamment avec des exacerbations dans la maladie du cœur, et qu'en se rendant maître de ces accidents, on rendait à l'intelligence sa lucidité ordinaire ; M. reprenait son calme, cessait d'être poursuivi par ses hallucinations. Dans les derniers temps de son existence, il fut constamment préoccupé et agité par les mêmes idées, chaque fois qu'il était plus mal. Il avait fini par me mettre dans sa confidence, et je ne pus obtenir de lui le silence sur ce chapitre, à l'endroit duquel il était intarissable, qu'en lui promettant que je me chargerais de sa mission, lorsqu'il irait mieux.

2ᵉ *Observation.* C..., sous-officier dans un régiment de ligne, éprouva un jour en sortant de dîner joyeusement avec des amis, une hallucination singulière. Il crut apercevoir des fantômes blancs à formes fantastiques et indéfinissables, qui se posaient devant lui d'un air menaçant. C... crut d'abord qu'il était en proie à l'une de ces aberrations qu'enfantent parfois les fièvres bachiques ; mais la reproduction de ces apparitions vint bientôt le détromper. Honteux de ses terreurs, reconnaissant lui-même qu'il était le jouet d'une fantasmagorie, et craignant surtout les plaisanteries de ses camarades, ce jeune homme n'osa avouer, tant qu'il fut sous les drapeaux, de quelle bizarre affection il était atteint. Mais lorsqu'il quitta le service, il me confia tout, et me demanda conseil. Je ne pus reconnaître autre chose chez lui que les signes propres à une hypertrophie du ventricule gauche. Je soumis ce malade à des saignées générales et locales, à la digitale, aux bains froids, et je parvins à le débarrasser pour deux ans de ses hallucinations. Mais la mort tragique de son frère, que je vais raconter tout à l'heure, le fit retomber dans son premier état, par suite de l'analogie qu'il trouvait, non sans motif, entre leur position mutuelle. Avec l'exacerbation des symptômes pathologiques du cœur revinrent les hallucinations et les terreurs qui en étaient la suite, et cela à un point tel, que C... n'osait rester seul dans sa chambre ou coucher seul, dans la crainte d'être poursuivi par ces apparitions qui revenaient même en plein jour. Le même traitement a ramené du calme, mais C... est souvent inquiet et morose ; il se plaint de palpitations, de douleurs dans la poitrine, de céphalalgie. Il a la crainte de perdre la raison et de finir comme son frère. Du reste son intelligence est parfaitement nette, et il ne déraisonne sur aucun sujet.

3ᵉ *Observation.* C..., bonnetier, frère du précédent, homme robuste, d'une quarantaine d'années, me fit appeler dans l'hiver de 1842, pour de violentes palpitations, accompagnées de céphalalgie, et dont il souffrait depuis longtemps sans s'être jamais soigné. Je constatai chez cet homme une hypertrophie avec dilatation du ventricule gauche, à un degré déjà très-avancé. Son moral, me dit sa femme, n'était pas moins affecté que son physique. Ouvrier rangé et laborieux, C... se persuadait qu'il était dénoncé, poursuivi, honni par tous. Il ne pouvait se montrer quelque part sans s'imaginer entendre les moqueries, les reproches ou les injures de ceux qui l'entouraient : aussi était-il tombé dans la plus sombre mélancolie. Un traitement dirigé contre la maladie du cœur, qui me parut être le point de départ du désordre moral, ramena, en effet, pour quelque temps, du calme dans l'esprit du malade. Mais dans le cours de l'été, les accidents se renouvelèrent avec une nouvelle intensité. La dureté, la fréquence du pouls, la violence des contractions du cœur, et la céphalalgie dont se plaignait le malade, me décidèrent à lui pratiquer une saignée. Deux heures à peine s'étaient écoulées depuis cette opération, que C..., qui était resté calme en apparence jusque là, prit un prétexte pour sortir de sa chambre, monta à son grenier, et se précipita par la fenêtre dans la rue. Il ne survécut que quelques secondes à sa chute. Je ne pus malheureusement obtenir l'autopsie.

Ces observations reçoivent un nouvel intérêt du fait de la consanguinité des deux malades, et du résultat à peu près analogue que la lésion organique du même organe a eu sur l'intelligence. La mère de ces deux individus vient de succomber récemment à une hydropisie déterminée par la même maladie, mais sans dérangement de l'intelligence. — Ce fait de l'*hérédité* des maladies du cœur s'est d'ailleurs présenté à moi avec une telle constance, que je le regarde comme une des lois les mieux établies de la pathogénie. S'il est souvent méconnu dans la pratique, c'est que ces lésions peuvent n'exister pendant de longues années qu'à un degré compatible avec la santé, et que, par conséquent, rien n'éveille de ce côté l'attention du malade, ni même celle du médecin. Il va se représenter encore dans les deux observations qui suivent.

4e *Observation.* S..., âgé d'une quarantaine d'années, d'une constitution robuste, cultivateur aisé, et maire d'une commune aux environs de Lunéville, me fut amené en 1839 par sa femme, pour avoir mon avis sur une maladie dont il souffrait depuis plusieurs années, et qui avait pour principal symptôme une sorte d'apathie taciturne et d'indifférence pour son propre état, qui lui faisait repousser toute espèce de traitement. Il dit n'éprouver aucune souffrance locale. Il passe toutes ses journées la tête appuyée sur ses mains, ne voulant voir personne, poursuivi par des craintes incessantes, et persuadé qu'il n'a que des ennemis acharnés à sa perte, dans un village où il s'est fait aimer généralement par une administration paternelle et par ses qualités privées. Cet homme ne me présenta aucun symptôme que ceux d'une hypertrophie du cœur, avec un rétrécissement des orifices, mais à un degré encore peu avancé. Comme il ne voulut se soumettre à aucune médication, et qu'il n'avait consenti à venir me voir que pour céder aux sollicitations de sa femme, je le perdis de vue, et j'appris qu'il était mort quelques mois après dans le même état de consomption morale.

5ᵉ *Observation.* Deux ans plus tard, le fils de cet homme, âgé de 22 ans, d'une belle constitution, vint me consulter pour une hypertrophie du cœur gauche dont les médecins de Metz le traitaient déjà depuis plusieurs mois. Ce malade était aussi poursuivi de cauchemars, d'apparitions et de terreurs fatigantes. Se jugeant atteint de la maladie de son père, il était en proie à la plus sombre tristesse. Les bains de rivière, joints aux autres moyens employés en pareils cas (digitale, émissions sanguines) produisirent une amélioration très-notable dans l'état physique et moral de ce jeune homme. Mais je viens d'apprendre qu'il était repris par ses palpitations.

6ᵉ *Observation.* Mᵐᵉ B..., tante du côté paternel de ce jeune homme, est atteinte depuis son retour d'âge des symptômes d'une hypertrophie assez avancée du ventricule gauche, pour laquelle un médecin de nos environs l'a longtemps traitée. Cette femme, très-aisée, et qui pourrait vivre d'ailleurs fort heureuse, est poursuivie d'inquiétudes continuelles; elle se figure que ses affaires vont mal, que son ménage est à l'abandon, que ses enfants se ruinent, qu'elle est enfin la plus malheureuse des femmes. Elle vient de temps en temps me raconter ses peines; mais je n'ai pu obtenir aucun amendement, soit dans l'état du cœur, soit dans l'état moral.

7e *Observation*. Madame veuve M... est parvenue à une vieillesse très-avancée (quatre-vingts ans passés), quoique atteinte d'une hypertrophie assez considérable du cœur gauche, pour laquelle un de nos confrères lui a donné des soins, il y a déjà plus de 20 ans. Depuis quelques années, cette affection a déterminé chez cette dame un dérangement intermittent des facultés mentales, correspondant aux exacerbations de la maladie du cœur, et à la suite duquel son caractère est devenu très-irritable, son humeur sombre. Elle est, lorsqu'elle éprouve ses palpitations, sujette à des terreurs continuelles, montre une défiance inaccoutumée envers ceux qui l'entourent, se croit menacée par des voleurs, a des apparitions nocturnes qui troublent son sommeil. Elle a renvoyé une excellente domestique qui la servait depuis longues années avec un dévouement filial, sous prétexte que cette pauvre fille avait voulu l'empoisonner. — Mme M. a succombé depuis à son affection.

8e *Observation*. Madame veuve D., d'un âge aussi avancé, du même tempérament, et que je soignais quelques années plus tard pour la même affection, voyait des individus entrer dans sa chambre, s'y asseoir, danser entr'eux, etc. Elle interrompait une conversation parfaitement raisonnable avec les personnes présentes pour adresser la parole à ces êtres imaginaires; leur demandait ce qu'ils venaient faire chez elle, et les priait de sortir. — Ces hallucinations sont la forme la plus fréquente sous laquelle se présentent les troubles mentaux dont il est question ici.

Je pourrais citer encore, si je ne craignais de me répéter, quelques observations analogues, entre autres celle d'une demoiselle de 28 ans, qui appartient à une famille où la mère et les cinq enfants offrent tous, à des degrés plus ou moins avancés, des signes d'une hypertrophie du cœur. Mais j'en ai dit assez, ce me semble, pour fixer sur ces curieux phénomènes de physiologie psychologique l'attention des observateurs, et pour faire sentir aux praticiens la nécessité de remonter quelquefois plus loin que le cerveau, pour expliquer certains dérangements des facultés intellectuelles et morales. Ces dérangements, bien que dépendant, en effet, d'un état congestionnel ou d'une stimulation anormale de ce viscère, comme cause prochaine, reconnaissent comme point de départ une lésion organique, dont le traitement direct remédiera d'une manière plus efficace que toute autre aux accidents, et pourra seul prévenir les récidives ; autant du moins que la chose est possible quand il s'agit de maladies incurables.

MAGNÉTISME ET SOMNAMBULISME

Si pour parler du magnétisme il est nécessaire de l'avoir expérimenté par soi-même, voire même d'ajouter foi aux puissances occultes dont, nous assure-t-on, le monde est rempli, j'avoue tout d'abord mon incompétence. Je suis de ceux, en effet, qui, moitié par scepticisme, moitié par paresse d'esprit, se sont laissés aller jusqu'alors vis-à-vis de cet ordre de faits à une assez grande indifférence, attendant pour s'en occuper qu'il en soit sorti quelque chose d'utile ou de sérieux ; et qui reposeraient probablement encore sur ce *mol oreiller du doute* si cher à Montaigne, s'ils ne s'étaient réveillés un beau matin au tapage que faisaient autour d'eux les adeptes du supernaturalisme moderne. Il faudrait assurément l'impassibilité d'un bonze pour rester complétement indifférent à des questions qui bouillonnent dans un aussi grand nombre de cervelles, et dont la faveur croissante constitue un des plus étranges épisodes de ce temps-ci. Je ne sais pas, d'ailleurs, de problèmes si controversés qu'on ne puisse aborder avec un désir sincère de connaître le vrai, et la ferme résolution de ne pas s'écarter dans l'examen des faits ou des doctrines, des règles immuables du bon sens et de la logique. En un mot, à défaut de compétence pratique, j'invoque la compétence *scientifique* si bien définie par M. le docteur J. Guérin, dans sa remarquable argumentation sur les affections morveuses, à l'Académie de médecine.

I

Deux circonstances me frappent tout d'abord dans l'histoire du magnétisme, — la seule chose discutable ici, si on le dégage des prétendues sciences occultes avec lesquelles on lui a fait faire une alliance compromettante, — c'est d'abord la pauvreté des résultats ; c'est, en second lieu, l'impossibilité où se trouvent ses adhérents de fournir des démonstrations telles qu'elles ne laissent plus de place au doute chez les esprits impartiaux qui, pour être convaincus, n'attendent qu'une chose, qu'on les convainque.

Pour se faire accepter du monde savant, il ne suffit pas, en effet, d'exercices bons à remplir un programme de soirées amusantes, ou d'oracles rendus par des somnambules tenant bureaux de consultation ; il faudrait, avant tout, qu'on dressât le bilan des faits irrévocablement acquis sous ce rapport en psychologie, en physiologie, en pathologie, puisqu'enfin le magnétisme a la prétention d'éclairer de ses lueurs les parties les plus obscures de ces connaissances. Or, qu'y a-t-il en réalité de fondé dans ces prétentions? De quels faits nouveaux, de quelles théories savantes, de quelles applications pratiques les recherches des magnétiseurs ont-elles définitivement enrichi la science ? D'où vient le silence que professent à leur endroit les hommes qui font autorité dans les diverses branches des connaissances humaines ? J'entends bien parler, il est vrai, des barrières que les préjugés de la science officielle opposent aux innovations, et à ce qui dérange des doctrines de parti pris ; mais j'avoue être fort peu touché par des arguments de cette nature. Nous ne vivons plus sous le régime de l'inquisition, ni sous la tutelle de corporations jalouses des progrès accomplis en dehors d'elles. Je ne crois pas aux Galilée de notre temps, et je ne suppose pas que la faculté ferait de nos jours un procès à l'antimoine ou à ses adhérents. Le public éclairé et indépendant qui juge en dernier ressort les hommes et les choses a eu le temps, depuis quatre-vingts ans que ces questions s'agitent, de revenir de ses préventions, et il ne souffrirait pas de voir enterrer sous la conspiration du silence des vérités utiles auxquelles il aurait foi. Jamais, en effet, l'art d'observer a-t-il été appliqué avec plus de rigueur ? A-t-on, en aucun temps, montré plus de foi dans le progrès, un plus vif désir de reculer les bornes de notre savoir, et de trouver du nouveau, n'en fût-il plus au monde ?

Une découverte vient-elle à poindre à l'horizon de la science, on s'en émeut ; vulgarisée par la presse, elle suscite bientôt une foule d'expériences contradictoires, de recherches, de controverses, d'où il est impossible qu'il ne sorte pas une conclusion quelconque.

S'agit-il, par exemple, d'une application nouvelle de la physique à la médecine, ou d'un remède nouveau ? Aussitôt chacun de l'expérimenter, sans même lui demander toujours son certificat d'origine, et avec un empressement qui dénote souvent plus de zèle que de logique ; — aussi, que de déceptions en ce genre ! — De sorte que si l'on peut reprocher quelque chose à un certain nombre de praticiens de notre temps, c'est de se laisser aller trop facilement peut-être à ce premier mouvement de crédulité confiante, qu'on ne peut blâmer après tout, puisqu'il a sa source dans le désir bien légitime de soulager ses semblables. Mais notre époque est ainsi faite : sceptique en théorie, crédule en pratique. C'est qu'il n'y a pas de gens plus disposés à tout croire que ceux qui ne croient à rien. Le doute, c'est le vide, et il ne peut y avoir de vide dans la nature morale, pas plus que dans la nature physique.

Une première conclusion que je tire de ce qui précède, c'est que si, à l'encontre de toutes les découvertes sérieuses qui de nos jours acquièrent en peu de temps droit de domicile dans la science, le magnétisme n'a jamais pu se faire adopter par le monde savant, soit comme explication d'un certain nombre de phénomènes psychologiques et physiologiques, soit comme procédé curatif contre un certain nombre de maladies : s'il n'existe aucun vestige dans les monuments les plus accrédités de la science contemporaine des progrès que lui aurait fait faire le magnétisme, il y a au moins forte présomption qu'une partie, si ce n'est la totalité des faits et des assertions sur lesquels il se fonde, est sans fondement réel.

Mais peut-être cette défiance ou cette incrédulité

tiennent-elles à l'impossibilité où se trouvent les phénomènes de cet ordre de se laisser constater par les procédés habituels de l'observation ? A quelques conditions exceptionnelles, à certaines restrictions dont on n'a pas toujours voulu tenir compte ?

C'est ce que nous allons examiner.

II

Il n'est personne qui ne connaisse, et il serait bien inutile de nier les fréquentes, je pourrais même dire les constantes déconvenues dont le magnétisme a été l'objet toutes les fois qu'il a été mis en demeure de se produire scientifiquement, ou, en d'autres termes, dans les conditions exigées de nos jours des faits pour qu'ils aient toute l'authenticité désirable. Ces faits extraordinaires qui s'imposeraient aux plus récalcitrants, et triompheraient du scepticisme le plus robuste s'ils étaient constatés devant des témoins éclairés et impartiaux, ne se produisent jamais quand on veut les vérifier, bien qu'au dire des magnétiseurs, ils se répètent tous les jours. Il s'agit donc de rechercher comment ces tentatives malheureuses ont laissé et semblent devoir laisser indéfiniment la question où elle en est depuis le rapport de Bailly ; et si de leur avortement, il n'y a rien à conclure d'une manière absolue contre la réalité du magnétisme.

Je ne sache pas qu'il y ait deux logiques, l'une à l'usage des philosophes, l'autre à l'usage des magnétiseurs ; ni qu'il y ait deux manières d'entendre et d'expliquer les règles du témoignage, celles de la certitude en matière scientifique, celles enfin qui concernent l'application de l'intelligence et des sens à l'observation des faits. S'il en était ainsi, il serait parfaitement inutile de discuter, puisqu'il serait complétement impossible de s'entendre. Mais si les logiciens du magnétisme reconnaissent qu'il n'y a pas de science de quelque nature qu'elle soit, qui ait le privilége de se soustraire à ces imprescriptibles règles de la raison qui existaient avant Aristote et n'ont pas varié depuis lui ; s'ils veulent, en un mot, nous rallier à leur cause par des raisonnements à notre portée, il faut bien qu'ils acceptent le même *criterium* que nous, qu'ils s'y prennent de la même manière pour prouver invinciblement et par des expériences décisives qui mettent fin aux débats, les phénomènes de l'existence desquels ils veulent nous convaincre.

L'explication la plus générale qu'ils donnent de l'insuccès des expérimentations officielles faites dans ce but, c'est le caractère fugitif et presque insaisissable de ces faits ; la difficulté de les faire naître à volonté, et à toute réquisition, de les faire poser devant nous, comme on le fait d'un phénomène physique ou chimique reproductible indéfiniment de la même manière. Ajoutez à cela les mauvaises dispositions, la méfiance, apportées par les expérimentateurs sceptiques, ou même par les simples témoins de ces faits, ce qui suffirait, nous assure-t-on, pour les empêcher de se manifester.

Relativement au premier genre de difficultés, nous ferons observer qu'elles lui sont communes, jusqu'à un certain point, avec un grand nombre de phénomènes psychologiques, biologiques et pathologiques de l'existence desquels on n'est pas pour cela moins convaincu, dont on connaît parfaitement les caractères et le mode de production. Quoi de plus fugitif, de plus irrégulier, de plus insaisissable que la pensée ? Et, cependant, quel phénomène psychologique n'a été minutieusement décrit et analysé ? Quelle incertitude reste-t-il, je ne dirai pas sur la nature du principe pensant, — question de pure théorie, — mais sur le caractère de ces phénomènes, sur l'existence des puissances ou facultés dont ils dépendent ? De même en psychologie, si nous ignorons quelle est la nature du principe vital, la réalité des phénomènes biologiques est-elle en cause? Ne sont-ils pas acceptés par tous, et décrits avec l'exactitude que le naturaliste apporte dans la description des êtres qui composent les trois règnes? L'analyse clinique n'a-t-elle pas porté la même lumière dans les parties les plus obscures de la symptomatologie, et notamment dans ces affections protéiformes du système nerveux dont une appréciation erronée est peut-être l'unique point de départ de tout ce que l'on a écrit sur le magnétisme? Notez bien, d'ailleurs, que cette façon d'échapper aux constatations authentiques et aux sommations des non-croyants, vient de ceux-là même qui se vantent d'exercer sur leurs sujets un pouvoir absolu ; de les endormir, par exemple, aussi souvent que cela leur plaît, et de leur faire exécuter dans l'état magnétique ou somnambulique dans lequel il les plongent, toutes leurs volontés exprimées ou non exprimées.

— Enfin, je ferai observer que ce n'est pas seulement la cause des phénomènes magnétiques qui reste enveloppée d'un voile impénétrable, ce sont ces phénomènes eux-mêmes, dont l'existence et les propriétés vivement controversées par les uns sont rejetés absolument par les autres.

Je n'insisterai pas sur l'autre explication que l'on donne de l'insuccès des expériences magnétiques, à savoir les dispositions peu favorables des témoins, parce que cette explication ne me paraît pas sérieuse. Elle a tout juste la valeur d'une supposition gratuite, et le malheur de ressembler à un expédient imaginé pour sortir d'embarras. Nous sommes convenus tout à l'heure, en effet, que la logique du magnétisme devait être celle de tout le monde. Or, celle-ci nous enseigne que la première condition imposée à l'observateur, c'est le dégagement de toute idée préconçue, de tout préjugé favorable ou défavorable aux faits dont il se propose d'être le témoin impartial. Doutez, nous dit le bon sens par la bouche de Descartes, c'est-à-dire, suspendez votre jugement jusqu'à ce que vous ayez recueilli des preuves. Croyez, nous disent les partisans du mesmérisme, si vous voulez être complétement édifiés. On voit que sur ce terrain, toute discussion serait oiseuse, et qu'il faudrait renoncer à s'entendre. Je ne ferai qu'une remarque : c'est que les magnétiseurs se vantent tous les jours de convertir à leur religion des sceptiques qui avaient jusqu'alors refusé de se rendre. Croire avant de voir est un procédé familier aux esprits enthousiastes qui, se trouvant trop à l'étroit dans le monde des réalités, sont toujours à la poursuite du merveilleux ; mais il est peu du goût des esprits moins crédules, qui entendent, pour se porter garants des faits, qu'on les démontre aux yeux de tous par l'emploi légitime des facultés de l'intelligence, et des règles consacrées en matière d'observation.

Mais, enfin, vous raisonnez, pourra-t-on nous dire, dans l'hypothèse que tous les observateurs qui attestent la réalité des phénomènes magnétiques ont voulu nous tromper, ou qu'ils se trompent eux-mêmes. — Voyons, en acceptant la question dans ces termes, ce que nous pourrions y répondre.

III

La première supposition est inadmissible, je m'empresse de le reconnaître. Il est parmi les partisans de cette doctrine des noms trop honorables pour laisser subsister le soupçon de mauvaise foi ou de complicité *volontaire* avec des témoins infidèles. Seulement, en n'admettant que ce que cette classe assez restreinte, il faut le dire, de témoins irrécusables croit pouvoir affirmer sans hésitation, et après un contrôle sévère, nous avons déjà considérablement réduit le nombre des faits acquis à l'avoir du magnétisme. Maintenant prouver que des hommes éclairés et animés du désir de découvrir la vérité, se sont constamment trompés, est plus difficile, sans doute, toutefois en procédant ici encore par voie d'analyse et d'exclusion, nous aurons beaucoup simplifié le problème.

1° Parmi les faits que l'on nous présente, comme confirmant d'une manière incontestable l'existence d'une cause spéciale ou tout au moins de phénomènes spéciaux, il en est beaucoup qu'il est plus simple et plus logique de rapporter à des causes naturelles, et en particulier aux lois qui régissent l'organisation saine et malade. A ce propos, je ferai remarquer que les phénomènes magnétiques et somnambuliques ne se montrent généralement que chez des individus atteints de catalepsie, d'hystérie, d'hypocondrie, ou enfin de quelqu'une de ces formes innombrables de névroses, dont un praticien exercé est seul apte à démêler les manifestations complexes. On conçoit donc que des personnes étrangères, dans la plupart des cas, aux données de la physiologie pathologique, se fourvoient dans ces questions, et qu'elles recourent à des agents surnaturels pour expliquer des faits qui ne sont, en réalité, pour le médecin physiologiste que des aberrations fonctionnelles du système nerveux.

2° Il est des faits, et c'est le plus grand nombre, qui n'ont pu être l'objet d'une vérification rigoureuse, et cela pour plusieurs motifs que je vais faire connaître.

. D'abord, il n'y a qu'un nombre relativement très-restreint d'observateurs qui sachent à quelles précautions minutieuses un fait scientifique doit être soumis pour acquérir un degré d'authenticité suffisant, surtout quand ce fait semble s'écarter de l'ordre naturel. Que de gens du monde, d'ailleurs très-instruits, que d'écrivains en vogue dans la littérature mesmérienne auraient, sous ce rapport, toute une éducation à faire, bien qu'ils se montrent très-surpris et tout prêts à se fâcher, quand on ne paraît pas convaincu par la lecture de relations grosses de lacunes et d'incertitudes !

Un second motif pour lequel les expériences magnétiques peuvent manquer de rigueur, lors même qu'elles sont relatées par des hommes de bonne foi, c'est que ces expériences nécessitant le concours ou l'intervention de deux personnes au moins, il ne suffit pas d'être certain des lumières et de la véracité de l'observateur, il faut encore qu'on ne puisse supposer que le sujet sur lequel ce dernier a opéré ou vu opérer était d'aussi bonne foi que lui ; qu'il en est de même du magnétiseur attitré, ou de la personne qui a dû servir d'intermédiaire entre ce sujet et l'historien du fait. Il est un point incontesté : c'est que le plus grand nombre des phénomènes magnétiques peuvent être simulés, et ne sont connus que par la déclaration du sujet. Or, si l'on réfléchit que la plupart des individus qui se soumettent à ces sortes d'exhibitions en font un objet de spéculation ; qu'à défaut de ce mobile, le désir d'occuper de soi, d'étonner, d'inspirer cette sorte de curiosité ou d'intérêt qui s'attache toujours aux choses extraordinaires, suffit pour leur faire jouer le rôle qu'on attend d'eux, on verra combien il est difficile de constater rigoureusement la véracité des témoins en matière de magnétisme ou de somnambulisme. Qui ne sait, d'ailleurs, combien il est d'hommes chez lesquels s'allie à une instruction réelle, à un caractère parfaitement honorable, une dose étonnante de crédulité ? Combien nous sommes disposés à adopter de confiance et d'enthousiasme les faits conformes à l'opinion dont nous sommes engoués, et dans notre partialité de bonne foi, à fermer les yeux sur ceux qui les contrarient ?

Toutes ces causes d'erreurs écartées, que reste-t-il

à l'avoir du magnétisme ? C'est ce que nous allons demander à l'un de ses partisans les plus désintéressés et les plus consciencieux (1).

IV

Avant d'exposer l'état actuel de la science sur ces questions, tel que le présente l'ouvrage de M. Morin, il m'a semblé nécessaire, en des matières aussi controversées, de poser les jalons de la discussion, et de fixer les principes sur lesquels doit reposer l'analyse logique des faits. L'auteur le reconnaît lui-même : le magnétisme, dit-il, est mal connu, et il est mal connu, parce que la question a été mal posée. Voyons donc si elle sortira complétement élucidée de l'examen de son ouvrage.

M. Morin aurait pu, comme Montaigne, écrire en tête de son traité : « Cecy est un livre de bonne foy. » Je ne voudrais pas me faire de cette qualité, trop rare, hélas, parmi ses émules, une arme contre lui ; cependant, il me faudra bien prendre acte des aveux que sa sincérité lui arrache, si elle nous conduit à des conclusions opposées aux siennes.

Puisque l'incertitude qui règne sur le magnétisme

(1) *Du Magnétisme et des Sciences occultes,* par A. S. Morin, 1 vol. in-8° de 582 pages.

et les préventions dont il est l'objet, tiennent, en effet, à ce que la question a été mal posée, et à ce qu'on l'a rendue à tort solidaire de doctrines hasardées, d'exagérations compromettantes, « commençons, dit l'auteur, par constater les faits, les explications viendront après. » Il m'a semblé aussi que c'est sur ce terrain que la question devait être vidée, et je n'ai qu'un regret, c'est que M. Morin ne soit pas toujours resté fidèle au programme qu'il s'était tracé.

Avant d'étudier une science, on doit savoir quel en est l'objet. Quel est donc l'objet du magnétisme, ou, en d'autres termes, de quelle sorte de faits avons-nous à nous occuper ici ?

« Le magnétisme, dit M. Morin, est la science qui traite de l'action que l'homme exerce sur ses semblables, ou plus généralement de l'action qu'un être vivant exerce sur d'autres êtres sans l'emploi des moyens ordinaires de relation....; chaque fois que l'on agira sur un individu en frappant l'un de ses sens, ce ne sera plus du magnétisme. » (P. 10.)—Les procédés employés à l'origine par Mesmer, et ceux qu'adoptèrent depuis ses successeurs (baquets, passes, etc.), sont, en effet, regardés de nos jours par la plupart des magnétiseurs comme inutiles à la production des phénomènes magnétiques. Mais est-on en droit d'en conclure pour cela que ces phénomènes se produisent sans agir sur les sens de celui que l'on veut magnétiser? Voilà ce qu'il serait fort difficile de prouver, lors même que l'on expliquerait les effets magnétiques, comme M. Morin, par une action morale.

Sans m'arrêter à ce que la proposition de l'auteur a de vague et de mal défini, je dirai d'abord qu'en ce qui concerne les sujets éveillés, il est trop évident pour qu'il soit nécessaire de le prouver, que la physionomie, le regard, les gestes, les contacts, l'attitude de l'opérateur ne sont pas sans une grande influence sur cette série de phénomènes qui apparaissent dans les appareils sensoriaux, sensitifs ou locomoteurs des individus magnétisés, sous la forme d'agitations, de spasmes, de douleurs vagues ou de bien-être et d'apaisement; d'élans sympathiques ou de concentration, d'horripilation ou de bouffées de chaleur, d'abattement ou de somnolence. Mais je crois de plus, avec l'un de nos aliénistes les plus éminents, que l'on inférerait à tort de l'occlusion *momentanée* des sens extérieurs sur certains sujets en *état de somnambulisme* à leur suspension absolue. Que l'on examine les somnambules, dit M. Calmeil, qu'on lise la relation des phénomènes qui s'observent pendant l'extase magnétique, et l'on acquerra la certitude qu'une partie de ces phénomènes démontre une certaine activité des sens alternativement excitables (et cela à un haut degré), et fermés aux impressions extérieures. Ainsi il est des somnambules qui voient, entendent, pratiquent le toucher sans que celui-ci règle leurs rapports avec les hommes et avec les choses. On ne peut même douter, ajoute ce spécialiste, que les sens en rapport avec le magnétiseur ne finissent par acquérir vis-à-vis de lui une pénétration extraordinaire, grâce à laquelle ils éprouvent une foule de perceptions inaperçues pour leur entourage. (*Dict. de méd.*, 2ᵉ édit., art. *magnétisme.*) — Enfin, les phénomènes de l'hypnotisme si habilement élucidés par MM. Demarquay et Giraud-Teulon suffiraient à eux seuls pour démontrer péremptoirement la part que les appareils sensoriaux, et notamment la vision, peuvent prendre dans le développement des phénomènes magnétiques ou somnambuliques avec lesquels ils ont une complète analogie, qu'ils expliquent peut-être même en partie, du moins en ce que le magnétisme a d'admissible, c'est-à-dire, dégagé du merveilleux dont on l'a entouré.

Mais insister davantage sur le *quomodó* de ces phénomènes, serait aborder une question théorique, qui ne peut pas anticiper sur les faits sous peine de constituer une véritable pétition de principe. J'arrive donc immédiatement à ceux de ces faits que l'on nous présente comme prouvés ; et laissant là les bagatelles de la porte, c'est-à-dire, les aberrations fonctionnelles de la sensibilité, de la locomotivité ou des sens qu'on observe chez les individus névropathiques soumis aux expériences magnétiques, je vais droit au gros problème qui partage en deux camps opposés les sectateurs et les adversaires du magnétisme, je veux dire la *lucidité*, et les autres facultés transcendantes du somnambulisme provoqué, ou pour mieux dire, de la catalepsie magnétique.

V

Un certain nombre d'individus, dit M. Morin, tombent sous l'influence du magnétisme porté à son sammum d'action, dans un sommeil artificiel, dont les symptômes rappellent, à beaucoup d'égards, ceux du somnambulisme naturel, quoique ses caractères soient variables. La *lucidité*, considérée en général, est la faculté dont jouissent quelques somnambules de percevoir, et, par suite, de décrire, pendant leurs crises, ce que l'homme ne peut voir dans l'état normal.

Il y a diverses genres de lucidité :

1° La transposition des sens (vue à travers les corps

opaques, vue de son propre corps et du corps d'autrui, etc.);

2° La communication des pensées ;

3° L'instinct des remèdes ;

4° La vue du passé et de l'avenir ;

5° L'intelligence des langues non apprises, et la faculté de les parler (1).

Avant d'aller plus loin dans l'appréciation de ces facultés surnaturelles, constatons d'abord deux choses :

C'est que, de l'aveu de M. Morin lui-même, « le somnambulisme artificiel peut être simulé, et qu'il l'a été souvent. » (P. 118.)

C'est qu'ensuite les facultés transcendantes dont nous venons de parler « ne se trouvent que chez quelques sujets d'élite, et qu'on ne peut les prendre pour moyens de constater la réalité de l'état appelé somnambulique. » (*Ibid.*)

Il n'y a, selon notre auteur, que deux caractères constants dans cet état, l'oubli au réveil et l'isolement. — L'oubli au réveil peut être simulé comme le reste ;

---

(1) Ce qu'il y a de curieux, c'est que le rituel à l'usage de l'Église catholique met toutes ces circonstances au nombre des signes qui servent à faire reconnaître la *possession démoniaque*. (V. Morin, p. 126.) Ce qui explique, du reste, comment certains mystiques interprètent de nos jours le magnétisme par l'intervention de Satan en personne.

l'isolement ou l'insensibilité aux excitants plus difficilement ; mais ce caractère appartient, de même que le précédent, à plusieurs névroses, notamment à l'hystérie, à la catalepsie, au somnambulisme naturel ; il ne constitue donc pas la caractéristique du sommeil magnétique, qui, d'ailleurs, peut exister sans lui, comme le reconnaît M. Morin : « Nous avons considéré le somnambulisme comme un effet du magnétisme, mais il peut être produit sans lui, nous en avons cité des exemples…. ; le magnétisme et le somnambulisme peuvent donc être admis ou rejetés l'un sans l'autre. » (P. 11 et 123.) C'est aussi mon avis. Seulement, je pense que les choses se passent exactement de même dans le cas où l'on fait intervenir le magnétisme, et dans ceux où il n'intervient pas. C'est toujours le même état névropathique servant de point de départ aux mêmes phénomènes ; il n'y a de changé que la mise en scène, ou, si l'on veut, les causes occasionnelles de la crise.

Voyons maintenant ce que M. Morin pense de ces facultés transcendantes des somnambules passées, de son propre aveu, à l'état de cas rares, et d'une appréciation si difficile :

1° *La transposition des sens* est un des faits les mieux établis aux yeux des adeptes. L'auteur cite le témoignage de plusieurs médecins recommandables, dit-il, qui semblaient laisser le fait hors de contestation. « Nos propres observations, ajoute-t-il, ne nous laissent aucun doute à cet égard. » Toutefois, il avoue que *dans la plupart des cas* qu'il a observés, « on s'est abusé en prenant la transmission de la pensée pour la transposition des sens. » (P. 192.) Et rappelant fort à propos que la vue anormale se retrouvait chez les ursulines de Loudun, chez les trembleurs des Cévennes, les convulsionnaires de Saint-Médard, les démoniaques, etc., il reconnaît franchement que ces relations sont bien de nature à discréditer les faits analogues qui se reproduisent aujourd'hui, ou, tout au moins, à inspirer beaucoup de réserve à leur égard. — En somme, la transposition des sens est pour notre auteur une faculté fort rare, qui, ne s'observant que d'une manière fugitive, chez des sujets d'élite, « est presque toujours accompagnée d'illusions qui en rendent les résultats incertains. (P. 194.) Enfin, comme cette faculté n'a été observée que sur des sujets malades, il y a lieu de croire qu'elle tient à certains états morbides. » (P. 191.)

Je rappellerai seulement, pour mémoire, que devant les diverses commissions réunies à Paris, à différentes époques, pour constater le fait, il a été constamment impossible de faire lire à travers des corps opaques les sujets présentés comme doués des facultés les plus éminentes, et que le prix Burdin est encore à gagner (1).

La vue par le sujet, en état de somnambulisme, de l'intérieur de son corps, celle de l'intérieur du corps d'autrui, sembleraient être une conséquence de la faculté précédente. M. Morin convient, cependant, « que les somnambules qui n'ont pas quelques connaissances anatomiques ou des relations avec des médecins, débitent les plus grossières balourdises. » (P. 194-96.) — Il ne faudrait pas, d'ailleurs, confondre les faits de ce genre avec *la communication sympathique* du mal d'autrui, qui est d'un ordre tout différent. « Il existe, dit un partisan enthousiaste du magnétisme, des personnes douées d'une organisation et d'une sensibilité telles, qu'il suffit de rappeler fortement l'idée de certaines modifications de leur être pour que ces modifications aient lieu. Cet effet, qui arrive presque toujours dans le somnambulisme, se rencontre aussi, quoique plus rarement, *chez des personnes éveillées.* »

(1) Une somme de 10,000 fr. avait été déposée chez un notaire par cet honorable confrère, en faveur du somnambule qui serait parvenu à lire à travers un corps opaque, devant une commission d'hommes compétents appelés à constater le fait.

(Général Noizet, *Mém. sur le magnét.*, p. 114.) Ces impressions momentanées sont, comme le remarque M. Morin, une simple conséquence de la loi d'imitation dans les affections nerveuses. C'est ce que l'on a vu dans toutes les épidémies de convulsionnaires, de possessions démoniaques, etc. (1). Quant à l'instinct des remèdes, qui se rattache à la vue des maladies, j'en parlerai tout à l'heure à propos des applications pratiques du magnétisme.

2° La *communication des pensées* serait, selon l'auteur, une des facultés *que l'on rencontre le plus souvent* chez les magnétisés. (P. 185.) Nous allons voir quelles restrictions il apporte, deux pages plus loin, à cette assertion : « Il est *bien peu* de somnambules en état de deviner votre pensée d'une manière suivie. *Le plus souvent*, il n'en suivent que quelques fragments....., et même cette faculté ainsi restreinte est variable, intermittente, sujette à illusion. » (P. 186.) Et plus loin : « On ne cite pas un seul magnétiseur qui puisse à son gré faire obéir son sujet à une volonté non exprimée.... Quand le succès a lieu, c'est avec

---

(1) Voir les observations publiées par les docteurs Cerise, Bouchut, Marmisse. Des individus adonnés à la vie contemplative se sont tellement identifiés à la victime du Calvaire, qu'ils disaient ressentir les douleurs du crucifiement.

un sujet qui sait que son magnétiseur fait sur lui des expériences, et qui s'efforce alors de pénétrer ses pensées, de manière à réaliser tous ses désirs, et ce travail de son esprit suffit quelquefois pour produire un moment de lucidité.....; mais quand le magnétiseur agit sur des sujets qui ne s'en doutent pas, il ne produit rien. » (P. 187.) Comment M. Morin concilie-t-il ces restrictions avec l'affirmation qui les précède? Je ne me charge pas de l'expliquer. Ce n'est pas, d'ailleurs, la seule contradiction où tombe l'auteur, qui ne réussit pas toujours, il faut le dire, à mettre d'accord sa foi et sa raison.

3° *La vue du passé, celle de l'avenir* serait aussi, selon M. Morin, un fait bien établi. Il y a ici des distinctions à faire. Les prédictions des somnambules peuvent porter : 1° sur les crises de leurs propres maladies; 2° sur l'issue des maladies pour lesquelles on les consulte; 3° sur des événements dépendant uniquement du jeu des lois naturelles, ou résultant du libre arbitre de l'homme.

D'abord, en ce qui concerne leurs propres maladies, on voit effectivement des malades annoncer leurs crises, prévoir l'issue heureuse ou funeste de leur maladie pour un temps plus ou moins rapproché, et leurs prédictions se vérifient quelquefois.

Mais ces faits s'observent également chez des sujets qu'on n'a pas endormis. Ce sont des pressentiments qu'une sorte d'instinct obscur, ou l'influence d'une imagination vivement surexcitée sur certains états organiques suffisent à expliquer. Ces événements peuvent arriver par cela seul que le malade a la conviction qu'ils arriveront. — Quant aux prédictions relatives aux maladies d'autrui, on nous permettra de n'y voir que des présomptions reposant sur un calcul de probabilité, ou sur une sorte de pénétration qu'on trouve développée parfois à un degré assez remarquable chez les individus habitués à ce genre d'exercice. M. Morin, tout en y ajoutant foi, ne présente, d'ailleurs, aucun fait à l'appui. — Moins crédule, toutefois, pour les événements qui dépendent du libre arbitre ou du jeu des lois naturelles, il déclare, avec une franchise qui l'honore, qu'il ne connaît pas *un seul fait* remplissant les conditions suivantes : date certaine de la prédiction faite par le somnambule ; clarté de cette prédiction, faite en termes tels, qu'elle ne puisse s'appliquer qu'à l'événement ; sa constatation régulière et authentique.

4° Je ne parlerais même pas, tant la chose me semble peu sérieuse, de la faculté de *comprendre et de parler des langues non apprises*, s'il n'était curieux, au point de vue de la psychologie, de rechercher l'interprétation d'un fait qui figure, non pas seulement dans les traités du magnétisme, mais dans l'histoire des convulsionnaires, des démoniaques, etc. M. Morin en donne l'explication la plus rationnelle. « Ces sons inintelligibles, dit-il, ce galimatias dénué de sons ne pouvaient avoir d'importance qu'aux yeux des gens crédules, qui croyaient trouver dans ces sons, analogues à ceux qu'émettent les aliénés, ou dans les caractères indéchiffrables tracés par ces extatiques, les vestiges d'une langue inconnue. Quant aux mots qui avaient un sens et, jusqu'à un certain point, une suite, et qui appartiennent à des langues, sinon étrangères, du moins peu familières à ceux qui les parlent, on les explique facilement par la surexcitation des facultés cérébrales, et notamment de la mémoire. C'est de cette manière que la supérieure des ursulines de Loudun comprenait les discours latins qu'on lui adressait pendant ses crises ; que les prophètes des Cévennes, qui ne parlaient d'ordinaire que le patois de leur pays, s'exprimaient en français dans les mêmes circonstances. » (P. 190).

VI

Outre les faits dont je viens de parler, et qui prouveraient, — on a vu dans quelle mesure, — l'existence d'une cause ou d'un agent spécial dont ils sont l'effet, les partisans du magnétisme, et M. Morin en particulier, s'appuient encore, s'appuient surtout, pour en démontrer l'existence, sur leur utilité pratique, sur les applications fécondes qu'on peut en faire à la guérison de nos maladies. C'est là, selon l'auteur, de tous ses avantages le plus important. (Chap. XIX.)

C'est aussi là, il faut le dire, la partie faible du livre de M. Morin. Tant qu'il ne s'est agi que d'une interprétation de faits plus ou moins admissibles, d'une appréciation critique des témoignages, l'auteur avait souvent raison ; il lui arrivait même parfois d'avoir raison contre lui-même. Ici il n'est plus sur son terrain. Rien ne pouvait lui tenir lieu des connaissances spéciales qui lui font défaut dans le diagnostic, et dans l'appréciation des faits thérapeutiques vis-à-vis d'états morbides qu'il ne connait pas. Nous allons voir combien en cela encore l'auteur est peu d'accord avec lui-même.

Nonobstant *le nombre immense de cures qu'il a faites*, le magnétisme ne jouit pas cependant, dit notre auteur, d'une efficacité universelle et absolue, ainsi que le prétendent quelques-uns de ses partisans, et cela par une bonne raison, « c'est qu'il y a *une foule* de personnes non susceptibles d'être magnétisées. » (P. 293.) Voilà déjà, ce me semble, une restriction assez forte aux avantages annoncés si pompeusement. « Il serait fort intéressant, ajoute M. Morin, de posséder la nomenclature des maladies guéries par le magnétisme, avec la relation du traitement....; mais à cet égard, les relations des magnétiseurs laissent beaucoup à désirer. » (P. 293.) Ils prétendent avoir guéri des maladies contre lesquelles la médecine est impuissante, mais « quelques-unes de leurs relations sont fort suspectes...., d'autres sont faites de bonne foi, mais à la suite d'observations insuffisantes.... La plupart du temps, les magnétiseurs avaient employé, avec le magnétisme, les remèdes ordinaires ; on ne pouvait donc lui attribuer les guérisons obtenues. » (P. 295.) M. Morin regarde le témoignage des malades soulagés ou guéris comme d'un grand poids ; mais peut-il ignorer que cette sorte de témoignage n'a jamais fait défaut à aucune médication, quelle qu'elle soit, de l'ordre naturel ou surnaturel, depuis les globules homéopathiques ou la graine de moutarde jusqu'à l'eau de la Salette? L'auteur a cependant la sagesse d'ajouter que si l'on peut se contenter du magnétisme *dans les indispositions légères*, dès que la maladie prend une certaine gravité, la prudence fait une loi de recourir à la médecine.... Que s'il s'agit d'un cas où le magnétisme puisse être employé *comme auxiliaire*, qu'on fasse choix d'un médecin qui en soit partisan, et qui en dirige l'application. (P. 304.)

En face d'aussi modestes prétentions, je ne me sens pas, en vérité, le courage de chicaner M. Morin sur le peu d'illusions qui lui restent à l'endroit des pratiques magnétiques proprement dites. Voyons si ces prétentions vont plus loin en ce qui touche le somnambulisme lui-même.

Il commence, comme il l'a fait pour le magnétisme, par en célébrer les avantages. « La lucidité des somnambules rend incontestablement de nombreux services. Une foule de malades ont reçu d'eux des indications auxquelles ils ont dû leur guérison. Ce n'est donc pas seulement une faculté merveilleuse, un magnifique sujet d'études pour la science, c'est aussi un utile instrument. » (P. 322.) Seulement, ce qu'il y a de fâcheux, c'est ce que les magnétiseurs sont divisés sur le degré de confiance qu'on doit accorder aux somnambules. Les uns prétendent que leurs déclarations ou leurs perceptions doivent être contrôlées avec soin ; d'autres adoptent pour règle d'obéir aveuglément à leurs indications, « lors même qu'ils prescriraient un traitement irrationnel ou *meurtrier*, c'est-à-dire, qui, selon les règles, devrait donner la mort. » (Dr Charpignon, cité par M. Morin, p. 323.) Parlez-moi d'une foi aussi robuste ! Le Dr Bellanger affirme, lui, « que les somnambules qui se prescrivent des poisons peuvent en faire usage sans en ressentir aucun mal. » (P. 323.) *Se non è vero è bene trovato.*

Notre auteur que son bon sens et son amour de la vérité ont sauvé, Dieu merci, de telles énormités, est arrivé, à la suite de fréquentes déceptions, à formuler les propositions suivantes : 1° Les somnambules lucides *sont excessivement rares* ; 2° chez les meilleurs, les accès de lucidité *sont fort peu communs* ; 3° dans la lucidité la plus complète, le vrai est toujours mêlé au faux, et il n'existe ni pour les assistants, ni pour les voyants, *aucun moyen* de reconnaitre s'il est lucide ou le jouet de vains fantômes. (P. 324.) Et plus loin : « Allez consulter sur une question précise et qui comporte une vérification facile les dix somnambules lucides les plus célèbres de Paris, recueillez textuellement leurs réponses, et vous verrez combien la vérité (si même il s'en trouve), sera en faible proportion avec l'erreur. » (P. 325.) L'auteur vous en dira lui-même la raison : c'est que « l'erreur est de l'essence du somnambulisme comme elle est de l'essence du rêve. Le somnambule, on ne saurait trop le répéter, est trompé continuellement par son imagination, et prend pour des réalités les fantômes qu'elle lui fait apparaître. Ce n'est que par exception que, au milieu de ce délire, il voit des objets réels en vertu d'une faculté intermittente qui ne jaillit que par éclairs. » (P. 32.)

On juge, d'après cela, ce que M. Morin doit penser des somnambules lucides à toute heure, pour tout venant et sur toute sorte de sujet, sous la direction d'un professeur de magnétisme, ou même hélas ! d'un confrère. Et comme il a jusqu'au bout le courage de son opinion, il ne craint pas de dévoiler les déplorables conséquences qu'ont eues fréquemment les pratiques magnétiques, non-seulement pour la santé publique, mais au point de vue de la morale et des mœurs (p. 313) ; conséquences déjà signalées avec force par l'honorable docteur Giraud-Teulon, dans ses curieuses études sur l'hypnotisme. Contristé de tels abus, M. Morin se demande avec une sorte de contrition si le somnambulisme tel qu'on l'applique aujourd'hui ne fait pas plus de mal que de bien. (P. 340.) Il s'est, au surplus, chargé lui-même de la réponse ; et en parcourant son livre si instructif à ce point de vue, on se demande plus que jamais ce qui doit étonner davantage, de la confiante crédulité du public, ou de la tolérance des magistrats laissant fleurir sous le pavillon de la liberté du commerce ce genre dangereux d'escroquerie.

J'ai discuté les faits et montré combien les conclusions du livre de M. Morin leur sont peu favorables. Voyons maintenant si l'interprétation théorique qu'il en donne est de nature à raffermir la doctrine à laquelle il porte de si rudes coups, tout en voulant la défendre..... On n'est jamais trahi que par les siens.

Comment le magnétisme agit-il dans ce nombre immense de cas où il produit ses remarquables effets ? Par l'imagination. « Après une étude approfondie de la matière, après avoir pratiqué le magnétisme et observé un très-grand nombre de faits, je n'hésite pas à reconnaître que l'imagination suffit pour rendre compte de tous les effets magnétiques et qu'elle doit en être regardée comme la cause unique; l'hypothèse d'un agent particulier ne me semble nullement justifiée. » (P. 39.) « En effet, quand un magnétiseur attentif veut séparer l'action magnétique et l'imagination, il arrive toujours que l'action magnétique sans l'imagination ne produit rien du tout. » (P. 34.) A l'appui de cette assertion, l'auteur cite ses expériences personnelles. Ayant présidé pendant deux ans les séances de la Société Mesmérienne, il a vainement sommé ses collègues de produire des faits dans lesquels l'imagination ne joue aucun rôle ; toutes les tentatives n'ont abouti qu'à des déceptions. (P. 37.) Voilà pourquoi les malades les plus faciles à guérir par le magnétisme sont ceux sur lesquels l'imagination a le plus de prise. (P. 294.) — En vain objecterait-on, dit-il ailleurs, que le magnétisme agit sur des personnes endormies, sur des êtres privés de raison, sur les végétaux comme sur les animaux, sur les corps bruts même ; l'auteur affirme « qu'il n'existe en ce genre aucun fait authentique et concluant. » (P. 45.)

D'abord en ce qui concerne les animaux, quelques exemples de fascination exercés par l'homme sur cette classe d'êtres, voilà tout ce que l'on peut citer. (P. 85.)

Quant à la magnétisation des végétaux, à celle des corps bruts, l'auteur qui cite de nombreuses expériences faites par des magnétiseurs de bonne foi, finit par conclure que tous ces faits qui se sont passés sans témoins, ou qui du moins n'ont pas subi le contrôle de témoins impartiaux et désintéressés, qui n'ont été relatés que par des observateurs enthousiastes et peu habitués aux expérimentations rationnelles, sont fort suspects, ne peuvent être pris au sérieux, et peuvent s'expliquer d'ailleurs par une coïncidence fortuite. (P. 96.) — Enfin, M. Morin, magnétiseur consciencieux, s'il en fut, a cru devoir prendre la peine d'expérimenter avec d'autres coreligionnaires de bonne foi les effets de l'*eau magnétisée,* en présentant à des malades comme imprégnée de fluide de l'eau qui ne l'était pas : « les effets ont été absolument les mêmes que ceux qu'ils ressentaient de l'eau magnétisée. » Ces expériences, maintes fois répétées, ont donné invariablement les mêmes résultats. (P. 72.) Et il ajoute : qu'entre les talismans de la magie et les reliques de la dévotion, entre l'eau de la Salette et l'eau magnétisée, on ne saurait voir de différence. « C'est une rivalité de boutique, voilà tout. L'intention est la même des deux côtés ; on peut en dire autant de l'efficacité. » (*Ibid.*, chap. VI.)

Ici, l'auteur est presque toujours dans le vrai ; mais l'est-il lorsqu'il prétend que l'explication du magnétisme par l'imagination n'a pas pour les doctrines qu'il défend les conséquences qu'on lui prête, l'interprétation théorique d'un fait ne lui ôtant, dit-il, ni sa réalité, ni son utilité ? Je ne le pense pas. Sans doute, le malade guéri après avoir pris des boulettes de mie de pain ou des globules homœopathiques, ce qui est tout un, n'a rien à envier au malade qui doit sa guérison à l'opium ou à la quinine. Mais du moment où les guérisons magnétiques et autres n'ont plus besoin d'un agent physique pour se produire, l'histoire du magnétisme et des guérisons attribuées à cette cause n'est plus qu'un appendice à ajouter aux livres qui traitent de la puissance de l'imagination au point de vue de la psychologie et de la thérapeutique. S'il n'est pas d'agent spécial, les procédés du magnétisme n'ont plus de raison d'être. Enfin, comme le dit excellemment l'auteur, « le détrônement du fluide met fin aux magnétiseurs à distance, aux inventeurs, aux jeteurs de sort, aux obsessions, qui sont elles-mêmes sous la dépendance de la croyance aux diables et au commerce avec les esprits... En un mot, le magnétisme cessera d'être l'auxiliaire de la superstition. » (P. 303.) On ne saurait mieux raisonner; seulement, je doute que ces conclusions soient du goût de beaucoup d'adeptes des doctrines Mesmériennes. Ensuite tout en faisant à l'imagination la part aussi complète que possible dans la production de la plupart des phénomènes magnétiques, il en est quelques-uns, tels que l'insensibilité, le sommeil provoqué, où l'imagination ne joue plus que le rôle de cause occasionnelle, la cause efficiente se trouvant, soit dans un état pathologique des centres nerveux (c'est là le cas ordinaire de la catalepsie magnétique), soit dans l'action exercée par l'intermédiaire de la vision sur un certain nombre d'individus prédisposés ; je veux parler de l'hypnotisme, dont il est à regretter que M. Morin, qui en parle légèrement dans le chap. VII, n'ait pas pu connaître ou approfondir les intéressantes particularités.

J'étais bien résolu, au début de cette discussion, de n'accepter que sous bénéfice d'inventaire des faits à l'égard desquels j'avais toutes sortes de raisons de me tenir en réserve, et je n'avançais qu'avec la défiance d'un homme qui se sent sur un terrain miné de toutes parts. Mais tant de précautions étaient bien superflues vis-à-vis d'un adversaire généreux qui devait nous introduire lui-même au cœur de la place, et nous livrer tous ses secrets. Que l'on fasse, en effet, le relevé des restrictions qu'apporte M. Morin lui-même à l'apologie des doctrines qu'il défend, et l'on verra qu'il reste bien peu de chose à leur actif. M. Morin est l'enfant terrible du magnétisme ; disons mieux, il en est l'apôtre convaincu, mais sincère, et chez lui, la ferveur de l'adepte exempte de la mysticité enthousiaste de ses coreligionnaires, n'étouffe pas le jugement et n'obscurcit pas la vérité. Je ne saurais mieux finir que par l'aveu plein de candeur par lequel il termine lui-même son livre : « Il m'est arrivé, comme à presque toutes les personnes qui se livrent au magnétisme, d'être égaré par l'enthousiasme, de m'appuyer sur des observations mal faites, et d'embrasser avec ardeur des opinions bien différentes de celles que je professe aujourd'hui. Un examen plus mûr, l'observation plus attentive des faits ont modifié ma manière de voir ; il est permis de tâtonner quand on s'aventure dans un labyrinthe où la raison n'a encore introduit que de faibles lueurs. J'espère, en exposant le fruit de mes études, empêcher de s'égarer ceux qui entreprendront les mêmes recherches. » (P. 529.)

Tel est l'empire de la vérité sur les esprits droits, que je ne désespère pas de voir l'auteur de l'œuvre consciencieuse que je viens d'analyser,—et dont nous ne sommes plus séparés, ce me semble, que par une faible barrière, — revenir complétement à l'emploi légitime de nos facultés et des méthodes expérimentales ; et reconnaître que les lois naturelles interrogées dans un esprit vraiment philosophique suffisent à expliquer une classe de phénomènes, dont le caractère bizarre ou exceptionnel ne motive pas la création d'un ordre entier de connaissances placées en dehors de la portée habituelle de nos facultés perceptives.

Quant aux prétendues *sciences occultes*, bien qu'elles offrent un des épisodes les plus étranges de ce temps-ci, je ne me sens pas le courage de suivre l'auteur dans la réfutation en règle qu'il a pris la peine de leur consacrer. La logique n'a rien à voir ici. « En ces questions-là, disait un jour un critique spirituel, on peut avoir un tort, c'est d'avoir trop raison. L'homme aime à se reposer du syllogisme dans le rêve. De grâce, messieurs les sages, laissez-nous un grain de folie, » A cela, nous n'avons rien à répliquer. On ne s'exécute pas de meilleure grâce, et il ne me reste qu'à céder la parole à ceux de mes confrères plus autorisés, qui ont fait une étude spéciale des aberrations mentales épidémiques sous diverses formes, aux différentes époques de l'histoire.

QUELQUES OBSERVATIONS

SUR LES

PHÉNOMÈNES DE L'ENTRAINEMENT

AU POINT DE VUE DES FACULTÉS MORALES

ET DANS LEURS RAPPORTS AVEC NOTRE SYSTÈME D'ÉDUCATION

L'expérience a prouvé que l'on peut, sous l'influence d'un régime systématiquement dirigé et secondé par les autres moyens de l'hygiène, façonner, en quelque sorte, la matière vivante, transformer l'animal ou le développer pour l'usage auquel on le destine : de même qu'un artiste taille ou modèle un bloc informe pour en faire sortir une statue. Cet art puissant de l'*entraînement*, — car c'est le nom qu'on lui a donné, — dont l'industrie agricole s'est emparé la première, en Angleterre, pour y créer de nouvelles races d'animaux, y a été appliqué aussi, comme on sait, à quelques professions (boxeurs, plongeurs, coureurs, jockeys, etc.). On pourrait même en trouver quelques traces dans l'antiquité, où les athlètes étaient soumis à un régime particulier destiné à développer leur musculature.

Il est à regretter que l'hygiène et la thérapeutique n'aient pas tiré jusqu'à présent un plus grand parti de cet ordre de phénomènes. Il n'est pas douteux que dans les maladies chroniques surtout, où la diététique fait à elle seule presque tous les frais de la guérison, on n'en obtînt des effets remarquables. C'est ce qui est évident, du reste, dans les cures d'eaux minérales qui sont, à mon avis, le résultat d'un véritable entrainement. Comment traite-t-on, en effet, le coureur qu'on soumet à cette pratique? On le purge, on le fait suer, on lui prescrit un exercice modéré pour débarrasser l'organisme de la graisse, de l'eau, etc., qui abreuvent ses tissus. Eh! bien, n'est-ce pas, à un point de vue différent, quelque chose d'analogue que l'on fait chez ces malades, dont on opère, passez-moi le mot, le ravitaillement, en sollicitant par les eaux minérales les sécrétions de toute sorte, et en ajoutant à leur action directe et immédiate l'effet puissant de la locomotion, du changement d'air, d'habitudes, de la diversion morale, etc.

Je ne puis voir non plus que les effets d'un entraînement tout hygiénique dans les effets si vantés de certains exercices, dans l'influence généralement si favorable des voyages sur la santé, et contre quelques maladies chroniques. Ici l'entrainement résulte en partie de l'état d'excitation permanente où se trouve le système nerveux, par suite de la variété non interrompue des impressions cérébrales et sensoriales. Cette excitation s'irradiant dans les diverses parties de l'arbre nerveux se réfléchit sur le système locomoteur auquel elle communique une énergie inaccoutumée. C'est ainsi qu'on peut expliquer comment des individus malingres ou des petites maîtresses qui trouvaient à peine chez elles la force de se mouvoir, supportent en voyage des fatigues invraisemblables. La dépense de forces qui en résulte nécessite d'ailleurs un besoin de réparation, qui se traduit par l'accroissement de l'appétit, par un sommeil calme et profond ; et tandis que les poumons se dilatent pour aspirer largement les bouffées d'un air plus oxygéné que celui qu'on respire dans nos villes, le cœur redouble ses contractions pour suffire à l'accroissement des mouvements organiques, et le sang circulant avec plus d'aisance dans tous nos organes y entretient, par ses qualités vivifiantes, la chaleur et la vie.

On voit par cet exemple que l'action de l'entrainement ne se renferme pas seulement dans les organes de la nutrition, et qu'elle peut avoir aussi son point de départ et son retentissement dans les organes de relation. C'est, d'ailleurs, ce que les lois de l'analogie nous auraient permis de conclure *à priori*. Est-ce que le cerveau, par exemple, est soustrait, plutôt que tout autre viscère, à cette loi générale en vertu de laquelle tout organe se développe et se perfectionne par l'exercice, s'amoindrit et perd son ressort par l'inactivité? Et puisqu'il est l'instrument matériel de la pensée, la loi dont nous parlons ne s'applique-t-elle pas au développement intellectuel aussi bien qu'au développement physique? Le docteur Broca citait un jour, dans une séance de la Société d'anthropologie, une coutume établie à Taïti, où les naturels fabriquaient, ou s'imaginaient fabriquer à volonté des hommes de conseil ou des guerriers en aplatissant chez l'enfant naissant le derrière de la tête dans le premier cas, sa partie antérieure dans le second. Je n'entends pas pousser jusqu'à de telles absurdités cette espèce d'orthopédie morale.

bien qu'on puisse retrouver des coutumes du même genre ailleurs que chez des peuples barbares (1); je ne voudrais pas cependant qu'on négligeât complétement les observations plus ou moins rigoureuses sur lesquelles ces faits reposent. Sans être le moins du monde partisan des doctrines matérialistes, ni même de la phrénologie, telle qu'on nous l'a faite de nos jours, je crois qu'il y a un art de redresser les corps, et je crois qu'une étude approfondie des lois de l'organoplastie cérébrale conduirait à des résultats importants en matière d'éducation. J'ajouterai même que si l'on ne s'arrête pas à la signification récente et d'importation Britannique donnée à ce mot d'entraînement, on reconnaîtra que les faits de cet ordre ont de tout temps fourni matière aux observations des philosophes et des naturalistes. Seulement, on les a étudiés sous différents noms, à différents points de vue; on n'a pas toujours saisi leurs con-

---

(1) J'avais depuis longtemps remarqué chez les jeunes soldats nés à Toulouse une dépression latérale du crâne, d'où résultait l'alongement de son diamètre antéro-postérieur. Un confrère de l'armée, originaire de cette ville, et qui offrait lui-même cette conformation, m'apprit qu'elle résultait de l'habitude où étaient naguère les matrones de pétrir dans ce sens la cavité crânienne des nouveaux-nés. Cette coutume, qui s'étendait à d'autres parties de la France, remontait probablement fort loin, mais le sens primitif en était sans doute perdu.

nexions, poursuivi leurs applications diverses, ni enfin formulé bien nettement la loi commune qui les rattache aux phénomènes analogues dans l'ordre physiologique.

H. Royer-Collard qui, un des premiers en France, a étudié l'entraînement appliqué aux phénomènes de la nutrition et au perfectionnement des espèces, n'en a pas donné, que je sache, de définition. Pour ne laisser aucune place à l'équivoque dans les considérations que je présente ici, je dirai donc que j'entends par entraînement : les modifications, soit psychiques, soit physiologiques, qui résultent de la répétition spontanée ou systématique des mêmes actes, et les tendances nées de ces modifications.

On voit, au premier coup d'œil, quelle étroite analogie il y a entre l'habitude et l'entraînement. A l'opposé des instincts qui sont innés, l'une et l'autre s'acquièrent tantôt par des efforts persévérants et méthodiques, comme cela a lieu pour les habitudes de *réflexion*, tantôt par la tendance à l'imitation, qui est un des attributs de notre nature. Et de même, qu'il y a des habitudes de la sensibilité, de l'intelligence et de la volonté, de même les effets de l'entraînement peuvent se produire dans l'une ou l'autre de ces facultés fondamentales. Quant aux différences entre ces deux ordres de faits, je n'en vois qu'une, c'est la systématisation des moyens, ou la méthode employée pour arriver à un but défini dans l'entraînement. J'étais donc bien fondé à dire, en commençant cet article, que les phénomènes de l'entraînement ne sont pas d'observation aussi récente qu'on pourrait le supposer, et qu'il nous est loisible de faire notre profit en cette matière des faits acquis à la science touchant les curieux et importants phénomènes de l'habitude, dans l'ordre physiologique comme dans l'ordre psychologique.

De toutes les circonstances qui peuvent agir pour produire l'entraînement dans l'ordre moral, où je me borne à le considérer ici, l'une des plus puissantes est le *caractère,* ce tempérament moral né de la prédominance de certaines facultés, et qui est dans l'ordre psychologique ce qu'est le tempérament proprement dit, ou le genre de constitution prédominant dans l'homme physique ; deux influences en réaction l'une sur l'autre.

Il y a dans le caractère, comme dans le tempérament, un élément naturel, inné, et un élément acquis : le premier donné par l'organisation ; le second puisé dans le milieu moral où se déploie la liberté, dans l'éducation ou dans l'habitude.

Le phénomène de l'entrainement s'offre de même sous deux aspects principaux : tantôt il est le résultat naturel, spontané, de l'organisation physique et morale donnée par la nature ; tantôt il est le fruit de la direction imprimée accidentellement par les circonstances, ou systématiquement par l'éducation. Bien qu'il présente, sous la première forme, plus d'un problème intéressant à résoudre,—principalement sous le rapport du libre arbitre et de la responsabilité de nos actes,—c'est sous la seconde qui constitue l'entrainement *systématisé*, que je l'examinerai ici ; c'est-à-dire, que je me bornerai aujourd'hui à ne voir dans l'entrainement qu'une série d'actes coordonnés en vue d'un résultat final, au point de vue des applications qui en ont été faites à l'éducation.

En effet, l'éducation ayant essentiellement pour but le développement de nos facultés dans une direction déterminée et appropriée aux besoins de celui qui la reçoit, nos méthodes pédagogiques sont en réalité de véritables méthodes d'entrainement, surtout en ce qui concerne *les spécialités professionnelles*, la grande préoccupation de notre temps.

Cette spécialisation de l'enseignement a, sans contredit, ses avantages. Nous ne naissons pas propres à tout, et rien de plus rationnel assurément que de nous diriger vers la carrière à laquelle notre vocation et nos aptitudes semblent nous destiner. Vouloir qu'on en agisse autrement, serait fermer la route du succès au plus grand nombre, et celle du progrès aux sociétés. Mais il y là en même temps qu'une voie à suivre, un écueil à éviter ; je vais m'expliquer.

Un principe reconnu en matière d'éducation, mais qui n'en est pas moins violé journellement dans la pratique, c'est qu'on ne doit pas exercer certaines facultés aux dépens et à l'exclusion d'autres facultés non moins importantes, et qu'on laisse dans l'oubli. « Il sera d'autant mieux pourvu à la culture de chacune d'elles, dit un penseur de nos jours, que toutes seront cultivées avec plus de soin ; parce que liées intimement entre elles, elles se soutiennent et se secondent mutuellement, et par là même chacune conserve le rang et l'importance qui lui appartiennent. » (*Diction. des Sciences philosoph.*, article *éducation*.) Mais ce principe de la subordination réciproque, ou de la pondération harmonique de nos facultés se trouve souvent, dans l'application, en antagonisme avec le principe *des spécialités*, lequel a pour base la pluralité de ces facultés ou de nos aptitudes, et pour méthode l'entraînement appliqué à celle de ces aptitudes qui se montrent prédominantes. Or, il y a là, selon moi, matière à de graves inconvénients.

Le meilleur moyen de perfectionner l'intelligence, consiste, selon le célèbre chef de l'école Écossaise, « à l'exercer énergiquement dans toutes les directions et sur tous les sujets qui pourront nous donner l'habitude de nous en servir régulièrement. » (Reid., t. I, p. 198). Il n'est aucune des facultés générales de l'esprit humain, dont le concours ne soit indispensable à l'unité harmonieuse du moi. Que l'une d'elles vienne à faire défaut, et vous verrez la pensée révéler par quelque grave imperfection l'absence ou la faiblesse de cette faculté. Que résultera-t-il, par exemple, d'un grand développement de l'imagination dans un esprit dont la raison et le goût auront été complétement négligés ? Quelqu'une de ces œuvres excentriques où l'absurdité du fond le dispute aux extravagances de la forme.

Mais s'il y a danger à cultiver exclusivement une faculté qui a bientôt étouffé sous son développement parasite toutes les facultés qui devaient germer dans le même sol, c'est bien pis encore quand il ne s'agit plus que de l'une de ces aptitudes qui ne sont qu'une des faces ou l'une des formes propres à chacune de ces facultés, qu'elles n'embrassent même pas tout entière. C'est pourtant ce que l'on voit tous les jours, et c'est là ce qui produit tant d'hommes incomplets, tant d'esprits faux ou d'une incroyable nullité en ce qui concerne les matières étrangères à celles dans lesquelles ils sont exclusivement préparés.

Que l'on jette les yeux sur certaines classes de la société, sur certaines professions réclamant une préparation spéciale, et l'on y retrouvera les traces de cette division des forces de l'intelligence, qui ne profite à quelques facultés que pour fausser ou déprimer les autres. Ainsi, on a remarqué que l'étude des mathématiques commencée de bonne heure, et poursuivie trop exclusivement, fait des esprits absolus, ne croyant qu'en eux-mêmes et en leurs formules, vivant dans une profonde ignorance des hommes, — lesquels ne sont pas des chiffres, — et manquant absolument du sens pratique des choses.

L'industrialisme a même su tourner à son profit ces tendances du jour dans quelques établissements d'instruction privée, où exploitant les aptitudes spéciales des enfants qu'on lui confie, il les soumet à un entraînement habilement dirigé, qui en fait des sujets forts en thème ou très-bien réussis en vers latins, mais plus ou moins nuls sur tout autre chapitre. Un élève, en effet, ne pouvant prétendre à tout, il faut bien, s'il veut arriver le premier dans ce steeple-chase, qu'il jette, chemin faisant, le bagage qui pourrait retarder sa course. Aussi chacune des capacités qui tiennent, comme on dit, la tête de la classe, encouragée dans la faculté où elle a chance d'obtenir un triomphe, est-elle généralement laissée libre de négliger le reste ; si bien qu'on a vu des lauréats du grand concours, que dis-je ? le prix d'honneur lui-même, — *Horresco referens*, — faire un fiasco complet à l'examen du baccalauréat.... Mais c'est là le moindre souci de l'entraîneur breveté, qui voit, grâce à la réclame, sa prospérité s'accroître en raison directe des nominations obtenues en Sorbonne. Toujours est-il qu'il serait fâcheux, à ce point de vue, que la réputation des professeurs et leur avancement se réglât en partie sur les succès obtenus par leurs élèves dans les joûtes universitaires.

En résumé, le principe économique de la division du travail excellent dans l'ordre matériel, ne doit être accepté qu'avec réserve dans l'ordre intellectuel, où son application inconsidérée pourrait donner lieu à des inconvénients graves. Divisons, soit ; la faiblesse de notre esprit et les accroissements incessants des connaissances humaines nous en font une loi ; mais ne retournons pas à cette société égyptienne, où il y avait des médecins pour la tête, pour les membres, pour l'estomac, pour la rate, etc. A l'éducation philosophique qui tend à faire des hommes, ne substituons pas un enseignement artificiel qui ne s'occuperait qu'à faire des ingénieurs, des industriels, des médecins, etc. Prenons garde qu'en tendant outre mesure les ressorts d'une ou de deux facultés, nous n'étouffions les autres, et que dans cet entraînement violent des aptitudes dans le but de nous dresser à la profession que nous aurons à remplir, nous ne prenions trop peu de souci de ce qui ennoblit l'âme et élève la raison.

Certes, je n'ai pas la prétention de me mettre ici en travers des tendances de notre époque. La pente du siècle est aux spécialités. Tout y pousse : d'une part les progrès des sciences, dont l'horizon de plus en plus étendu ne permet plus à l'intelligence de n'en embrasser qu'une partie restreinte ; d'une autre, le besoin d'arriver par la voie la plus directe aux résultats les plus positifs de l'éducation. Il m'appartiendrait d'autant moins, d'ailleurs, de faire ici le procès au système d'études qu'on a désigné sous le nom de *bifurcation*, que je proposais moi-même, à une époque où cette opinion ralliait bien peu d'adhérents, *un plan d'études presqu'entièrement conforme* (1). Mais

(1) Voir le *Journal général de l'instruction publique* (février 1838). J'y disais que l'instruction secondaire, jusque-là essentiellement

enfin, soutenir un principe, n'est pas en préconiser l'abus ; or, je crois qu'on est aujourd'hui plus près de l'abus que du principe. Je ne méconnais pas les sages tempéraments qu'y a apportés la loi qui régit depuis 1852 notre enseignement secondaire, laquelle ne permet pas plus à l'élève des sciences de négliger entièrement les lettres, qu'elle n'autorise l'élève des lettres à rester dans une ignorance complète des grands phénomènes de la nature; et je fais des vœux pour que nos jeunes générations ne perdent pas de vue tout ce qu'il y a de philosophique dans cette

ou presqu'exclusivement littéraire et accessoirement scientifique, devait être à la fois ou parallèlement littéraire, scientifique et industrielle, pour répondre aux besoins complexes de notre civilisation moderne. En d'autres termes, je demandais qu'après un certain nombre d'années d'études communes, l'enseignement se spécialisât, conformément aux aptitudes ou à la vocation de chaque élève. Par enseignement industriel, j'entendais les sciences *pratiques* ou *appliquées*, telles qu'elles sont enseignées dans les écoles intermédiaires annexées à un grand nombre de lycées ou de colléges ; ce qui ferait, je suppose, la matière de ce qu'on a appelé récemment le *baccalauréat ès-arts* (pratiques?). — Quelques années plus tard, j'adressais à feu A. Comte, alors chef de bureau au ministère de l'instruction publique, le plan raisonné et détaillé d'une *Revue des Sociétés savantes de la province*, que j'ai eu aussi la satisfaction de voir créer depuis à ce même ministère. *Sic vos non vobis....* C'est qu'il sert de peu à une idée d'être neuve, utile ou bonne, si elle n'est patronée en haut lieu. La *logique de Port-Royal* explique fort bien cela dans son excellent chapitre des *sophismes ;* mais tous les logiciens du monde n'y feront rien.

espèce de compromis entre les deux grandes branches des connaissances humaines. Seulement, je ne me crois pas moins le droit de conclure des considérations précédentes : que si, comme on ne saurait le contester sans grand dommage, l'éducation a pour principe général le développement harmonique et libre de toutes les facultés, tout système d'éducation qui ne tend qu'au développement partiel et factice de l'intelligence manque son but, et abaisse le niveau général de l'humanité. Or tel est le résultat de l'entraînement pratiqué inconsidérément en matière de pédagogie sur certaines facultés en vue de former des spécialités. C'est aux hommes préposés à l'éducation publique à éclairer les familles sur les inconvénients de ces tendances, dont la source se trouve dans les instincts les moins élevés de la nature humaine.

Je n'ai signalé que les inconvénients de l'entraînement appliqué à outrance à la direction et au développement de nos facultés intellectuelles, il en est de plus graves encore pour l'avenir de quelques individus: ce sont ceux qui résultent de la tension excessive de certaines facultés par rapport à l'intégrité de la raison. Il suffit de jeter un coup d'œil sur l'étiologie d'un certain nombre d'aberrations mentales pour comprendre l'influence que doit exercer sur leur production l'entraînement, lequel implique nécessairement un maximum d'action cérébrale correspondant aux facultés dont il s'agit. J'en ai cité des exemples frappants et expliqué la genèse dans un des mémoires précédents, de manière à n'être pas obligé d'y revenir. Mais il est un point sur lequel je veux insister plus explicitement en raison du peu de souci qu'on en prend généralement, et parce que j'y trouve le meilleur correctif aux dangers que je signale, je veux parler de l'éducation physique, et de la nécessité de faire marcher de pair le développement du corps et celui de l'intelligence. « Ce qui fortifie l'esprit est utile au corps, » disait Sénèque, « *quidquid animum erexit etiam corpori prodest.* » (Ép. à Lucilius.) La proposition inverse n'est pas moins vraie. C'est ce que reconnaissait saint Augustin, lorsqu'il disait : « *Anima etiam pessima melior in optimo corpore.* » (*De civit. dei, lib. 9.*) Et le plus illustre représentant des doctrines idéalistes, lorsqu'il recommandait, dans le *Timée*, « de ne pas exercer l'âme sans le corps, ni le corps sans l'âme, afin que se défendant l'un contre l'autre ils maintiennent l'équilibre, ainsi qu'un couple de chevaux attelés ensemble au même timon. » (Plutarque, *œuvres mêlées*, trad. Amyot.)

Nous avons quelque peu oublié ces préceptes de la sagesse antique. Les exercices du corps ne figurent plus guère qu'à titre de jeux ou de passe-temps dans l'éducation classique, et le mot d'*hygiène* n'est pas même prononcé dans nos programmes d'instruction secondaire (1). Or, que peut-il résulter de cette immolation des besoins physiques de l'homme à ses besoins intellectuels? Une prépondérance exagérée du système nerveux, une surexcitation fébrile et consomptive des forces psychiques et sensitives qui amèneront tôt ou tard, par suite de la rupture d'équilibre entre nos fonctions et de l'infériorité relative des autres appareils, des épuisements prématurés, une débilitation générale de l'économie, la décadence de l'espèce dans sa fleur, et dans ses plus nobles représentants. Qu'on lise certains chapitres publiés par les aliénistes modernes, et l'on se convaincra que les dangers que nous signalons ici n'ont rien d'exagéré. S'ils ne se révèlent pas pendant la première période de la vie, où les forces vitales, dans toute leur expansion, peuvent

(1) Il serait cependant bien facile d'ajouter aux notions de physiologie qui se donnent dans les cours de zoologie des lycées, quelques principes d'hygiène, qui en sont le complément nécessaire. C'est à quoi, pour ma part, je n'ai jamais manqué pendant que j'étais en fonctions dans l'Université. Quant à utiliser les heures de récréation par des exercices de gymnastique bien entendus, quoi de plus facile?

résister plus ou moins longtemps sans désavantage trop marqué à cet oubli des lois naturelles, ils ne s'en feront que mieux sentir par la suite. Notre siècle est encore bien jeune, et l'on ne peut s'empêcher d'être frappé du nombre d'hommes éminents dans les lettres, les sciences et les arts qui succombent à la peine avant le temps, nonobstant les secours qu'ils devraient trouver dans les progrès de la science, dans ceux de l'hygiène, et dans l'accroissement général du bien-être. Ce ne sont plus des gens de *la vieille roche*, comme on le dit en parlant de ces octogénaires, dont la vigoureuse vieillesse voit descendre avant-elle dans la tombe bien des représentants des générations qui lui ont succédé dans la vie. Il ne faut pas, en effet, s'y tromper, si le terme moyen de la vie est sensiblement reculé, ce n'est pas que nous vivions plus vieux, c'est qu'entr'autres causes, la mortalité des enfants est devenue bien moindre depuis la disparition presque complète de la variole, et les soins mieux entendus que l'on prend de la première enfance, naguère abandonnée à elle-même dans ses maladies; si bien qu'il n'y avait guère, ainsi qu'à Sparte, que les individus fortement trempés qui vécussent. D'ailleurs, l'éducation d'alors, beaucoup moins molle, les rendait beaucoup moins accessibles que nous aux causes de maladies qui nous menacent.

M. Al. Esquiros nous apprend, dans ses curieuses études sur la *vie anglaise*, combien les idées de nos voisins s'éloignent à cet égard des traditions suivies jusqu'à présent chez nous, et quel cas médiocre ils font de ces embryons-prodiges de la science, chez lesquels le développement inégalement pondéré du cerveau a amené l'avortement du reste. L'idéal de l'éducation britannique, dit l'ingénieux écrivain, c'est de mettre en harmonie les fonctions intellectuelles et les fonctions organiques ; c'est de développer une âme forte dans un corps robuste, et c'est à quoi ils tendent en établissant l'équilibre entre les exercices du corps et ceux de l'esprit. Il y a aujourd'hui en Angleterre des écoles publiques où les élèves ne consacrent à l'étude qu'une moitié de la journée, tandis que l'autre est entièrement employée à des jeux ou à des exercices gymnastiques. Les partisans de cette méthode d'éducation affirment dans des rapports très-circonstanciés sur les établissements d'éducation où elle est mise en pratique, que les écoliers qui ne passent que quelques heures dans les classes avancent plus rapidement, ont l'esprit plus alerte que ceux qui pâlissent toute la journée sur des livres ; qu'ils acquièrent, dans ce régime mixte, des aptitudes physiques dont les Anglais, habiles économistes avant tout, prisent beaucoup les avantages, attribuant les succès de leurs hommes d'État, de leurs voyageurs, de leurs généraux, etc., à l'habitude qu'ils ont prise de *de raidir leurs muscles en même temps que leur volonté* dans des exercices athlétiques.

On trouvera peut-être que nos voisins font une part un peu grande à l'élément corporel, si inférieur en dignité comme en importance à l'élément intellectuel. Toujours est-il qu'il y a là, de quelque manière qu'on en juge, matière à réfléchir.

DES RAPPORTS
DE L'ÉCONOMIE POLITIQUE
AVEC LA PHYSIOLOGIE ET L'HYGIÈNE

L'homme qui a le droit de vivre par cela seul qu'il vit, et le devoir de se conserver, parce que sa vie n'est pas un fait fortuit et isolé, ne peut être traité comme un chiffre ou comme une force aveugle et irresponsable. Appelés à veiller au maintien de ce droit et au respect de ce devoir, les gouvernements doivent savoir à quelles conditions la vie s'entretient dans l'homme, quelles causes peuvent en altérer ou en tarir la source; tenir compte en un mot des nécessités physiques, aussi bien que des nécessités morales qui entrent comme éléments dans la solution des problèmes sociaux.

Plus, en effet, on approfondit l'homme, mieux on comprend qu'il faut en toute chose avoir égard à sa double nature : une force pensante unie à un organisme; plus la civilisation progresse, mieux apparaissent les liens qui rattachent l'hygiène aux sciences sociales en général, et en particulier à l'économie politique. On peut donc être surpris du silence que gardent, à cet égard, les économistes les plus éclairés de notre temps (1). Faut-il l'expliquer par la spécialité des travaux, dans lesquels ils ont cru devoir se renfermer jusqu'alors ? ou par cette conviction dans laquelle sont encore d'éminents penseurs, que nonobstant l'exemple laissé par les Descartes, les Bossuet, les Montesquieu, l'étude de l'homme physique n'a rien à voir dans les problèmes philosophiques, politiques et sociaux, à la poursuite desquels s'agite l'humanité ? Doctrine qui semble quelque peu arriérée, à une époque où les plus hauts problèmes sociaux viennent poser devant la science ; où des œuvres, empreintes du spiritualisme le plus élevé, signalent l'invasion des études physiologiques jusque dans la métaphysique, et prouvent la nécessité d'une alliance étroite entre ces deux ordres de connaissances (2) ?

(1) Un de nos économistes les plus distingués, comme écrivain et comme penseur, M. Baudrillart, ne prononce pas même le nom d'hygiène dans le chapitre qu'il consacre aux *rapports de l'économie politique avec les autres sciences*. Il enveloppe dans le même oubli les données de la physiologie.

(2) J'ai déjà mentionné les ouvrages de MM. Bouillier et Tissot sur

Faire de l'économie politique, sans s'occuper de l'équilibre à établir entre la production matérielle et la consommation des forces physiologiques, ou de l'agent même de la production, peut paraître étrange. Faut-il donc prouver qu'il peut, qu'il doit y avoir une physiologie, comme il y a une morale de l'économie politique? Que l'organisme social a sa racine dans la constitution individuelle de l'homme, sa raison d'être dans la race, le sol, le climat, les mœurs et le régime de vie des peuples?

I

Des quatre grandes classes de faits dans lesquels se décompose l'économie politique : *production,* — *circulation,* — *répartition,* — *consommation,* le premier et le dernier surtout me semblent dans une étroite solidarité avec les conditions physiologiques que je viens de rappeler.

l'*identité du principe pensant et du principe vital.* Je pourrais citer encore, pour ne parler que des savants et des philosophes proprement dits, les estimables travaux de MM. A. Maury, P. Rémusat, Laugel, sur la science et la philosophie; ceux de M. Lemoine sur les rapports du physique et du moral, sur l'aliénation au point de vue philosophique et social, etc. Ce sont là pour les médecins d'excellents auxiliaires, aux lumières desquels ils devront une connaissance plus complète des rapports de l'homme physiologique avec le monde moral et avec les sciences considérées dans leur plus haute généralité.

Dans le phénomène de la PRODUCTION, il y a à considérer avant tout *la force* ou l'agent mis en mouvement, et qui accomplit le travail. Or, que cette force soit brute ou vivante, c'est en dernière analyse, dans le travail de l'être intelligent, sensible et libre qu'elle a son point de départ. En d'autres termes, ce qui travaille, ce n'est pas une machine, ce n'est pas non plus un pur esprit : c'est un être complexe, composé d'un corps et d'une âme, et sur lequel les influences physiques d'une part, les influences morales d'une autre, en réaction l'une sur l'autre, agiront pour augmenter, perfectionner, ou ralentir et abaisser la production. Les économistes ont parfaitement saisi les rapports de la science qu'ils cultivent avec le monde moral (1), la législation, la politique ; ils ont reconnu, par exemple, de quel poids pèsent dans la balance la pratique des vertus domestiques, les habitudes d'ordre, la persévérance, l'assiduité dans le travail, etc. Comment donc croiraient-ils pouvoir passer entièrement sous silence l'action des modificateurs naturels? de ces puissances qui exercent sur l'homme, agent de toute production, une influence telle

---

(1) ***Les rapports de l'économie politique avec la morale*** ont fait, comme on sait, l'objet d'un concours ouvert par l'Académie des sciences morales et politiques, et donné lieu à d'excellents travaux.

qu'elles peuvent suivant l'occasion enrayer nos facultés physiques et morales et les mettre hors d'état de rien produire ; ou, au contraire, favoriser leur expansion, donner aux forces vives de l'organisme et de l'intelligence qui y est étroitement unie tout l'essor dont elles sont susceptibles ?

Niera-t-on que le climat, la race, le régime alimentaire, etc., ne puissent tantôt donner au travail son *maximum* de puissance, tantôt le faire descendre à son *minimum*. « Pour que l'homme produise, disait naguère un critique distingué, il faut qu'il soit soumis à l'épreuve de besoins assez énergiques, assez nombreux pour solliciter le déploiement de ses forces productives... C'est le sort de l'homme des climats fortement différenciés d'être continuellement forcé de compter avec l'avenir. » (E. Bersot, *Journal des Débats*.) N'est-il pas des races faibles et molles au travail comme les Hindous, d'autres patientes et robustes, comme la race anglo-saxonne ? N'a-t-on pas constaté expérimentalement dans ces dernières années l'influence directe que dans un certain ordre de travaux, le régime alimentaire a sur la production, suivant qu'il est plus ou moins animalisé ? A ce point qu'on a pu dire : « Que la nourriture de l'ouvrier rapporte un intérêt comme celle du bétail, et n'est de même qu'une avance faite à la production. » (Mac-Culloch.) Comparez au point de vue du climat l'indolent lazzarone qui vit de rien sous son beau ciel de Naples, avec l'industrieux hollandais, obligé, pour assurer son existence, de compter avec ses nombreux besoins ; mettez en parallèle, sous le rapport du *mode d'application* de la force, l'ouvrier allemand, aux mouvements lents et réfléchis, avec l'ouvrier français dont on a dit que « la main est tout? » Voyez comme par l'introduction des exercices physiques dans l'éducation de toutes les classes, nos voisins d'outre-Manche ont réussi à donner aux forces musculaires de l'homme leur summum de développement : à leur faire produire la plus grande somme de résultats possibles, et par là « à quintupler, dit M. Esquiros, le nombre des bras sans augmenter le nombre des bouches. »

A quelle autre science qu'à l'*hygiène* l'économie politique demandera-t-elle les moyens d'empêcher que la production ne languisse ou ne s'arrête complétement sous l'influence de ces professions insalubres, de ces travaux prématurés ou excessifs, de ces dégénérescences de l'espèce qui frappent la société au cœur, en tarissant les sources de la santé publique, en s'opposant à l'accroissement ou à la diffusion du bien-être et des lumières, le mal physique engendrant ici comme ailleurs le mal moral? Qui fixera avec précision, si ce n'est cette même science éclairée par la physiologie, la mesure d'activité possible des organes? Qui s'élèvera avec autorité contre la cupidité du père de famille jetant ses enfants en pâture à la spéculation? Qui réglera la *durée* du travail (1), laquelle a une influence si directe sur la valeur des produits? Qui révélera, autre circonstance non moins capitale, l'influence sur l'organisme des *matières* sur lesquelles le travail s'exerce, et la nécessité d'y avoir égard dans la somme de la production? Quoi! vous assignez pour objet à l'économie politique « le bien-être matériel de l'homme (2), » et vous ne tiendriez aucun compte de sa constitution physique? On a souvent parlé de l'influence des préjugés et de l'igno-

(1) La première idée de la *loi sur la durée du travail* appartient, dit-on, à des médecins. Les économistes reconnaissent eux-mêmes que le travail dans les manufactures, prolongé au-delà de dix à douze heures (limite extrême), perd de plus en plus de sa valeur, et fatigue l'ouvrier sans profit pour le maître. On comprend du reste que cette moyenne est essentiellement mobile.

(2) « Le bien-être physique de l'homme, autant qu'il peut être l'ouvrage de son gouvernement, est l'objet de l'économie politique. » (Sismondi). Telle est aussi la formule d'un écrivain qu'on n'accusera pas certes de tendances matérielles : « Rendre l'aisance aussi générale que possible. » (Droz.) C'est, qu'en matière d'économie politique au moins, le bien physique et le bien moral ne font qu'un.

rance sur l'économie politique, pense-t-on que les préjugés et l'ignorance en *matière d'hygiène* doivent y compter pour rien?

II

Il est facile de comprendre, sans que nous ayons besoin d'insister à cet égard, que les considérations précédentes sur les relations qui existent entre la production et les conditions physiologiques dans lesquelles se trouve le producteur, s'appliquent en partie au phénomène de la CONSOMMATION, si la première condition de toute industrie est, comme on l'a dit avec raison, « dans les besoins excités. » Il est évident qu'ici encore les lois de la consommation subiront, comme celles de la production, des modifications profondes en rapport avec les circonstances diverses de climat, de sol, de races, d'habitudes, dans lesquelles se trouvera le consommateur. Il n'est pas jusqu'au phénomène de la DISTRIBUTION ou de la RÉPARTITION qui ne se rattache à des considérations du même ordre au point de vue, par exemple, de *l'assistance médicale publique*, chapitre oublié ou mentionné superficiellement dans les ouvrages même consacrés à l'organisation de la bienfaisance publique. (De Gérando, de Villeneuve, etc.)

J'avoue qu'auprès des considérations importantes qui viennent à l'appui de la thèse que je défends ici, les motifs par lesquels on explique le silence involontaire ou prémédité des économistes à cet endroit ne me semblent pas avoir une grande valeur. Qu'importe, par exemple, les distinctions qu'on allègue à ce propos entre le *fonds* de *consommation* et le *capital créé*, entre la *chose d'utilité* et la *création de la richesse?* Quand on ne verrait dans les circonstances hygiéniques et physiologiques où se trouve le producteur que des *conditions*, comme on le dit, et non pas des instruments actifs et directs de production, est-ce un motif suffisant pour n'en tenir aucun compte? Est-ce que les mêmes fins de non-recevoir ne s'appliqueraient pas à la morale, dont vous vous plaisez cependant à reconnaître les rapports avec les faits économiques? Cette variabilité que l'on trouve dans la liberté humaine, et dont vous vous préoccupez avec raison dans l'estimation des produits économiques, ne la retrouvez-vous pas dans *les forces vitales*, et ne vient-elle pas déranger souvent votre base d'appréciation? En vérité, je ne vois pas ce que l'économie politique peut gagner à s'interdire cette voie féconde de recherches; à s'enfermer dans l'étude intrinsèque des faits économiques sans prendre en considération les circonstances extrinsèques qui peuvent déplacer si fréquemment la moyenne de ses calculs.

Sans doute, la complexité même de ces problèmes nous fait une loi impérieuse de la division du travail. Mais dans ce travail de spécialisation des connaissances humaines, il ne faut pas oublier leur connexité, ni perdre de vue qu'aspirant en toute chose à l'unité, l'idéal de la science, l'esprit humain voit s'abaisser de jour en jour, dans l'ordre spéculatif comme dans l'ordre matériel, les barrières qui s'opposaient naguère au libre échange des idées.

La conclusion à laquelle je voulais arriver, c'est qu'il est entre les faits économiques et les faits de l'ordre physiologique ou hygiénique des relations réciproques, qu'on ne peut laisser dans l'oubli. — En d'autres termes : que la solution complète d'un certain nombre de phénomènes qui constituent ce que l'on pourrait appeler la *philosophie de l'économie politique* réclame la détermination préalable de nombreuses questions afférentes aux sciences médicales, et qu'on peut en regarder comme les prémisses obligées ; questions que je ramènerais provisoirement à la formule suivante :

Quelle est en économie politique la part à faire aux

conditions physiologiques et hygiéniques où se trouve un peuple, particulièrement au point de vue de la production et de la consommation ?

Quelle influence réciproque exerce à son tour la situation économique de ce peuple sur son hygiène et sa physiologie ?

Quelles seraient les mesures les plus favorables à la réhabilitation physique des populations ouvrières ; les plus propres à prévenir l'abâtardissement qui résulte d'un défaut d'équilibre entre le travail nécessaire à la production, et le degré de force physique ou de vitalité que doit conserver un peuple pour ne pas marcher vers sa décadence ?

N'y a-t-il pas là, de quelque manière qu'on en juge, matière à un beau programme ?

SECONDE PARTIE

DE

L'ENSEIGNEMENT HISTORIQUE

DE LA MÉDECINE

ET DES RAPPORTS QUI UNISSENT LES DESTINÉES DE CETTE SCIENCE
A CELLES DE LA PHILOSOPHIE

Jamais les études historiques n'ont joui d'une faveur plus marquée qu'à notre époque ; jamais la nécessité d'une étude sérieuse de l'histoire de la médecine ne s'est fait mieux sentir.

Aux théories exclusives qui ont longtemps trôné despotiquement dans la science, a succédé le règne des *méthodes philosophiques*, qui ont pour base une observation scrupuleuse, une induction sévère. On commence généralement à le reconnaître : ce n'est qu'en démontrant la perpétuité des dogmes fondamentaux de la médecine à travers ses transformations diverses, qu'on imprimera à cette science un caractère de certitude et d'autorité que ne lui donneront jamais les systèmes qui passent. Rechercher ces principes fondamentaux, tel est le but le plus élevé que nous puissions nous proposer. Toute la philosophie médicale est là.

Laissons donc aux dogmatistes orgueilleux qui s'imaginent que la science est née avec eux, ce dédain inintelligent de la tradition. Sachons aussi nous tenir en garde contre ce faux esprit de progrès, qui, sous prétexte de marcher en avant, voudrait frapper de déchéance toutes les idées formulées la veille. L'état présent de la science ne se rattache-t-il pas à son passé? N'est-ce pas à la transmission des idées et des faits par la science, que l'on peut appliquer la pensée de Pascal assimilant l'humanité à un seul homme, qui se développe d'âge en âge par l'acquisition successive de découvertes résultant elles-mêmes d'une suite de progrès antérieurs? Est-ce trop enfin de toutes les forces réunies de l'esprit humain et des efforts de vingt siècles, pour sonder ces profonds mystères qui semblent reculer sans cesse devant nous? Est-ce que pour s'être perfectionnée, la science des Hippocrate, des Baglivi, des Sydenham est autre? Si notre siècle a fait des pas immenses dans l'étude de la nature morte, quels maîtres que les anciens dans l'art d'observer la nature vivante! Avouons donc qu'il y a bien de la légèreté, si ce n'est beaucoup de présomption, à se priver volontairement de tels auxiliaires. Quelle leçon plus éloquente, d'ailleurs, que le tableau des aberrations dans lesquelles sont tombés une foule d'hommes supérieurs pour avoir méconnu la *vraie méthode*, c'est-à-dire, l'application des lois de notre intelligence à l'étude de l'homme sain et malade? Quelle étude plus propre à nous enseigner la tolérance scientifique et le dégagement des préjugés de sectes, à nous préserver des enthousiasmes irréfléchis et des préventions exagérées?

On ne s'étonnera donc pas de me voir revenir sur une question qu'on ne peut laisser tomber à terre, ou disparaître dans l'oubli, et qui, d'ailleurs, pour être viable, a besoin d'être préparée par la discussion, mûrie par la méditation, affermie même sous le feu des objections, s'il est vrai qu'une des principales fins de non-recevoir qu'on lui oppose vienne de ce que, hommes et choses, elle nous prend tous un peu au dépourvu.

N'y a-t-il pas, d'ailleurs, un lien analogique entre le rétablissement du baccalauréat ès-lettres, cette initiation générale à toutes les carrières libérales, et la restauration demandée d'une chaire d'histoire de la médecine, cette base élargie de l'enseignement médical? Et l'enseignement des *spécialités* ajourné, mais non définitivement proscrit, n'y trouverait-il pas un contre-poids nécessaire? Si, en effet, le principe économique de la division du travail, excellent dans l'application (surtout en ce qui concerne les procédés manuels), ne peut être accepté qu'avec une certaine réserve dans l'enseignement dogmatique des sciences biologiques : si la solidarité de leurs diverses branches a pu paraître en opposition avec le morcellement des idées qu'entraîne jusqu'à un certain point toute spécialisation, n'ôte-t-on pas un de leurs plus spécieux prétextes aux antagonistes de cette dernière, en offrant, parallèlement à cette analyse qu'ils considèrent comme poussée à l'excès, cette vaste synthèse située à l'autre pôle de la science, l'*histoire philosophique de la médecine?*

Je dis l'histoire *philosophique*. Pour atteindre, en effet, le but élevé que nous lui assignons, l'historien de la médecine ne se bornera pas à ce froid travail d'érudition qui consiste à enregistrer des faits et des dates, à dérouler des systèmes sans établir d'autres relations entre eux que celles des temps et des lieux. Il prendra les choses de plus haut. C'est aux lois mêmes de l'esprit humain, à ses facultés, aux procédés généraux de la méthode, qu'il demandera l'intelligence de ces grandes questions. Il faut que l'esprit philosophique portant la lumière dans le chaos des opinions diverses, découvre le lien qui les rattache, la manière dont elles s'engendrent l'une l'autre et s'harmonisent entre elles, la part de vérité qu'on peut en extraire.

Qu'on me permette, pour faire mieux comprendre ma pensée, de descendre de ces généralités à quelques développements sur la manière dont je conçois l'enseignement historique de la médecine. Je ferai voir ensuite par quels rapports intimes les destinées de cette science se rattachent à celles de la philosophie.

I

Il y a deux manières d'enseigner l'histoire de la médecine. 1° Ériger sous le nom d'*histoire* et de *bibliographie médicales* un enseignement critique tout d'érudition, où l'on s'applique spécialement à familiariser son auditoire avec l'étude des sources, à analyser ou à commenter des livres, à enregistrer des dates ou des noms propres apparaissant chacun sous leur étiquette, comme dans une bibliothèque bien cataloguée. Tel fut l'enseignement mort-né de Sue et de Moreau de la Sarthe, avant la réorganisation de l'École de médecine, en 1822, telle fut peut-être l'une des causes de son discrédit (1). 2° Offrir un tableau général des accroissements de la science dans leurs rapports avec la marche progressive de l'esprit humain, où l'on montre ses progrès liés à ceux de la méthode ; où faisant moins l'histoire des hommes et des livres que celle des doctrines, on rattache les données de l'observation aux principes, aux lois, aux idées dont elles relèvent, car « les faits n'ont de valeur que par les idées qu'ils représentent » (J. Guérin). — Or, est-il nécessaire de

(1) L'enseignement de l'histoire fut d'abord distinct, lors de la création de la Faculté, puis réuni, — bizarre accouplement, — à celui de la médecine légale ; il y avait une chaire distincte pour la bibliographie. L'enseignement de l'histoire tomba en désuétude à la mort de Sue qui en était chargé (1816), par suite de cette organisation vicieuse, et de la faveur qu'acquit Broussais, fort peu soucieux du passé comme on sait. Quant à la chaire de bibliographie, elle avait passé antérieurement des mains de Sue à celles de Moreau (de la Sarthe), qui la réunit en 1820 à celle d'histoire, et la conserva jusqu'à la dissolution de l'Ecole en 1822. Depuis lors, il n'en fut plus question, bien qu'elle n'ait jamais été supprimée officiellement, et Moreau n'eut pas de successeur, malgré les réclamations adressées en 1830, et il y a quelques années encore par la Faculté.

dire quel est de ces deux programmes celui auquel nos préférences sont acquises ?

Certes, je prise fort l'érudition, celle surtout qu'anime un souffle philosophique. C'est, à bien prendre, la pierre angulaire des études historiques; mais je la crois mieux placée dans les livres que dans une chaire. J'y vois une puissante, une indispensable auxiliaire, mais à la condition qu'on la laissera à sa place, et que de moyen on n'en fera pas une fin. Quant à l'histoire, je ne la conçois pas, je l'avoue, séparée de la philosophie médicale. Que si vous n'avez, en effet, à me montrer dans les annales de la science qu'une suite de spéculations stériles, sans point d'appui dans l'observation : de vaines hypothèses se renversant mutuellement sans pouvoir rien fonder : la pratique tournant éternellement dans le même cercle, ou flottant incertaine depuis deux mille ans à la poursuite des mêmes problèmes, vous risquez fort, j'en ai peur, de donner gain de cause aux adversaires des études historiques, qui vous accuseront d'avoir ajouté, en pure perte, un nouveau degré de confusion à l'anarchie scientifique de notre temps. — Et n'est-ce pas le reproche qu'ont encouru la plupart des historiens de la médecine ?

Mais si, pénétrant le sens philosophique de ces

choses, vous me montrez leur raison d'être, leur enchaînement nécessaire et leur dépendance des lois qui gouvernent l'esprit humain ; si vous rattachez les vicissitudes de l'art à la marche des sciences en général, et en particulier à celle de la philosophie qui les explique toutes ; si vous me faites comprendre, en un mot, qu'une science n'est perfectible qu'à la condition de se continuer elle-même, c'est-à-dire, de savoir d'où elle vient, où elle va et comment on y va, vous aurez rallié à votre cause tous les bons esprits. Vous serez suivi par tous ceux qui ne croient pas qu'on puisse marcher vers de nouveaux progrès si l'on n'est fixé sur ceux qui ont été accomplis naguère ; à commencer par l'illustre chancelier d'Angleterre, qui mettait en première ligne, parmi les vœux qu'il formulait dans le *de augmentis* pour le perfectionnement de nos connaissances, une histoire complète et universelle des sciences.

Le vœu de Bacon a été entendu dans la plupart des branches de la connaissance humaine. La médecine est la seule, peut-être, qui, à l'exception de quelques travaux d'érudition, soit restée à peu près étrangère en France au mouvement remarquable qui emporte de nos jours les esprits vers les études historiques. Où trouver l'explication de ce fait ?

Remarquons d'abord que l'importance des études historiques en médecine est loin d'être la même pour tous.

Deux grandes opinions se partagent le monde médical depuis l'antiquité jusqu'à nos jours. Elles se retrouvent au fond de toutes les écoles qui ont apparu successivement sur la scène. Selon l'une, l'organisme, sorte de microscome ordonné de tout point pour une série d'actes autonomes, recélerait dans son sein les forces nécessaires à son développement ; forces spéciales indépendantes de celles qui régissent l'univers. Ici, pour me servir des expressions d'un célèbre professeur, « l'homme est entier et n'est portion de rien. » Les milieux à l'aide desquels il accomplit sa vie ne sont que des conditions de sa conservation, et non des éléments constitutifs de son être. Tel est le fond de toutes les théories dynamiques dans lesquelles on proclame l'autonomie des forces vitales, quelque nom qu'on leur donne : qu'on les rapporte, comme dans l'hippocratisme, à un principe général planant sur tous les organes, sur toutes les fonctions, ou qu'on les considère comme inhérentes à la fibre vivante, sous le nom de *propriétés vitales*. — Or, pour comprendre la signification de phénomènes aussi obscurs, pour en tirer des conclusions rigoureuses, et faire rentrer leurs apparentes anomalies dans des lois régulières, il faut les avoir fait poser longtemps devant soi et dans des conditions diverses; avoir noté leurs différents aspects, les avoir distingués de ce qui n'est pas inhérent à leur essence propre ; en un mot, il faut avoir varié l'observation à l'infini. Et comme pour une pareille tâche, ce n'est pas trop du concours des grands observateurs de tous les siècles, aux yeux des adeptes des doctrines vitalistes l'histoire est pleine d'enseignements. C'est pour eux surtout que la médecine est l'œuvre du temps, et par cela même l'œuvre de tous.

Il n'en est pas ainsi dans le camp opposé. Ici l'organisme n'est plus qu'une agrégation de molécules en communion perpétuelle avec les forces de la nature, et pouvant se prêter à toutes les modifications qu'elles lui impriment par une sorte de réceptivité ou de capacité substituée à l'autocratie de la force vitale. D'où les doctrines physiques, chimiques, anatomiques qui, constatant l'antinomie des faits physiologiques et des faits physiques, tendent à absorber les premiers dans les seconds, et n'entrevoient de progrès possibles pour l'art de guérir, que dans le perfectionnement de cet ordre de recherches. Mais les sciences physiques n'ayant point de passé, ce n'est que dans l'état actuel de nos connaissances à cet égard que leurs sectateurs croient devoir puiser les éléments de leur dogmatisme. A ce point de vue, ils n'ont que faire de la tradition, ni des travaux de l'érudition; choses bonnes à servir de délassement à quelques spéculatifs, ou à figurer dans les mémoires de l'Académie des inscriptions et belles-lettres. Et qu'on ne s'imagine pas que c'est là l'opinion d'un certain nombre de physiolâtres seulement : c'est encore, depuis la prépondérance exclusive qu'ont acquise de nos jours les méthodes expérimentales, la manière de voir d'une classe tout entière de vitalistes. Descartes, mécontent de la philosophie de son temps, s'était mis à philosopher comme si personne, dit-il, n'avait philosophé avant lui. Ainsi fait Bichat ; et bien qu'il n'assimile pas les manifestations complexes de la vie à ces phénomènes simples, fixes, limités et reproductibles à volonté auxquels nous font assister les sciences chimico-physiques, le grand physiologiste n'éprouve aucun besoin de renouveler la chaîne des traditions ; pour lui, la science ne se continue pas, elle recommence.

Je n'ai pas la prétention de juger en dernier

ressort ce grand débat : *non licet inter nos...*, je me bornerai à établir qu'avec l'espoir même de démontrer, dans un avenir plus ou moins éloigné, l'identité des forces cosmiques et biotiques, l'enseignement de l'histoire et de la philosophie médicales serait encore une œuvre de progrès, une institution éminemment opportune.

Je ne me mettrai pas en frais pour prouver que jusqu'à présent cette identité n'est rien moins que démontrable. Sans doute, il y a là une source de recherches dont il n'est permis à personne de prévoir l'étendue et les résultats ; mais à peine entrons-nous dans cette voie. Il ne faut pas perdre de vue que d'un côté ces connaissances auxquelles nous demandons des données fixes et positives, sont elles-mêmes grosses de révolutions nouvelles qui en changeront peut-être complétement les bases ; et que d'un autre, dans une science dont le sujet, l'homme sain et malade, reçoit, comme le remarque un éminent professeur, une empreinte si profonde des temps, des lieux, de la civilisation, les solutions ne peuvent sortir que lentement de la comparaison multipliée des faits.

Bref que conclure de là? Qu'en prenant la médecine au point où l'ont amenée les progrès les plus récents des sciences physiques, qu'en admettant, sous toutes réserves, la légitimité des espérances qu'on peut en concevoir, il y a encore une large part à faire à l'enseignement historique, surtout si l'on n'en sépare pas l'enseignement philosophique. Le nier, ce serait prétendre que dans une science dont toutes les parties sont solidaires les unes des autres, on peut se contenter de cette critique fragmentaire des faits, qui ne laisse apercevoir qu'un côté des choses ; qu'il n'y a aucun principe, aucune loi à déduire de l'expérience généralisée ; aucune utilité à lutter contre cet individualisme excessif de notre époque si favorable à l'éparpillement des idées, et qui met, comme on l'a dit, des opinions particulières à la place des doctrines. Ce serait nier la nécessité de dresser l'inventaire des vérités acquises ; de les dégager des erreurs auxquelles elles ont été mêlées ; de remonter à l'origine de nos découvertes, d'indiquer les phases successives par lesquelles elles ont passé ; la filiation des idées, des faits, des expériences qui y ont conduit, et les procédés logiques auxquels on doit demander leur développement ultérieur.

Quant à nous, nous croyons à l'utilité de l'histoire, « parce que nulle force de conception individuelle ne vaut les forces collectives d'un nombre infini d'intelligences. » Nous croyons à l'utilité de l'histoire, n'en retirerions-nous que les fruits de la tolérance en matière d'opinion, et la défiance de nous-mêmes ; n'y eussions-nous gagné qu'à ne pas courir le risque de refaire ce qui a été déjà fait ; à ne pas prendre notre horizon pour les limites de l'esprit humain, ou à nous mettre en garde contre ces succès de mauvais aloi, ces conceptions sans lendemain auxquelles, dans notre engouement de la nouveauté, nous eussions été tentés peut-être d'accorder un brevet d'immortalité.

Une objection se présente néanmoins, objection qu'il me faut bien prendre en grande considération, puisqu'elle est partie d'un des esprits les plus philosophiques de notre profession, mais qui chez lui naît plutôt des scrupules d'une raison qui s'interroge elle-même sur la valeur de ses préférences, que de la pensée de mettre des entraves à des études dont, un des premiers de notre temps, il a proclamé la haute utilité. « L'enseignement, dit M. le docteur J. Guérin, suppose la matière à enseigner. Or l'histoire de la médecine existe-t-elle ? n'est-elle pas au contraire entièrement à faire ?

Pas plus que notre éminent confrère, nous ne regardons comme ayant complétement atteint le but « ces compilations indigestes, sans critique, qui n'ont que la valeur d'un répertoire ou d'une table des matières, et où l'idée se détache à peine des détails sous lesquels elle est enfouie (1). » Mais si l'histoire de la médecine n'a pas réalisé l'idéal que s'en fait l'habile critique, si elle ne constitue pas encore un corps de doctrine, les matériaux ne s'en trouvent-ils pas partout? L'anatomie générale existait-elle lorsque Bichat se mit à l'enseigner? Sont-ce des sciences faites que celles dont on vient de confier l'enseignement aux deux célébrités médicales qui leur ont imprimé parmi nous une impulsion toute nouvelle (2)? Que manque-t-il à l'histoire, à la philosophie, à la logique médicale, pour prendre rang parmi les sciences officiellement reconnues? Est-ce que les sciences biologiques n'ont pas eu aussi leurs commencements et leurs fortunes diverses? Est-ce qu'elles n'ont pas leurs méthodes d'observation, d'expérimentation, d'induction, leurs règles pour la construction des hypothèses, pour l'emploi de l'analyse, de la synthèse? Si après tant de réformateurs qui ont voulu faire table rase du passé, nous attendons encore

(1) M. Guérin se montre un peu sévère. Sans parler de quelques bonnes monographies, les ouvrages généraux de Sprengel, en Allemagne, de M. Renouard, en France, sont certainement des productions estimables.

(2) Les chaires de *biologie comparée* et d'*histologie*.

l'homme de génie, qui prenant les questions de plus haut saura lui emprunter les renseignements qui en découlent, cela ne tient-il pas à la fausse direction dans laquelle on s'était engagé?

On a dit que les généraux se formaient à la guerre : eh! bien, il en est de même, à mon avis, dans le champ pacifique des idées et des luttes scientifiques. Ouvrez largement l'arène aux combattants, vous y verrez descendre et grandir peu à peu ces intelligences dont une activité forcée enchaînait l'essor. Il faut de l'air et de l'espace aux idées, il leur faut le retentissement d'une tribune ou d'une chaire. De ces bibliothèques, vastes catacombes de l'érudition, où le travailleur s'enferme pour interroger sous la poussière qui les couvre les muets débris du passé, il peut sortir d'excellents livres, il ne surgira jamais une science nouvelle.

II

Exposer les travaux théoriques ou pratiques entrepris dans le but de constituer l'art de guérir comme *science* et comme *art*, c'est faire l'HISTOIRE DE LA MÉDECINE.

L'histoire de la médecine se compose donc de *faits* et de *théories*. — La tâche de l'historien consiste :

1° En ce qui concerne *les faits*, à montrer leur origine, leurs véritables caractères, leurs rapports, leurs conséquences.

2° En ce qui concerne *les théories*, à remonter à leur cause ou à la loi de leur développement; à apprécier leur valeur absolue et relative, en les comparant aux doctrines antérieures, contemporaines et postérieures ; à signaler l'influence qu'elles ont eue sur la marche de la science ; à faire connaître, en un mot, le mouvement d'où sont sorties les grandes écoles qui se sont succédées ; ce qu'elles sont venues faire, comment elles l'ont fait, ce qu'elles ont laissé à faire.

Inutile de dire qu'à l'étude des textes, au soin de rassembler les propositions fondamentales qui résument la pensée d'un auteur, ou celle des hommes qui nous ont transmis le plus fidèlement ses doctrines, doivent se joindre les recherches d'*érudition*, de *philologie* et de *bibliographie* applicables à tout travail historique; — l'application des règles de *critique* relatives à l'authenticité des faits, des découvertes ; — enfin, la *biographie* au point de vue de l'influence que chaque homme a eue sur la marche de la science. — C'est là ce que l'on peut appeler les *conditions internes* de l'histoire de la médecine.

L'influence exercée par le climat, la civilisation, les institutions, les grands hommes et les grandes découvertes, par les sciences en général et par la philosophie en particulier, toutes causes qui en réagissant sur la médecine, tendent à lui imprimer différents caractères, à accélérer ou à retarder ses progrès : voilà ses *conditions externes* (1).

Posséder tous ces matériaux, ce n'est pas encore avoir une histoire de la médecine; il faut les coordonner, les rattacher les uns aux autres, trouver l'ordre le plus convenable dans leur disposition.

Cet ordre est, comme pour la philosophie, *logique* ou *chronologique*.

Le premier consiste à étudier les faits et les théories par ordre de matières, en les ramenant aux différents aspects sous lesquels on peut les considérer, aux procédés fondamentaux qu'on peut appliquer à leur recherche. Il est plus particulièrement applicable à l'histoire particulière d'une école, d'une secte, d'un système.

Le second, le seul que l'on puisse appliquer à l'histoire générale de la médecine, ne doit pas être regardé comme arbitraire. Les dates ont un sens véri-

(1) Tennemann, *Manuel de l'histoire de la Philosophie*, trad. par M. Cousin.

tablement logique, a dit un penseur célèbre. Les faits et les théories ne se produisent pas au hasard, mais s'enchaînent dans une filiation nécessaire. Néanmoins, tout en rattachant la série des faits à la marche du temps, l'historien de la médecine ne doit pas s'enfermer dans l'étroit horizon d'une classification chronologique. Il faut qu'y rattachant avec art la méthode, et supprimant, quand il le faut, les faits intermédiaires, il sache renouer la pensée d'un siècle à celle d'un autre, tirer des différentes phases de la science les lois de son développement ultérieur (1).

Or, si nous recherchons à quels procédés généraux l'esprit humain peut avoir recours pour atteindre, en matière de science, la vérité dans les différents objets de ses recherches, nous verrons qu'il n'en est rigoureusement que deux : l'*empirisme* et le *rationalisme*. Le *mysticisme* n'est pas un procédé régulier ; il se met en dehors de la science en s'adressant à une autre faculté qu'à la raison. Quant au *scepticisme*, c'est plutôt la négation de toute science qu'une méthode scientifique. Enfin, si nous ne mentionnons pas l'*éclectisme*, c'est qu'il n'invente rien, et qu'il n'est que le résultat de la combinaison des autres méthodes.

(1) Id. *Loc. cit.*

Quand on applique ces principes généraux à l'histoire de la médecine, on les retrouve dans une conformité complète avec les procédés et avec la marche de cette science. Vient d'abord l'*empirisme*, qui veut qu'on s'en tienne à l'observation sensible, et dont l'exagération mène au *scepticisme*. Puis le *dogmatisme*, qui s'appuie sur le raisonnement, et dont l'abus mène à l'*idéalisme médical*. — Quant au *mysticisme*, il n'a pas de nom dans les sciences physiques, à moins qu'on ne fasse entrer dans leur domaine la *magie*, la *théurgie*, l'*extase*, etc.

La plus simple observation prouve que telle est la marche la plus naturelle de l'esprit humain : qu'il ne saurait en suivre une autre, sans s'écarter des lois qui lui ont été tracées par le Créateur.

D'abord, l'homme sujet à la souffrance ne fait qu'obéir, en quelque sorte, à un mouvement instinctif, lorsqu'il cherche autour de lui un moyen de se soulager. Ce mouvement, vague dans son principe, et guidé par le hasard, acquiert bientôt, à la suite d'expériences journellement répétées, quelque chose de plus positif. Voilà l'art de guérir dans son origine. Un *empirisme* grossier guide nécessairement ses premiers pas ; ce n'est pas encore la science.

Mais la perfectibilité humaine, et les besoins nés

de ses souffrances, ne permettent pas à l'homme d'en rester à ces premiers tâtonnements. Le domaine des connaissances expérimentales s'agrandissant de jour en jour, et les faits devenant trop nombreux pour être classés arbitrairement, on sent le besoin de les ramener à quelques principes généraux ou lois, de les *théoriser* en un mot ; c'est la naissance du *dogmatisme*. Or, il y a bien des manières d'interpréter les faits. Aussi les efforts mis jusque-là en commun pour augmenter la masse des connaissances acquises prennent des directions diverses ; d'où la variété des *systèmes*, qui tous prétendent renfermer l'explication des faits, en donner la loi, les ramener à l'unité. Mais l'unité, ce serait le dernier mot de la science, et l'on ne tarde pas à reconnaître que ces systèmes, sans être complètement faux (car s'il en était ainsi, ils n'auraient aucune raison d'être), n'ont soulevé qu'une partie du voile qui nous cache les lois mystérieuses de la nature. D'où l'idée de s'approprier ce qu'ils contiennent de vrai, en rejetant ce qu'ils offrent de faux, c'est-à-dire, l'*éclectisme;* d'où encore le retour à l'*empirisme* pour les *sceptiques,* plus frappés des divergences et des erreurs des dogmatiques que des vérités qu'ils ont pu mettre en évidence.

Ce n'est pas tout : en prenant rang parmi les diverses branches des connaissances humaines, la médecine est soumise à l'influence des considérations, soit générales, soit particulières, qui impriment à l'esprit humain sa marche, accélèrent ou retardent ses progrès. Elle l'est surtout à la *philosophie* dominante, dont les destinées réagissent sur elle de telle sorte, qu'on n'aurait qu'une idée bien étroite et singulièrement incomplète de l'histoire médicale, si l'on ne s'était appliqué à rechercher dans quels rapports cette histoire s'est trouvée, à toutes les époques, avec la marche générale de l'esprit humain, et, en particulier, avec celle des écoles philosophiques qui en sont la plus haute expression.

Montrer dans quel parallélisme étroit se développent ces deux sciences, comment elles se pénètrent mutuellement, et réagissent l'une sur l'autre à toutes leurs phases, tel est le but que je me propose dans la troisième partie de cet essai.

III

C'est une chose digne de remarque, que la médecine et la philosophie naissent à la même époque, au même jour pour ainsi dire, dans cette Grèce, leur mère commune, l'une du génie d'*Hippocrate* (460 av.

J. C.), l'autre de celui de *Socrate* (470 av. J. C.). Un empirisme informe, de grossières superstitions, voilà l'art de guérir à son berceau. Les principaux moyens de guérison se trouvent dans les mains des prêtres. Les maladies sont le plus souvent regardées comme un effet de la colère des dieux. — Cependant les recherches des premiers philosophes, en s'étendant au corps humain, donnent de sa nature et de ses dérangements une idée plus rationnelle. Elles font sortir la médecine des temples, et enlèvent à leurs ministres le monopole de l'art; service signalé sans doute. Mais les théories de ces philosophes ne sont qu'une déduction plus ou moins logique de leurs explications universelles du monde; et *Hippocrate* reconnaît bientôt la nécessité de détourner la médecine des spéculations hypothétiques de cette philosophie *cosmogonique*, pour l'asseoir sur sa véritable base, l'*observation;* tout comme *Socrate* rejetant ces vaines recherches sur les principes des choses, et donnant pour point de départ à la philosophie l'observation de l'homme lui-même, la fait *anthropologique*, de *cosmologique* qu'elle était. La vraie méthode est fondée, dans l'ordre abstrait, comme dans l'ordre sensible. De ces deux hommes datent les vrais commencements de la science qu'ils ont illustrée. —

Ne rejetant d'ailleurs que la fausse philosophie, et unissant le raisonnement aux faits, le vieillard de Cos a pu être regardé comme le père du dogmatisme, qui toutefois ne se formule en tant que système et ne reçoit son nom qu'après la naissance de la secte empirique.

Comme les disciples de Socrate, les successeurs d'Hippocrate ne sont pas toujours fidèles aux principes tracés par ce grand maître. Le mélange de ses doctrines avec celles des philosophes, notamment avec celles que Platon expose dans le *Timée*, en altèrent l'esprit et la pureté. La doctrine des *quatre éléments*, des *quatre humeurs cardinales* et de leurs qualités fondamentales (le *froid*, le *chaud*, le *sec*, l'*humide*), doctrines dont on trouve déjà le germe dans Empédocle, disciple de Pythagore, passe de l'enseignement de l'académie dans les écrits des médecins, où elle se perpétuera de siècle en siècle, jusqu'à la chute du galénisme.

On voit à cette époque la philosophie se développer au double point de vue du *sensualisme* et du *rationalisme*. Le sensualisme, issu de l'école *ionienne* et du *péripatétisme*, tend de plus en plus à ne reconnaitre que ce qui est donné par l'expérience la plus limitée. — Le rationalisme platonicien, prolongement de l'*école italique*, est marqué de tendances contraires. N'accordant d'existence réelle qu'aux idées absolues de la raison, il satisfait au besoin qu'éprouve l'homme de sortir des phénomènes contingents pour s'élever à la raison dernière des choses.

Obéissant aux mêmes tendances, la médecine se développe de son côté dans une double direction, correspondant à la double tendance de la philosophie : l'*empirisme* qui procède du sensualisme des philosophes, et le *dogmatisme*, qui se rattache au rationalisme ; opposition qui va devenir de plus en plus tranchée dans les siècles suivants. Rappelons en quelques mots par quelles phases ils passent l'un et l'autre.

A l'ancien dogmatisme transmis par les successeurs d'Hippocrate, et qui avait continué de se modeler sur la physiologie de Platon et des autres sectes philosophiques, succède un dogmatisme nouveau, dû à l'impulsion que communiquent à la science *Hérophile* et *Érasistrate*, en fondant l'anatomie humaine ; d'où les premiers essais de *solidisme* et d'un dogmatisme plus rationnel, cherchant dans les organes eux-mêmes la cause des phénomènes qu'ils présentent.

Après Érasistrate, Asclépiade de Pruse (2ᵉ siècle),

admet que toutes les causes actives des maladies sont dans les solides. Il emprunte à Démocrite et à Épicure le système des *atomes*, et l'appliquant à la pathologie, il prétend que du mouvement régulier ou irrégulier de ces atomes, de leurs proportions ou de leurs disproportions entre eux et avec les pores qu'ils tendent à traverser, résulte l'état de santé ou celui de maladie.

Thémison (1er siècle) rejetant entièrement toute recherche sur les causes premières et sur l'essence des corps, admet dans nos organes l'existence de pores, qui, trop relâchés ou trop resserrés, laissent passer les matières qu'ils devraient retenir, ou retiennent celles qu'ils devraient laisser passer ; d'où le *strictum* et le *laxum*, auxquels on ajoute une troisième classe, le *mixtum*, pour les maladies qui se montrant à la fois dans différents points de l'économie, participent à la fois de l'une et de l'autre classe. C'est le méthodisme.

En opposition avec la secte méthodique naît la secte *pneumatique* (1er siècle), laquelle renouvelant les opinions d'Érasistrate sur le *pneuma*, et combinant cette théorie avec celle des *qualités élémentaires*, fait retomber la médecine dans le vague des causes premières, et dans les subtilités des écoles philosophiques. Dans ce *pneuma*, auquel toutes les fonctions de l'économie sont subordonnées, il est facile de reconnaître l'influence des théories stoïciennes, empruntées elles-mêmes à Héraclite d'Éphèse. Cette doctrine a peu de durée; mais elle laissera sa trace dans le galénisme. — Voilà pour le dogmatisme.

Longtemps avant l'époque où nous sommes parvenus, des médecins convaincus de l'inutilité des efforts de cette méthode pour constituer une théorie de la science, et formés par les premiers sceptiques (Pyrrhoniens) à l'esprit de critique et d'analyse, avaient suivi les traces frayées par la philosophie empirique, et prétendu qu'on ne peut fonder la médecine que sur les seules données de l'expérience. Telle est l'origine de la *secte empirique*, qui, avant d'être constituée comme école, existait déjà comme méthode, et dont les premiers germes se trouvent peut-être dans l'opposition de l'école de *Cnide* à celle de *Cos*, malgré la prétention des empiriques de s'appuyer sur le nom d'Hippocrate. — Réaction modérée d'abord contre l'abus des théories (Archagatus et Sérapion, IIIe siècle), et se prévalant de ce que les recherches des dogmatiques sur la nature intime des maladies n'avaient fait faire aucun progrès à la pratique, cette école dépassa bientôt, comme toutes les réactions, les limites du vrai, et finit dans ses recherches sur les médicaments, par dégénérer en un empirisme tellement aveugle, qu'il va jusqu'à proscrire l'anatomie et la physiologie. — Cette secte, qui conserve néanmoins une assez grande prépondérance jusque vers le temps ou paraît Galien, doit en partie sa faveur au scepticisme formulé par Sextus Empiricus, médecin et philosophe, avec plus de rigueur qu'on n'en trouve chez ses devanciers.

A l'exception de quelques travaux écrits dans un excellent esprit (Celse, Arétée, Dioscoride), la médecine livrée aux sectes les plus diverses ou à un grossier empirisme, était menacée de l'anarchie la plus complète, lorsque paraît un homme auquel aboutissent, et dans lequel se résument tous les siècles précédents. Après avoir parcouru le cercle des opinions et des systèmes, l'esprit humain devait aboutir à l'*éclectisme,* qui cherche à les concilier entre eux. — L'éclectisme tend, en effet, à se constituer au sein de l'école d'Alexandrie, où il naît des efforts des premiers philosophes Alexandrins pour fonder les doctrines orientales avec Platon, et ce dernier avec Aristote. — Les mêmes tendances naissent en médecine des mêmes besoins. Galien, renouvelant la tentative d'éclectisme avortée entre les mains d'Agathimus de Sparte et d'Archigène d'Apamée, rapproche toutes les doctrines : Aristote et Platon, Hippocrate et Thémison, les humoristes et les solidistes ; et de ce syncrétisme, habillement coordonné, mais hérissé de subtilités dialectiques et de vues purement hypothétiques, résulte ce *Galénisme* qui régna sans opposition pendant treize siècles.— Après Galien, on retrouve encore quelques tentatives de ce genre; mais on compte plus de compilateurs (Oribase, Aëtius, etc.), que d'éclectiques proprement dits. Des anciennes doctrines, il reste peu de traces, si ce n'est dans Cœlius Aurelianus, resté fidèle au méthodisme.

Mais de l'éclectisme au *scepticisme*, il n'y a qu'un pas, comme il n'y en a qu'un du scepticisme au *mysticisme ;* car le doute est un état contre nature pour l'homme, qui, à défaut de solutions rationnelles, se jette dans *la foi.* L'éclectisme Néoplatonicien est donc bientôt débordé. L'élément Grec s'absorbe dans l'élément Oriental, et la philosophie Alexandrine finit par tomber dans un mysticisme exagéré, qui l'entraîne par une pente irrésistible vers les extravagances de l'extase et de la théurgie, jusqu'à l'époque où elle finit par disparaître complétement dans les ténèbres de la barbarie. — La faveur qui s'attache au nom de Galien ne peut davantage préserver la médecine de l'influence funeste des doctrines mystiques d'Alexandrie, et des conséquences auxquelles elles aboutissaient. Du moment où l'on attribuait tout à des influences surnaturelles, à des communications extraordinaires avec des êtres supérieurs, il ne pouvait plus y avoir de science, et surtout plus d'observation clinique. Les prétendues sciences occultes, la *magie*, la *cabale*, etc., en usurpent la place. — Avec Alexandre de Tralles et Paul d'Égine, meurt enfin la médecine grecque (viie siècle), qui se débattait depuis près de cinq siècles dans une pénible agonie.

Nous arrivons au MOYEN-AGE. Tombée entre les mains des Juifs et des moines, la médecine ne fut dans les premiers temps de la scholastique, en Occident du moins, qu'un empirisme grossier et superstitieux. Tout le foyer de la science d'alors est chez les Arabes, lesquels ne sont eux-mêmes que des commentateurs et des traducteurs peu fidèles d'Aristote et de Galien. Là se retrouve comme partout le règne absolu de l'autorité. Au libre développement de la raison succède l'asservissement de l'esprit humain à certaines formes dialectiques qu'on applique à la théologie, laquelle trône aux lieu et place de la philosophie. —

Lorsque des rapports plus intimes commencent à s'établir entre l'Orient et l'Occident, et que l'esprit humain s'efforce de sortir des ténèbres de la barbarie, c'est Aristote qu'il prend pour son instituteur. Telle est même la soumission aveugle qu'inspirent les écrits de ce philosophe, qu'il n'est plus permis de penser que par lui, et que toute doctrine contraire est traitée à l'égal d'une hérésie. En médecine, on se borne à commenter et à extraire les Arabes, auxquels on devait les premières connaissances médicales. Ainsi se perpétuent, sous l'empire exclusif de l'autorité et de la philosophie scholastique, l'*aristotélisme* et le *galéno-arabisme*. Ce dernier, qui se prêtait merveilleusement aux subtilités dialectiques de cette époque, se mêle aux rêveries des alchimistes et des astrologues, aux sortilèges et aux discussions sur les causes occultes, qui étaient dans l'esprit du temps.

Renaissance. — Le xviii° siècle seul devait mettre complétement fin à cette domination intellectuelle. Toutefois le xvi° et le xvii° siècle sont témoins de la lutte de la scholastique contre la reproduction des anciens systèmes, notamment contre la philosophie platonicienne qui excite le plus vif enthousiasme, et semble vouloir un moment succéder à l'aristotélisme.

Toutes les doctrines anciennes sont exhumées et trouvent des interprètes. — De l'étude des Arabes, qui n'avaient fait que copier la médecine grecque en la défigurant, à celle des sources mêmes, il n'y avait qu'un pas; il fut franchi, lorsque la connaissance de la langue grecque fut devenue plus familière, et que l'imprimerie put répandre les chefs-d'œuvre de la médecine antique. — C'est le signal d'une révolution ou d'une ère nouvelle pour cette science, de même que la connaissance des principaux monuments de la philosophie antique avait été celui de l'affranchissement de la philosophie moderne. L'esprit humain, qui a secoué ses chaines, s'exerce d'abord dans toutes les directions. A l'imitation de l'antiquité se joint une hardiesse de pensées qui porte les philosophes vers les spéculations les plus exaltées du néoplatonisme, vers le *gnosticisme* et la *cabale*. On mêle à des systèmes sérieux des idées bizarres ou extravagantes sur les lois de la nature, empruntées aux pseudo-sciences en faveur. — De même en médecine, le mysticisme imprègne et fausse la plupart des travaux entrepris à cette époque dans l'une et dans l'autre science. L'alchimie, l'astrologie, la cabale, l'illuminisme infestent toutes les doctrines. Les promoteurs de ce mouvement philosophique sont en même temps ceux du mouvement médical : Cardan, Campanella, Raymond-Lulle, Arnaud de Villeneuve, Fludd, Paracelse, et Van-Helmont, dont le vitalisme mystique laissera son empreinte dans quelques doctrines du xviie siècle.

Toutefois le temps ajoute nécessairement à la somme des faits et des connaissances acquises ; l'essor nouveau de l'esprit humain se communique à toutes les branches de l'art de guérir. La chirurgie sort de son abaissement ; l'anatomie descriptive naît avec les travaux des grands anatomistes du xvie siècle ; les doctrines hippocratiques trouvent de savants interprètes ; enfin l'immortelle découverte de Harvey ouvre de nouvelles perspectives à la science.

Nous touchons aux TEMPS MODERNES. L'esprit humain a reconquis son indépendance et proclamé le principe du libre examen. La science est en possession de tous les grands monuments de l'antiquité, mais il lui manque un instrument, *la méthode;* Bacon et Descartes la lui apportent.

Quoiqu'ils puissent, à ce titre, être regardés tous deux comme les véritables fondateurs de la philosophie moderne, l'influence du premier sur son siècle est bien moindre que celle du second. D'abord, parce que la méthode Baconienne n'est appliquée primitivement qu'aux sciences physiques, et qu'elle ne commence à être connue et appréciée que dans le xviiie siècle ; ensuite parce que Descartes ne se contente pas de tracer une méthode, il en fait éclore tout un vaste système qui exerce une telle influence sur les meilleurs esprits, que l'histoire de l'esprit humain au xviie siècle est tout entière dans celle du cartésianisme, depuis Mallebranche et Spinosa jusqu'à Leibnitz, qui clot la philosophie cartésienne par une tentative de conciliation entre tous les systèmes.

On croirait, au premier abord, qu'à celui qui traça la méthode d'observation dans le monde physique devait appartenir nécessairement la plus grande part d'influence dans les sciences médicales. Il n'en est rien ; Bacon, nous l'avons dit, fut presque ignoré du xviie siècle, et ce n'est que par l'entremise de la philosophie sensualiste, qui le prit pour son chef, que la science d'Hippocrate le connut. D'ailleurs la philosophie cartésienne, vaste système qui embrassait tout, avait des explications toutes prêtes pour les phénomènes physiologiques. Telle était même à cet égard la variété de ses aperçus, l'abondance de ses ressources, qu'étudiée sous différents aspects, elle donne lieu aux trois grands systèmes qui dominent la médecine au xviie et au commencement du xviiie siècle, savoir : le *système chémiatrique* de Sylvius, le système *iatro-mécanique* de Borelli, l'*animisme* de Stahl, qui vient après les deux autres. Disons quelques mots sur chacun de ces systèmes au point de vue de leur origine.

De la *matière subtile* de Descartes et des *ferments* de Van-Helmont, que l'auteur des tourbillons adoptait pour expliquer les diverses fonctions du corps, sort le système *chémiatrique*. Déjà Hogeland, ami et partisan de Descartes, avait donné une explication des fonctions du corps humain par la chimie ; mais Sylvius en fait le premier un système complet, lié dans toutes ses parties. C'est dans les liquides que se passent tous les phénomènes physiologiques et pathologiques qu'on explique par des fermentations, des distillations, des effervescences. L'acrimonie acide ou alcaline de l'un des fluides de l'économie animale produit toutes les maladies. Toute la thérapeutique consiste à neutraliser l'une ou l'autre de ces propriétés, quand elles sont en excès. — Le système chémiatrique règne avec éclat, et longtemps après qu'il a cessé d'être enseigné, il laisse encore des traces dans les idées dominantes.

Le système *iatro-mécanique*, appliquant aux sciences médicales cette partie du Cartésianisme qu'on a appelé le *système mécanique* de Descartes, et suivant lequel les animaux ne sont que des automates ou des machines perfectionnées, prétend également expliquer les phénomènes de l'économie animale d'après les lois de la mécanique. — Ce système, dont Borelli est le fondateur, a aussi de nombreux partisans, séduits par le caractère scientifique de ses données. Il avait été préparé d'ailleurs par les progrès des sciences mathématiques et physiques, et par la découverte de la circulation (1619), assimilée d'abord aux phénomènes de l'hydraulique. Les grandes découvertes de Newton avaient aussi fourni prétexte à de fausses applications du calcul à la médecine. — Plus tard, le mécanisme s'allie dans quelques écoles à la chémiatrie, qui sert à expliquer les phénomènes pour l'interprétation desquels la physique fait défaut.

Enfin, du spiritualisme cartésien sort l'*animisme*, doctrine médico-psychologique suivant laquelle l'organisme affranchi des forces chimiques ou mécaniques, auxquelles les systèmes précédents prétendaient l'asservir, est soumis à un principe ou à une force immatérielle, l'*âme*, personnification de la nature médicatrice d'Hippocrate. Ce système plus large que les précédents, et qui appartient essentiellement au mouvement spiritualiste du xviie siècle, ne fait d'abord que peu de prosélytes ; mais il devient ensuite, en subissant quelques transformations, le point de départ des doctrines vitalistes de Montpellier.

A la même époque, Boerhaave associe aux théories mécaniques, base de son système, mais dont il ne fait pas cependant la régle des actions vitales, des théories chimiques fondées sur les altérations des humeurs. Ce syncrétisme qui se soutint longtemps par l'art avec lequel il était lié dans ses parties, et par l'immense autorité dont jouit son auteur, pouvait satisfaire une époque où les sciences mathématiques, physiques et chimiques, prenant un nouvel essor, avaient conquis une immense faveur; mais l'avenir ne lui appartenait pas.

En opposition avec les théories mécaniques et chimiques qui régnaient dans les doctrines précédentes, s'élève le *vitalisme* nouveau, qui, dégagé peu à peu des doctrines plus métaphysiques que physiologiques de l'animisme, et poursuivant l'étude du principe vital, non plus d'une manière abstraite, mais dans ses effets visibles, jetait les bases du *solidisme* moderne. Il est facile de reconnaitre ici l'influence du dogmatisme Leibnitzien, qui, en douant la matière de forces propres, devait conduire à rechercher dans l'organisme même le principe de ses phénomènes. — Hoffmann rapporte toutes les fonctions du corps aux mouvements de la fibre vivante, et toutes les lésions de ces fonctions, ainsi que les altérations qui en dépendent, aux altérations de ce mouvement, qui, suivant qu'il est trop fort ou trop faible, constitue le *spasme* ou *l'atonie ;* d'où, à quelques altérations humorales près, les différentes classes de maladies. — Ce *mécanico-dynamisme*, qui assimile les phénomènes physiques à ceux d'une machine d'un ordre supérieur, produit, en s'épurant, la théorie *nervoso-dynamique* de Cullen, d'où découlent les théories de *l'excitement* en faveur à la fin du xviiie siècle, et au commencement du xixe. Ces théories d'un ordre purement abstrait dans le *Brownisme*, mais combinées dans le *vitalisme organique* de Bordeu, de Bichat, dans la doctrine *physiologique*, et dans les doctrines Italiennes avec la considération des tissus, constituent, dans leur expression la plus avancée, la doctrine des *propriétés vitales*.

C'est qu'un élément nouveau s'était introduit dans la science. A côté du mouvement purement idéaliste qui se rattache aux écoles *Italique*, *Éléatique*, *Platonicienne*, et qui prend la pensée pour objet principal de l'analyse philosophique, on voit se développer lentement, et avec non moins d'éclat d'abord, le mouvement *sensualiste*, qui prenant la nature extérieure pour point de départ, se rattache aux écoles *Ionienne, Atomistique, Péripatéticienne.* — Renouvelée par Bacon dans les temps modernes, cette doctrine passe par Hobbes et par Gassendi, pour aboutir à Locke et à Condillac, qui trônent dans le xviiie siècle, puis au *matérialisme* qui en marque la fin. Or, lorsque le *sensualisme* eut détrôné le *cartésianisme*, il dut surtout obtenir faveur chez des observateurs voués à l'étude de l'homme physique. De même, en effet, qu'on croyait pouvoir tirer toute morale du *traité des sensations*, on devait *à fortiori* penser que la science de l'homme malade est tout entière dans les traités d'anatomie pathologique; de là l'*organicisme moderne*, tellement empreint dans la doctrine de Broussais lui-même, que l'élément anatomique faillit y absorber l'élément vital (1).

Quant à la médecine allemande, elle reste étrangère, comme sa philosophie, au mouvement sensualiste qui marque la seconde moitié du xviiie siècle, et le commencement du xixe en France. Tombant même dans un excès opposé, elle emprunte à la *philosophie de la nature*, et à une métaphysique nébuleuse des systèmes plus ingénieux que solides, contre

(1) C'est ce que j'ai prouvé dans mon *Histoire critique de la doctrine physiologique.*

lesquels lutte d'ailleurs avec succès le bon sens des praticiens, restés, en grand nombre, fidèles à la véritable observation.

D'un autre côté, une révolution nouvelle s'opérait au XIXe siècle dans l'esprit philosophique en France. La considération exclusive des phénomènes matériels enfermait la science dans un cercle trop étroit pour qu'elle ne cherchât pas à le franchir. Sans rejeter complétement le sensualisme auquel elle emprunte ses méthodes d'observation, sans se jeter non plus dans les excès d'un idéalisme spéculatif sans applications, et qui répugne à son bon sens pratique, l'école française reconnaît la nécessité de fonder la science de l'esprit humain sur l'étude impartiale de tous les faits, de tous les systèmes. De là un vaste éclectisme qui tend de plus en plus à se rattacher au grand mouvement cartésien, lequel marque d'un caractère si élevé le XVIIe siècle. Abandonné par l'opinion publique, le sensualisme ne répond pas plus aux besoins de la science contemporaine que le *mysticisme* des détracteurs de la raison, ou le *scepticisme*, qui est la négation de toute science.

Sous l'empire de cette réaction, on voit s'opérer parallèlement en médecine un retour aux traditions hippocratiques, et à l'*éclectisme*. Mais l'éclectisme n'est tout au plus qu'une méthode, ce n'est pas un système. Aussi, s'il offre une utilité réelle dans la pratique, il favorise par contre le morcellement des opinions, l'éparpillement des idées, et cette absence de vues communes d'où finissent par résulter le scepticisme et l'anarchie dans la science. La médecine ne peut donc s'immobiliser dans l'éclectisme, absorbé aujourd'hui par l'*empirisme rationnel* qui rallie le plus grand nombre des praticiens.

Les doctrines panthéistes qui recrutent de nos jours de nombreux adeptes, surtout en Allemagne, et doivent avoir tôt ou tard, ou plutôt ont déjà leur retentissement dans les sciences médicales, semblent mieux répondre, aux yeux de leurs adeptes, au besoin d'*unité* qui est le but suprême des sciences. Mais elles ne le satisfont qu'en sacrifiant l'un des deux termes du problème dont il serait désirable, au contraire, d'opérer la conciliation. Ces doctrines sont, en effet, de deux sortes : ou elles absorbent l'esprit dans la matière, — et c'est le cas le plus commun ; — d'où les écoles *positiviste* et *matérialiste ;* ou, au contraire, elles absorbent la matière dans l'esprit, et de ce panthéisme idéaliste résulte en physiologie l'*animisme* moderne, aux yeux duquel le principe vital et le principe pensant ne font qu'un. Nous nous retrouvons donc ici en présence des conséquences qui découlent, depuis le berceau de la science, de chacune de ces tendances ; en un mot, la question se pose encore entre l'organicisme ou le matérialisme d'une part, le vitalisme ou l'animisme d'une autre. — Que si, en raison même de cet antagonisme, une théorie générale ne peut se produire aujourd'hui sans sacrifier un ordre de faits à l'autre, du moins est-il possible de donner par des théories partielles satisfaction au besoin légitime qu'a l'esprit humain de s'élever des phénomènes à la connaissance des lois sans lesquelles il n'y a pas de science véritable.

Un rapprochement des principales dates de l'histoire de la médecine et de la philosophie, nous mettra à même d'embrasser d'un seul coup d'œil les rapports intimes et nécessaires qui unirent en tout temps ces deux sciences, et servira de pièce justificative aux principes que nous avons posés (1).

(1) Je n'entends nullement substituer une division nouvelle des périodes historiques de la médecine à celles qu'ont pu proposer des écrivains plus autorisés que moi, ainsi que semble l'avoir pensé un de nos maîtres en érudition, M. Daremberg, dans un compte-rendu d'ailleurs très-bienveillant de mes idées. (*Gaz méd.* 1850.) Il ne faut voir ici qu'un tableau synchronique destiné uniquement à mettre en relief les développements parallèles de la philosophie et de la médecine.

ANTIQUITÉ.

Six siècles avant J.-C.

PHILOSOPHIE.	MÉDECINE.
Commencement de la philosophie Grecque. — Ecoles Ionique, Italique, Eléatique, Atomistique.	Sécularisation de la médecine, et premiers essais théoriques de la science de l'organisme humain par des philosophes.

Quatre siècles avant J.-C.

Socrate (né 470 avant J.-C.) fonde la vraie méthode philosophique.	Hippocrate (né 460 avant J.-C.) jette les bases de la vraie médecine.

Du quatrième siècle au deuxième avant J.-C.

La philosophie se développe au double point de vue du *sensualisme* et de l'*idéalisme*. 1° Ecoles SENSUALISTES : *Péripatéticienne*, *Epicurienne*. 2° Ecoles IDÉALISTES : *Platonisme*, *Stoïcisme*.	La médecine se développe dans une double direction : l'*empirisme* et le *dogmatisme*. 1° Ecoles EMPIRIQUES : *Archagatus* et *Sérapion*. 2° Ecoles DOGMATIQUES : Asclépiade de Pruse, ou l'*atomisme*. Thémison, ou le *méthodisme*. Athénée, ou le *pneumatisme*.

Du deuxième siècle avant J.-C. au septième siècle après.

Éclectisme Alexandrin, aboutissant au mysticisme, puis à toutes les extravagances de la théurgie, de la cabale, de la magie, etc.	Vaste tentative d'éclectisme par *Galien*, puis invasion des sciences occultes dans la médecine. — Oubli de la médecine clinique.

MOYEN-AGE.

Du neuvième au onzième siècle.

Asservissement complet de l'esprit humain au principe de l'autorité personnifié dans ARISTOTE.

Règne absolu du *Galénisme* et de l'*Aristotélisme*.

RENAISSANCE.

Seizième siècle.

Affranchissement de l'esprit humain, et fin de l'Aristotélisme. Les doctrines anciennes sont exhumées. L'esprit humain s'essaie dans toutes les directions. — Tendances mystiques.

Fin du *Galénisme*. Ère nouvelle marquée par une étude ardente des principaux monuments de la médecine Grecque. — Influence du mysticisme; doctrines *Cabalistiques*.

TEMPS MODERNES.

Dix-septième siècle.

La véritable méthode réhabilitée par BACON et par DESCARTES. —Domination exclusive du CARTÉSIANISME.

Le Cartésianisme étend son influence sur la médecine, à laquelle il fournit les trois grandes écoles qui remplissent cette époque : le *système chémiâtrique* de Sylvius, le système *iatro - mécanique*, l'*Animisme de Stahl*.

Dix-huitième siècle.

Le mouvement sensualiste qui prend son origine dans le *Baconisme*, effacé d'abord par l'éclat que jette l'Idéalisme Cartésien, gagne peu à peu du terrain, et finit par régner exclusivement en France à la fin du xviiie siècle ; tandis qu'en Allemagne survivent le rationalisme, et les doctrines qui donnent tout à la spéculation pure.

Naissance d'un *Vitalisme* nouveau qui, étudiant le principe vital dans les propriétés visibles de la fibre animale, donne naissance au *solidisme* moderne, de l'exagération duquel finit par sortir *l'organicisme* ou l'application du *materialisme* à la médecine.— La médecine Allemande reste, comme sa philosophie, à peu près étrangère au mouvement sensualiste.

Dix-neuvième siècle.

Réaction spiritualiste : retour à la méthode de Descartes et aux doctrines rationalistes du xviie siècle.

Le panthéisme importé. d'Allemagne en France. — Tentatives d'alliance entre la métaphysique et les sciences, sous la double influence de cette doctrine et de l'école ontologique.

L'organicisme, en faveur au commencement de ce siècle, perd de ses prosélytes. Au règne des théories succède celui de la méthode, et un retour aux traditions Hippocratiques. — Empirisme rationnel.

Tentatives pour ramener le double principe de l'homme à l'unité par la métaphysique ou par les sciences physiques.

DE LA LOGIQUE MÉDICALE

ET EN PARTICULIER

DE LA MÉTHODE

AU POINT DE VUE DE L'APPLICATION DES SCIENCES
PHYSIQUES A LA MÉDECINE

> « La première question dans toute science
> est toujours une question de méthode. »
> (FLOURENS, *analyse raisonnée
> des travaux de Cuvier.*)

De toutes les parties de la philosophie, il n'en est point qui soit d'une application plus directe aux sciences médicales que la logique ; il n'en est point peut-être dont l'absence s'y fasse plus regretter. Si tant de livres pèchent par le manque de méthode, dénotent une ignorance très-grande des lois de l'observation et surtout du raisonnement ; si tant d'orateurs se montrent incapables de suivre dans une discussion académique l'enchaînement des faits ou les développements d'une idée, c'est à l'absence de toute éducation logique qu'on peut surtout s'en prendre. Combien peu songent, en effet, parmi nous, à s'enquérir, avant d'observer, des règles de l'observation ; avant de raisonner, des lois de l'induction, de l'analogie de la déduction, dont nous sommes cependant appelés à faire une application journalière ? Où sont, à l'exception d'un certain nombre d'esprits qui voient dans la médecine quelque chose de plus qu'un art dont ils doivent vivre, les médecins qui se demandent quelle est la méthode à suivre pour arriver à la certitude sur l'objet de leurs recherches ?

Je sais tout ce que l'on peut dire de l'inutilité des études logiques, au moins pour les esprits bien doués qui suivent, sans s'en douter, les lois de cette logique instinctive ou naturelle qui a précédé toutes les règles. Mais outre que ces esprits sont très-rares, et qu'ils eussent trouvé dans ces études une force de plus, ils sont obligés, qu'on le remarque bien, de subir, comme le commun des hommes, le joug de cette logique à laquelle le génie lui-même est tenu de se conformer ; et ils n'ont d'autre autorité que celle qu'ils lui empruntent, quelle que soit, d'ailleurs, la voie, frayée ou non, par laquelle ils ont marché à la conquête de la vérité. — L'objection que l'on fait contre cette science retomberait sur toutes celles où la pratique, voire même la routine, peuvent se passer de la théorie, au moins jusqu'à une limite qui ne sera jamais dépassée. Nul doute qu'un sauvage ne manie mieux une fronde que ne pourrait le faire tel savant qui connaît les lois des forces centiprète et centrifuge ; s'ensuit-il que l'étude de ces lois soit inutile ?

On trouverait facilement dans l'histoire de la médecine la preuve expérimentale ou *à posteriori* des considérations *à priori* que je viens de présenter ici. Obligé de me circonscrire dans un sujet d'une aussi vaste portée, je n'envisagerai que la question de la *méthode*, la première de toutes en logique comme dans toute science ; et je chercherai à démontrer comment cette question de la méthode conduit forcément à reconnaître le rôle capital que jouent les sciences physiques et chimiques dans l'organisation des sciences biologiques.

I

Tandis que les sciences physiques renferment une foule de connaissances acquises, sur la certitude desquelles ne s'élève aucun doute, qui s'étendent ou se perfectionnent sans cesse, la médecine, nonobstant d'incontestables progrès, est loin de répondre encore, après tant de siècles de culture, aux labeurs persévérants des hommes de génie qui se sont efforcés de féconder son domaine. Nous restons divisés sur une foule de points, et sur d'autres nous ne voyons rien de mieux à faire qu'à revenir, après deux mille ans de recherches, aux traditions de l'art antique.

D'où naît ce contraste entre les destinées de deux branches de connaissances qui ont entre elles de si nombreuses affinités ? De ce que les sciences physiques sont organisées, c'est-à-dire, en possession de leur méthode, tandis que la médecine qui ne la possède pas encore, et par cela même qu'elle ne la possède pas, attend encore une organisation définitive.

C'est parce que la véritable méthode de ces sciences a été fixée et appliquée, qu'il n'y a pas plusieurs physiques, plusieurs astronomies, plusieurs chimies, comme il y a plusieurs physiologies, plusieurs médecines. En face de la vraie méthode reconnue et proclamée par tous, tous nos systèmes, qui n'en sont que des applications fausses ou incomplètes, se seraient évanouis, ou plutôt ils n'auraient pas eu de raison d'être.

Mais qui s'oppose donc à ce qu'une méthode définitive soit adoptée en médecine, comme dans les autres sciences depuis Bacon ? Ce qui s'y oppose, le voici :

La méthode d'une science se résout dans la connaissance de son objet ; elle ne peut être fixée que lorsque cet objet est déterminé d'une manière précise. Aussi longtemps que cet objet est mal déterminé, la méthode est indécise, et la science ne peut s'organiser, ni marcher.

Eh bien! le médecin peut-il se flatter de connaître l'homme ou la vie, objet de ses méditations ? Mais d'abord, quelle est donc la nature des forces qui régissent cet organisme sur lequel nous nous efforçons d'agir en vue de sa conservation ?

Comme je le disais ailleurs, deux grandes opinions se partagent à cet égard le monde médical ; elles se retrouvent au fond de toutes les luttes, de toutes les oppositions élevées entre les nombreuses écoles qui ont tour à tour paru sur la scène depuis Hippocrate jusqu'à nos jours.

Selon l'une, l'organisme, sorte de microscome, ordonné de tout point pour une série d'actes autonomes, et recélant dans son sein les forces nécessaires à son développement, serait soumis à des lois spéciales, indépendantes de celles qui régissent l'univers ; et, loin de se prêter passivement à l'action des forces générales de la nature, il en disposerait, pour ainsi dire, d'après ses plans, ou plutôt il les ferait tourner à ses vues, soit dans l'état de santé, soit dans l'état de maladie. En un mot, et pour nous servir des expressions d'un savant professeur, *l'homme est entier et n'est portion de rien.* Les milieux à l'aide desquels il accomplit sa vie, ne sont que des conditions de sa conservation, et non des éléments constitutifs de son être. Tel est le fond de toutes les théories dynamiques, plus ou moins absolues, dans lesquelles on proclame à des degrés divers l'autonomie des forces vitales, quelque nom qu'on leur donne ; qu'on les rapporte, comme dans l'hippocratisme, à un principe général qui planerait sur tous les organes, sur toutes les fonctions, ou qu'on les considère comme inhérentes à la fibre vivante sous le nom de *propriétés vitales.*

Dans le camp opposé, l'organisation n'est plus guère qu'une agrégation d'organes susceptibles de se prêter à toutes les modifications qui lui sont imprimées par les forces extérieures, sorte de réceptivité ou de capacité substituée à l'autocratisme de la force vitale. Delà les doctrines atomistique, organique, mécanique, chimique, qui ont tour à tour élevé la prétention plus ou moins exclusive de faire rentrer la physiologie dans les limites des sciences physiques; doctrines qui paraissent appelées de nos jours à livrer une guerre d'autant plus redoutable aux doctrines dynamiques, qu'elles s'étayent sur les immenses progrès accomplis par les sciences depuis un demi-siècle.

En un mot, la physiologie, selon les uns, trouverait, ou devrait chercher son explication dans les lois de mieux en mieux connues de la physique et de la chimie ; tandis que, selon les autres, la vie aurait ses lois immuables et propres, lesquelles resteraient à jamais indépendantes de celles qui régissent les corps organiques.

Que si nous plaçant sur le terrain de l'éclectisme, et cherchant à attribuer une part égale au vitalisme et à l'organicisme, nous nous appliquions plutôt à faire connaître les lois qui règlent l'accord, le concours harmonique de ces deux ordres de forces, que les oppositions qui peuvent se montrer entre elles, il nous resterait encore à rechercher comment ces forces se modifient l'une par l'autre, et se combinent dans cette unité mystérieuse qu'on appelle *la vie ;* quelles sont les lois de leur subordination réciproque; quelles limites il convient de poser aux sciences physiques dans leur application aux sciences physiologiques et pathologiqnes..... que de problèmes obscurs ! que de recherches ardues !

Et cependant, aussi longtemps que ces problèmes seront pendants dans la science, la médecine ne sera pas organisée ; car une connaissance bien nette de son objet, et partant de sa méthode, lui manqueront également.

Il résulte de ce qui précède, que ce qu'il y a de plus urgent à faire pour atteindre ce but suprême de nos efforts, c'est, avant tout, de déterminer le rôle véritable des forces physiques et chimiques dans les phénomènes vivants; car de là découle la direction à donner désormais à la science de l'homme sain ou malade.

A ne considérer que l'unité qui éclate et règne dans toutes les parties de la création, et qui se dégage de plus en plus des sciences à mesure qu'elles se perfectionnent : à ne voir l'homme que dans ses rapports avec la nature extérieure, au point de vue de cet emprunt continuel aux agents naturels qui entretiennent la vie, on serait tenté d'admettre qu'il ne saurait y avoir de solution de continuité, ou de *hiatus* entre le dynamisme vital et le dynamisme universel, lors même que, dans l'état actuel de nos connaissances, l'un ne saurait être rattaché expérimentalement à l'autre. On se demande où le vitalisme peut faire commencer cette indépendance d'action, cette autonomie qu'il attribue aux corps vivants; s'il y a un *principe vital* dans le végétal ; s'il n'apparaît qu'aux dernières limites de l'animalité, ou seulement à un certain degré de complication de l'organisme ; s'il est possible de concevoir l'idée de force isolée d'un substratum matériel, ou si la force n'est pas, au contraire, comme l'a soutenu le plus grand métaphysicien des temps modernes, Leibniz, ce qu'il y a de plus essentiel à la matière ; — si enfin, on est suffisamment autorisé à séparer la matière de la force, en raison de la *persistance de la forme* dans les corps organiques, lorsqu'on peut constater cette persistance dans le règne inorganique lui-même, ainsi que le prouve l'étude de la cristallographie (1). La chimie n'a-t-elle pas démontré depuis longtemps que les éléments ultimes des corps organisés existent dans la nature matérielle ? Cette com-

---

(1) Il y a dans les substances minérales une tendance constante à reprendre leur forme primitive, lorsque celle-ci a été accidentellement détruite. Ainsi un cristal altéré de cette manière sur l'une de ses arêtes, par exemple, reprendra sa forme caractéristique aux dépens de la dissolution saline dans laquelle on le plonge.

munauté d'origine n'est-elle pas d'ailleurs nécessaire dans l'ordre de l'univers, dit Bérard, destinés qu'ils sont à se transformer les uns dans les autres : et ne suffirait-elle pas à elle seule pour démontrer que la physiologie ne saurait se renfermer exclusivement dans le cadre qu'on prétend lui imposer ? Déjà les expériences de M. Mulder semblent devoir nous révéler les liens inconnus qui rattachent tous les corps de la nature entre eux : sur les limites du règne végétal et du règne animal, la cellule protéique (1) ; entre le règne végétal et le règne animal infusoire, l'animalcule, tels seraient ces liens.

Mais à ne considérer ainsi les choses que sous leur point de vue abstrait, l'esprit fait facilement fausse route. Pour des problèmes d'une telle étendue, la science n'est pas prête. Une telle direction donnée au débat que je soulève ici, laisserait une foule de questions dans un vague complet, et il serait au moins téméraire de tirer des conclusions absolues de ces généralisations où nous ne voyons le plus souvent qu'un côté des choses. Quelle mission nous est donc

---

(1) Des expérimentateurs affirment que des cellules végétales peuvent se développer au sein de substances qui ne renferment que du charbon, de l'hydrogène et de l'oxigène, sous la double influence de l'eau et de l'air atmosphérique convenablement purifiés.

réservée à nous travailleurs d'une époque de transition? Celle d'amasser les matériaux, qui peuvent faciliter à nos successeurs ces solutions désirées. Montrer par la critique des faits acquis jusqu'à quel point, dans quelle mesure, les applications récentes des sciences physiques et chimiques ont été profitables à la science de l'homme sain ou malade, et ce qu'on peut en attendre dans l'avenir, voilà la tâche plus modeste, mais plus que suffisante qui nous est dévolue.

Je dis les applications *récentes ;* en effet, la physique et la chimie sont d'origine moderne, leur introduction dans la physiologie à la pathologie date d'hier. Ainsi, on ne saurait considérer comme des applications de la chimie, les hypothèses du vieil humorisme. Introduite par Paracelse dans l'explication des phénomènes morbides, la pseudo-science qu'on décorait alors de ce nom, fait prévaloir dans la seconde moitié du dix-septième siècle la théorie des acides et des alcalins, dont Sylvius de Leboë est un des principaux promoteurs. Les fonctions des animaux ne sont que des effervescences, des fermentations, des réactions acides ou alcalines, de la prédominance desquelles naissent les différents états morbides, qu'il faut combattre par des moyens propres à neutraliser ces réactions. Stahl et Boerhaave amenés par les progrès de l'observation, à combattre les erreurs de la théorie dominante, durent repousser presqu'entièrement les applications de la chimie de leur temps à l'art de guérir. Cependant, quand les travaux des Lavoisier, des Fourcroy, des Priestley, eurent donné à cette science une impulsion nouvelle, et perfectionné l'analyse ; lorsque la physique et la chimie, autrefois séparées ou même hostiles, se furent donné la main, et que transportant, comme on l'a dit, le laboratoire du chimiste sur le porte-objet du microscope, les observateurs eurent appliqué cet instrument à la constitution organique des fluides et des tissus, un horizon nouveau s'ouvrit devant nous, et de remarquables travaux vinrent ajouter tous les jours aux conquêtes de la médecine expérimentale.

C'est donc au point où l'ont amenée ces recherches qu'on doit étudier l'intéressante question que nous agitons ici. Les progrès accomplis dans cette voie depuis un demi-siècle sont, en effet, si rapides, que sans concevoir pour les travaux de nos devanciers un injuste dédain, il doit être permis de n'y pas insister.

En ce qui concerne l'exposition et la solution de ces questions, c'est, avant tout, à l'analyse des faits qu'on doit recourir ; c'est dans leur appréciation critique, et dans les corollaires qui en découlent immédiatement, qu'il faut se renfermer. Aller au-delà, serait entrer dans une voie pleine d'écueils ; ce serait s'exposer à retomber dans les errements de nos prédécesseurs, et compromettre par une impatience irréfléchie la cause qu'on veut défendre ; et cela uniquement pour arriver à des conclusions contestables, ou à des hypothèses hasardées.

II

Il nous reste à rechercher, pour rester dans ces considérations générales, quels obstacles rencontre l'application des sciences physiques et chimiques à la médecine ; à montrer la nature des services que ces sciences ont rendus, ou qu'elles sont appelées à rendre à la médecine, en général, et plus particulièrement à la pathologie et la thérapeutique.

Si l'on devait juger des services que la médecine peut attendre des sciences physiques et chimiques, par ceux qu'elles lui ont déjà rendus, on n'en concevrait qu'une faible et insuffisante idée. En effet, parmi les applications qui ont été faites de ces sciences à l'art de guérir, un certain nombre seulement offre un intérêt pratique. S'il en est de nature à jeter un jour tout nouveau sur l'étiologie, la diagnostic, la pathogénie et la thérapeutique de certaines affections, il en est d'autres qui ne sont que curieuses; plusieurs sont contestables ou même contradictoires. Ainsi donc, je l'avouerai sans peine : sur le terrain de l'application, la vieille séméiologie, telle qu'elle a été pratiquée par les observateurs de tous les temps, l'emporte jusqu'à présent de beaucoup par sa valeur pratique, et quant à l'importance des données qu'elle fournit à la pathologie et à la thérapeutique, sur toute autre méthode d'investigation.

Mais avant d'en tirer des conclusions absolues et défavorables à la cause des sciences, à l'influence qu'elles sont appelées à exercer un jour sur la médecine, il y aurait deux conditions préalables à remplir :

Premièrement, il faudrait rechercher si la médiocrité des résultats obtenus tient à l'essence même de ces sciences, ou à des circonstances extérieures, accidentelles, qui peuvent disparaître, et qui disparaîtront par les progrès ultérieurs auxquels elles sont appelées.

En second lieu, il y aurait nécessité de s'entendre sur la nature des services que l'art de guérir peut en attendre.

C'est sous ces deux points de vue qu'il me reste

donc à étudier le problème philosophique dont la solution fait l'objet de ce travail.

I. Parmi les causes auxquelles on peut attribuer l'insuffisance des résultats obtenus dans cette direction, je placerai d'abord en première ligne l'état arriéré de ces sciences en ce qui concerne la connaissance des êtres organisés et de l'homme en particulier, sain ou malade ; d'où l'incertitude des résultats, les difficultés de l'application. Ainsi, la chimie organique ne fait guère que de naître, et la chimie pathologique est à peine ébauchée. Soixante-dix ans se sont à peine écoulés, depuis que Lavoisier jetait les fondements de la première doctrine chimique ; et si dans ce court intervalle de temps, la chimie minérale est arrivée à une perfection telle, qu'elle possède à peu près tout ce qu'il lui est possible d'acquérir avec les moyens dont elle dispose, cela tient principalement, comme l'a fait remarquer M. Dumas, à ce qu'avec les soixante et quelques éléments reconnus aujourd'hui, on peut, à l'aide d'un très-petit nombre de combinaisons, et en formant tous les composés possibles, donner naissance non-seulement à tous les composés connus dans le règne inorganique, mais en outre à un très-grand nombre de composés analogues.

En chimie organique, il n'en est plus de même. Là,

au lieu d'une soixantaine d'éléments, on n'en rencontre guère plus de trois ou quatre dans le plus grand nombre des composés connus (charbon, hydrogène, oxygène et quelquefois l'azote), pour expliquer et classer les espèces non moins nombreuses que présentent les êtres organisés, les modifications si promptes, si variées, si singulières qui se passent dans leur sein (1).

Mais comment tirer d'une science qui en est encore à ses premiers tâtonnements, qui n'a pas encore complété l'analyse des substances dont elle s'occupe, dans le sein de laquelle s'élèvent même de nombreuses divisions sur la manière d'entendre ses principes fondamentaux : comment attendre, exiger de cette science à son berceau des applications qu'on ne songe à demander qu'à des sciences faites et assises sur des bases bien déterminées? D'ailleurs, la perfection dans les procédés que réclament des analyses aussi délicates que celles qui ont lieu sur les matières organi-

(1) Cette difficulté, deux savants illustres de notre temps se sont appliqués à la vaincre (MM. Dumas et Liébig), en opérant non point sur les éléments définitifs qui n'apparaissent qu'alors que toute trace d'origine organique a disparu, mais sur des composés agissant à la manière des éléments, jouissant de toutes les propriétés des corps élémentaires, et fonctionnant comme les radicaux de la chimie minérale. (Voir les *Bulletins de l'Académie des sciences.*)

ques, ne commande-t-elle pas une grande réserve touchant les résultats qu'on doit à ces nouveaux essais ?

Ce que je dis de la chimie peut jusqu'à un certain point s'entendre de la physique et de la micrographie en particulier. Ainsi après avoir admis l'existence matérielle du calorique, de l'électricité et de la lumière, les physiciens, revenant aujourd'hui à d'autres idées, rapportent la cause de la chaleur à des vibrations dans les molécules des corps, la lumière à celles de l'éther, etc. Quelques nombreux et intéressants que soient les faits connus sur l'électricité et le magnétisme, peut-on se flatter de posséder une théorie bien arrêtée sur l'ensemble des phénomènes de cet ordre? N'y a-t-il pas entre ces impondérables une étroite communauté d'origine et de nature?... Comment donc ne pas accueillir avec défiance des découvertes ou des applications fondées sur des données aussi peu stables? Comment ne pas conserver des doutes, disait Forget, quand on voit une nouvelle analyse chimique ou microscopique détruire les résultats de celles qui ont précédé, soit en usant de procédés plus perfectionnés, soit en mettant au jour de nouveaux éléments, soit enfin en modifiant les interprétations admises? quand on voit les praticiens ne pas s'accorder, même sur les qualités physiques apparentes et palpables des produits organiques, telles que la couleur, la consistance du sang? (*Lettre à M. Andral.*)

Il n'appartenait à personne mieux qu'à M. le professeur Andral de répondre au réquisitoire des adversaires des sciences. Il l'a fait avec l'autorité que donnent à ses paroles les belles recherches entreprises par lui ou par son impulsion, depuis l'apparition de son *Essai sur l'hématologie*.

D'abord, il ne faut pas, comme il le fait justement observer, s'exagérer le nombre et l'importance des contradictions que l'on rencontre dans les recherches des chimistes. Ces divergences ne sont ni plus choquantes, ni plus considérables que celles que l'on observe dans toute science qui se fait, et où chaque jour les travailleurs sont à l'œuvre. Avec la manière de raisonner des adversaires des sciences physiques, on arriverait à nier la possibilité de toute science, la médecine comprise. Un progrès dans les procédés n'est pas une contradiction. D'ailleurs, que peut-on conclure de là? Puisque les altérations du sang, par exemple, existent, il faut bien en tenir compte. Or, préférera-t-on la simple inspection physique aux recherches des chimistes et des micrographes? Mais qui ne sait combien sont insuffisantes les données obtenues par cette voie, à quelles erreurs graves elles conduisent ? N'a-t-on pas démontré que les différences d'aspect du sang sont loin de correspondre à de semblables différences dans sa composition ? Et n'y aurait-il pas de l'injustice à jeter l'interdit sur les travaux actuels, parce qu'ils n'ont rien de semblable à ceux qu'on obtenait alors qu'on ne savait analyser le sang, par exemple, qu'en le traitant dans des appareils de distillation, en le faisant macérer ou fermenter ?

On a aussi objecté que la chimie, désorganisatrice par sa nature, et ne procédant que par dissociation, était impuissante à révéler les actes essentiellement complexes de l'organisme dans leur ensemble et leurs rapports respectifs ; que tout au plus pouvait-elle constater des effets partiels sans lien synthétique. (*Gaz. méd.*, 1846.) Sans méconnaître ce que cette objection peut avoir de fondé dans l'état actuel de la science, je ferai remarquer qu'elle s'appliquerait aussi bien à l'anatomie pathologique et même à l'analyse symptomatologique. Si, dans la première période de son évolution, la chimie a dû procéder presqu'exclusivement par l'analyse, pourquoi ne la verrait-on pas un jour, à une époque plus avancée, coordonner ces faits partiels, qui ont bien d'ailleurs leur valeur intrinsèque, en puissantes et fécondes synthèses? Et n'est-ce pas là la marche naturelle de l'esprit humain? Et puis, comment connaître l'ensemble, si l'on n'a étudié les détails ?

Je me crois donc dispensé d'insister plus longtemps sur cette catégorie d'objections, comme sur la critique *ex professo* des procédés employés, par M. Mandel (*Archiv. de méd.*, 1841) ; critique de laboratoire plutôt que de philosophie pathologique, et auxquelles on a d'ailleurs répondu déjà d'une manière satisfaisante. (Monneret et Fleury, *compendium*.)

En résumé, ce qui ne saurait, à mon sens, faire l'ombre d'un doute, c'est que, pour acquérir une connaissance complète des éléments des maladies, il faut porter à la fois l'analyse, d'une part, dans les solides par l'anatomie pathologique, d'autre part, dans les liquides par la chimie. Si la première de ces analyses est très-avancée, elle a vu néanmoins le champ de ses recherches s'agrandir, grâce au concours que lui ont apporté le microscope et la chimie. Quant à la seconde, puisqu'elle commence seulement, tâchons de l'élever à une hauteur égale à celle de son émule. Toutes les sciences ne sont-elles pas soumises à la loi du progrès continu, et l'hématologie n'en a-t-elle pas fait de réels depuis les analyses de Deyeux et de Parmentier ? Ainsi, n'est-ce pas un grand perfectionnement que d'être arrivé à séparer les éléments du sang les uns des autres pour apprécier leurs qualités respectives et leurs modifications intrinsèques ? S'il est des erreurs inhérentes à l'imperfection ou à la fallacité des méthodes (qui le nie?), appliquons-nous à les faire disparaître, mais n'en faisons pas une fin de non-recevoir en pathologie ; ne soyons pas, de parti-pris, hostiles à toute innovation de ce genre ; sachons enfin tenir un juste milieu entre ceux qui prétendent absorber la physiologie et la pathologie dans la chimie, et ceux qui veulent bannir à jamais cette science du sanctuaire.

Une dernière remarque à ce sujet. Il y a, dans l'ordre de génération des sciences une filiation nécessaire, qui ne permet pas d'arriver dans l'une d'elles à des progrès satisfaisants, aussi longtemps que la science à laquelle elle se subordonne n'est pas suffisamment avancée. Ainsi, la chimie ne serait pas arrivée au point où nous la voyons sans les progrès récents de la physique. L'alliance de ces deux sciences, autrefois séparées et opposées dans les théories des iatrophysiciens et des iatrochimistes, n'est pas une des moindres causes des progrès que leur doit la médecine contemporaine. De même, la physiologie voit ses progrès subordonnés à celui des sciences physiques, et la pathologie elle-même ne sera assise sur ses véritables bases, la connaissance des causes et de la nature intime des maladies, que lorsque la science des fonctions vitales sera instituée dans toutes ses parties, conformément à cette direction.

II. Le second obstacle contre lequel viennent se heurter la physique et la chimie médicales, et le plus formidable de tous, sans contredit, parce qu'il tient à la nature même des choses, c'est l'*état d'imperfection des sciences médicales elles-mêmes*, et spécialement de la physiologie, cette base fondamentale de toute pathologie ; c'est l'impossibilité ou la difficulté de soumettre à l'expérimentation les phénomènes de la vie, soit à l'état de santé, soit à l'état de maladie. Impuissant à les produire ou à les varier à volonté, ne pouvant ni les fixer, ni les faire poser devant lui, comme il le fait pour les phénomènes de la vie organique, le pathologiste n'en saisit que les manifestations passagères, fugitives, plus ou moins prononcées. Pour tirer de la chimie tous les résultats qu'elle est en état de nous donner, il faudrait commencer par lui soumettre des questions bien arrêtées, des problèmes bien définis. Comment veut-on que nous obtenions des solutions rigoureuses, lorsque nous ne voyons pas clair nous-mêmes dans ce que nous désirons savoir ?

Si donc l'obscurité et l'imperfection de la médecine, comparée aux autres sciences, tient incontestablement à ce qu'ont de profondément mystérieux les phénomènes vitaux, le seul moyen qui nous soit offert de faire passer cette science du domaine des connaissances conjecturales dans celui des sciences positives, c'est de restreindre, autant que possible, au profit des dernières, le nombre de ces phénomènes, que nous n'admettons, après tout, que par voie d'exclusion, et faute de leur trouver une explication plus naturelle. On a fait une véritable conquête pour notre art, a dit un célèbre physiologiste, toutes les fois qu'on est parvenu à faire passer un phénomène vital dans la classe des phénomènes physiques.

Si la puissance vitale forme des combinaisons, enchaîne des éléments qui, hors de sa sphère, se dissocieraient pour obéir à des affinités naturelles, s'ensuit-il, disais-je ailleurs, que nos fonctions constituent une dérogation perpétuelle aux lois physiques et chimiques? En vain voudrait-on le méconnaître ; quelque réelle que soit la démarcation établie et consacrée entre les phénomènes vitaux et les phénomènes physiques, de quelque manière qu'on explique les différences qui séparent les êtres dont s'occupe la physiologie de ceux qui composent le monde des corps bruts, il est incontestable qu'on observe dans l'organisme tous les phénomènes physiques et chimiques qui ont lieu dans ces derniers. Est-ce qu'on ne constate pas, par exemple, dans le jeu de nos fonctions, une foule de réactions que la chimie explique d'une manière satisfaisante et qu'elle reproduit dans ses expériences? Est-ce que nous n'y observons pas les phénomènes de la pesanteur, les lois de l'absorption et de l'imbibition des gaz et des liquides ? Est-ce que les lois de la dynamique et de la statique, celles de la capillarité, de l'endosmose et de l'exosmose, de l'électricité, du calorique et de la lumière n'y trouvent pas une foule d'applications ? Et comment en serait-il autrement ? Ce monde dans lequel nous vivons n'est-il pas le grand réservoir dans lequel nous trouvons à la fois les matériaux nécessaires à notre existence et les agents de notre destruction ? Où s'élaborent les causes des maladies sporadiques et saisonnières, endémiques et épidémiques ? L'étude des climats et de leur influence sur l'homme, celle de l'air, véhicule du calorique, de la lumière, de l'électricité et des courants magnétiques, des vapeurs et des miasmes qui agissent sur le corps humain, n'a-t-elle pas les rapports les plus intimes avec la physiologie et la pathologie ? Soutiendra-t-on que les données empiriques auxquelles on se bornait jadis, pouvaient conduire à des résultats plus féconds que les procédés exacts, que les instruments de précision à l'aide desquels on procède aujourd'hui à ces recherches, lors même qu'on n'aurait pas encore recueilli aujourd'hui tous les fruits qu'on peut attendre de ces savantes investigations ? Si nous avons sur les phénomènes de la respiration et de l'hématose, de la digestion et des sécrétions, et, par suite, sur les dérangements de nos fonctions et de leurs organes, des idées plus exactes que celles de nos devanciers, à qui le devons-nous, si ce n'est à la physique et à la chimie ? Que serait-ce donc que la physiologie normale ou pathologique, si en chimie nous en étions encore aux quatre éléments et aux humeurs cardinales de Galien, au soufre et au mercure de Paracelse, ou même au phlogistique de Stahl ? On comprend donc qu'un savant professeur de nos jours ait pu dire : « Tout ce que nous savons d'une manière un peu positive, et le nombre de ces notions n'est pas grand, nous le devons aux secours que ces sciences nous fournissent. (Bérard aîné, cours de la faculté, 1847.) Que l'organisation entretienne, en vertu de sa propre virtualité, les conditions normales ou anormales de son action : que les organes ne jouent, par rapport aux causes actives, à la puissance vitale qui les met en jeu, que le rôle d'instruments, toujours est-il que les éléments matériels qui entrent dans la composition du corps possèdent un certain nombre de propriétés qui ne les abandonnent jamais : la pesanteur, par exemple, pour ne citer que la plus élémentaire d'entre elles. Tout ce que l'on peut dire de plus favorable à la cause du vitalisme peut-être, c'est que l'organisation et les forces nouvelles qui s'y développent ont pour résultat de mettre, comme l'a dit un savant critique, les éléments matériels dans des rapports tels, qu'en vertu des lois ordinaires qui les régissent des phénomènes apparaissent, qui ne se montrent jamais hors de l'organisme et des conditions nouvelles qui en résultent pour la matière.

Je conclus de cette discussion : 1° qu'interdire aux sciences physiques et chimiques l'accès de la physiologie ou de la pathologie en se fondant sur la démarcation qui existe entre les phénomènes vitaux et ceux du monde inorganique, c'est fermer tout progrès à la médecine ; 2° qu'on est mal venu à rejeter sur ces sciences la stérilité des applications qui en ont été faites jusqu'alors à l'art de guérir, lorsqu'il est patent que cette stérilité tient, en grande partie, à l'obscurité des problèmes qui leur ont été soumis, et des termes dans lesquels on les leur a posés.

III. La troisième considération qui me paraît de nature à expliquer l'infériorité relative des résultats obtenus en physique et en chimie pathologique, c'est qu'en général les physiciens et les chimistes ne sont pas médecins, ou le sont bien peu ; et que les médecins manquent pour la plupart de leur côté de connaissances suffisantes dans ces sciences, pour en faire des applications neuves et approfondies à l'art de guérir. « Les lois physiques, disait Magendie, n'ont rien perdu de leur empire pour s'exercer dans les corps organisés ; les observateurs seuls ont manqué pour les suivre dans ce monde vivant. » (*Loc. cit.*) — Il est résulté de là que les physiciens ont souvent décrit les phénomènes qu'ils observaient à la manière des naturalistes, sans s'occuper assez de les rattacher aux données de la pathologie ; et que les médecins auxquels on montrait ces recherches spéciales ainsi séparées de leurs applications pratiques, n'ont conçu qu'une médiocre idée de leur importance, et s'y sont trouvés préparés d'une manière insuffisante. Aussi, nous n'avons encore ni physique, ni chimie médicales. Il existe, il est vrai, d'estimables ouvrages publiés sous cette étiquette ; mais cherchez-y une idée médicale, des applications raisonnées à la physiologie normale ou pathologique, et vous n'en trouverez point.

L'indigence de la science à cet endroit est si bien sentie, que dans les concours qui ont eu lieu devant la Faculté de médecine de Paris, il y a quelques années, pour une chaire de physique médicale, et pour une chaire de chimie du même nom, on n'a proposé aux concurrents que des questions de physique et de chimie pures, de telle sorte qu'on aurait pu se croire en pleine Faculté des sciences beaucoup plus que devant une école de médecine ; et qu'à une époque plus récente, où l'on pût craindre de voir notre enseignement supérieur mutilé par mesure d'économie (1848), on se demanda avec quelque apparence de raison si ces chaires ne faisaient pas double emploi avec les chaires du même nom instituées dans la Faculté des sciences...

Cela tient-il uniquement à l'état peu avancé de la physique et de la chimie médicales ? Cela n'accuse-t-il pas au moins une lacune dans notre enseignement ? Pour moi, je ne comprends pas que dans l'état actuel de nos connaissances, on ne mette pas tout aspirant au doctorat à même de faire par lui-même l'analyse du sang d'un malade, ou quelques recherches microscopiques sur les humeurs, sur les tissus altérés, et que l'exemple soit parti sous ce rapport de l'enseignement privé. Il me semble aussi qu'un enseignement mixte, qui aurait pour but essentiel de rattacher les sciences de l'organisation aux sciences physiques, pourrait servir de base à cette éducation nouvelle, et qu'il seconderait puissamment les tendances de notre époque vers cet ordre d'investigations (1).

IV. Enfin, une dernière cause à laquelle j'attribue la médiocrité des résultats obtenus, et l'espèce de défaveur attachée par un certain nombre de praticiens habiles, de professeurs en renom, à l'intronisation des sciences physiques dans la médecine, ce sont les applications prématurées et inconsidérées qui en ont été faites aux diverses époques de notre art, lorsque ces sciences étaient à peine viables ; et de nos jours même par ces esprits impatients qui devancent toujours les faits, et qui ne peuvent défendre une cause sans la compromettre par leurs exagérations. La juste proscription dont furent frappées, dans le siècle dernier, les écoles iatro-chimiques et iatro-mécaniques qui avaient quelque temps usurpé l'empire, devait s'étendre au-delà même de l'époque où ces doctrines disparurent, et éloigner pour longtemps

(1) Tel était le cours de Magendie au collége de France ; tels sont, à certains égards, ceux de M. Cl. Bernard et de M. Robin. Mais ces cours ne sont pas obligatoires ; le choix des matières à traiter y est laissé au libre arbitre du professeur ; les élèves n'y sont pas exercés.

toute tentative de restauration analogue. Les esprits étaient d'ailleurs tournés vers les études anatomiques, qui semblaient avoir fondé le solidisme sur des bases inébranlables et dit le dernier mot de la science. Telle fut du moins l'illusion dont on se berça dans la première partie du xixe siècle. On ne devait revenir à la chimie qu'après avoir constaté l'impuissance des recherches cadavériques à nous révéler tous les phénomènes de la maladie ; et puis il fallait que la science nouvelle éloignât, par la sévérité de ses méthodes, tout soupçon de parenté avec les romans imaginés naguère dans le même but ; qu'elle satisfît, en un mot, aux tendances générales qui se manifestent aujourd'hui vers une solution plus exacte des problèmes de la pathologie. Tout cela ne peut être que l'œuvre du temps ; mais quand on est dans le vrai, il faut être patient, car le règne de l'erreur, résultat d'une méprise, ne peut être de longue durée. Déjà bien des préventions hostiles se sont effacées ; bien des dissidents se sont ralliés ; et nous croyons entrevoir l'époque où la grande famille médicale marchera comme un seul homme à la conquête des vérités qu'elle aspire à connaître, ne laissant derrière elle que les traînards d'un autre temps, ou les enfants perdus de toutes les écoles, qui cherchent dans l'étrangeté de doctrines plus ou moins scientifiques des éléments de succès d'une moralité douteuse.

V. Ceci me conduit à caractériser d'une manière générale la nature des services que la médecine ou plutôt la pathologie, vers laquelle toutes les sciences médicales viennent converger, doit, à mon avis, attendre de l'application des sciences physiques à l'étude de l'homme malade.

D'abord, il importe à l'avenir de la médecine, il nous importe à nous qui avons foi dans sa perfectibilité, de repousser toute solidarité avec les explications purement hypothétiques, avec les applications prématurées de ces sciences à des problèmes pour longtemps insolubles; de n'attaquer les questions que de leur côté accessible à nos moyens d'investigation; de ne pas mériter enfin le reproche que l'illustre chimiste Suédois adressait à ces faux amis du progrès qui : « sans attendre que le fruit de l'arbre de la science tombe de lui-même à la maturité, le cueillent longtemps par avance, et se disputent le faux honneur d'être les premiers à offrir une corbeille de fruits verts..... »

La médecine, il faut le reconnaître, a donné entre les mains de nos devanciers tout ce que l'on peut attendre de l'analyse anatomique et symptomatologique. Or, si l'on ne veut pas que la science, faisant halte dans nos amphithéâtres ou dans l'étude des nosographies, renonce à marcher vers de nouveaux progrès, on est bien forcé de convenir que les sciences physiques seules peuvent satisfaire aux besoins nouveaux. Toutefois, reconnaissons-le, nous n'y avons guère puisé jusqu'à présent que de nouveaux procédés d'investigation; et ce serait une grande illusion que de croire que le microscope et l'analyse chimique nous ont découvert la *nature intime* ou les *causes* des maladies. Qu'ils nous aient dévoilé le rapport des symptômes ou des manifestations extérieures aux lésions les plus reculées que la science puisse atteindre, c'est incontestable. Mais, parce que l'on a trouvé le *comment* d'un phénomène, on en a pas découvert le *pourquoi*. Si l'anatomo-pathologiste ne m'explique pas pourquoi se forme le cancer, le chimiste ne me l'explique pas mieux; il ne me dit pas pourquoi le sang des chlorotiques est aqueux et pauvre en globules. Ainsi, quand nous parlons de maladies cancéreuses, tuberculeuses, anémiques, etc., que faisons-nous, sinon de désigner leurs caractères saisissables? Quant à la cause première de leur production, nous l'ignorons complétement. Nous saisissons les forces organiques dans leurs actes, et voilà tout. Toutefois si de l'observation de ces actes nous pouvons nous élever aux conditions qui règlent leur reproduction constante, c'est-à-dire, *à leurs lois*, nous aurons fait un grand pas vers la connaissance des causes ; et ce progrès, qu'on ne l'oublie pas, c'est à la sévérité des méthodes expérimentales introduites par les sciences physiques dans toutes les branches des connaissances humaines que nous en sommes redevables.

En ce qui concerne la connaissance des causes, qu'on me permette de dire, en terminant, comment je l'envisage au point de vue de l'application des sciences physiques et chimiques à la médecine. Ce ne sera pas sortir de mon sujet, car comment avoir des idées arrêtées sur la nature intime des maladies, si l'on ne prend pour point de départ une étiologie bien faite ?

L'étude des causes intimes des maladies se rattache nécessairement à celle des conditions premières de la vie. Or, quelles sont ces conditions ? Elles sont au nombre de trois :

1° Une partie solide ou gangue, base fixe d'opération pour l'évolution des phénomènes de la santé et de la maladie ;

2° Des fluides pénétrant de toutes parts cette gangue, à laquelle ils apportent les éléments de sa nutrition ;

3° Un agent particulier, quelque nom qu'on lui donne, fluide vital, nerveux, peu importe, qui préside aux fonctions normales ou anormales, dont l'organisme est à la fois le théâtre et l'instrument.

Mais, puisque dans les mutations survenues au sein des solides et des liquides, on ne s'accorde à voir que des *effets* dont il faut chercher la cause ailleurs, l'étude des causes intimes des maladies doit donc se rattacher essentiellement à celui des trois facteurs de la vie que je viens de nommer en dernier lieu; je veux dire l'agent du système nerveux. Or, toutes les analogies se réunissent aujourd'hui pour nous faire penser que cet agent est un fluide impondérable qui a son analogue dans les impondérables de la physique et de la chimie, et particulièrement dans les phénomènes électriques.

En effet, des courants électro-magnétiques traversent incessament notre planète ; le soleil l'inonde de calorique et de lumière ; les mutations chimiques du sol et de l'atmosphère mettent en liberté des quantités incalculables de fluides impondérables ; tout changement d'état d'un corps, comme toute combinaison chimique, se fait avec l'intermédiaire de ces agents, qui deviennent libres de fixes qu'ils étaient. Ainsi, les animaux comme les végétaux, pour former des composés organiques, ne peuvent se passer du concours des impondérables ; et si ces derniers deviennent libres par le fait même des mutations chimiques ou du contact des corps, on ne voit pas pourquoi, comment l'innervation échapperait à la dépendance de ces actions physico-chimiques, si puissantes, si générales. Tout porte, au contraire, à croire que la mise en liberté du fluide électro-vital résulte du conflit du sang avec les cellules nerveuses. Il n'est pas jusqu'à la disposition anatomique de l'appareil nerveux en parties centrales et en conducteurs isolés, formant un circuit complet, qui ne rappelle la pile galvanique. Je sais bien que tout cela est hypothétique, mais est-ce une raison pour n'en tenir aucun compte ? N'est-ce pas à des analogies de ce genre que Franklin a dû sa belle découverte ? Les hypothèses n'ont-elles pas aussi leur utilité en étendant l'horizon de la science, et en guidant vers les découvertes dont elles sont comme le pressentiment ? Toutes les découvertes n'ont-elles pas été imaginées, c'est-à-dire, à l'état d'hypothèses, avant de pouvoir être démontrées par l'expérience et acquises à la science ?

En tout cas, on ne peut nier qu'il n'y ait là une source de recherches dont il n'est donné à personne de prévoir le résultat.

Je n'insisterai pas davantage sur cet ordre d'idées

pour ne pas être infidèle à la méthode rigoureuse que les sciences tendent à faire prévaloir, et de laquelle j'ai cherché moi-même à ne pas me départir dans le cours de ce travail, dont je résumerai la pensée dans les propositions suivantes :

La première question dans toute science, c'est, disais-je en commençant, une question de méthode ;

La méthode d'une science ne peut se fonder que sur la connaissance de son objet ;

L'objet de la médecine, c'est l'homme physique dans l'état de santé et de maladie ;

Il n'y a dans l'homme physique que trois choses : des *solides*, des *liquides*, des *agents impondérables*.

Or, pour la connaissance de ces parties intégrantes de l'organisme, la physique et la chimie nous sont indispensables :

1° Pour la connaissance des *solides*, en nous éclairant sur la structure intime et sur la composition des tissus à l'état sain ou malade ;

2° Pour celle des *liquides*, en nous fournissant les seules notions exactes que nous puissions avoir sur leurs éléments constitutifs, et sur les altérations que ces éléments peuvent subir ;

3° Pour celle des *impondérables*, dans la recherche desquels les sciences physiques et chimiques sont seules compétentes, ces sciences étant les seules susceptibles de nous mettre sur la voie des analogies que les impondérables de l'organisme offrent avec ceux du monde extérieur.

Donc ces sciences doivent exercer sur la biologie en général, et sur la connaissance des phénomènes pathologiques en particulier, une influence immense.

Mais l'étude des symptômes, qui sont la manifestation vivante de la maladie, et celle des lésions anatomiques, qui en sont la traduction matérielle sur le cadavre, nous ont laissé dans une ignorance à peu près complète sur *les causes prochaines* des maladies. — Elles livrent, par conséquent, la thérapeutique à l'empirisme. — Et comme elles nous ont dit, ou qu'elles sont bien près de nous avoir dit leur dernier mot, il n'y a de progrès marquant, de grandes découvertes à attendre dorénavant dans l'art de guérir, que de la recherche expérimentale des causes.

En d'autres termes, à la pure observation des *apparences extérieures* des maladies qui a défrayé pendant tant de siècles l'art de guérir ; — à l'étude des organes malades qui n'en est que la contre-épreuve, le temps est venu, je le crois, de substituer la médecine étiologique qui peut seule faire perdre à la science son caractère conjectural, et fournir à la théorisation des faits une base large et plus fixe que celles qu'ont essayé de lui donner jusqu'à présent les différents chefs d'école.

Or, ce n'est qu'à la lueur des sciences physiques et chimiques, et en prenant pour point de départ les révolutions qu'elles doivent accomplir dans la physiologie normale et pathologique, que l'on peut s'avancer dans cette voie ; voie jusqu'alors inaccessible, et si pleine d'obscurités que beaucoup d'excellents esprits ont cru devoir exclure du domaine de la science la recherche des causes.

Et, cependant, si l'art de guérir doit marcher, comme l'esprit humain, vers un progrès dont nous ne saurions sans beaucoup de témérité assigner les limites, à quelle méthode le devra-t-on ? Est-ce de nos amphithéâtres d'anatomie, est-ce de la superposition indéfinie de faits mille fois décrits qu'on la fera sortir ? Qui pourrait le prétendre ? Eh bien ! alors, sur quels motifs péremptoires s'appuieraient donc les détracteurs de la physique et de la chimie biologiques, pour leur contester aujourd'hui l'avenir brillant qui leur est réservé ?

RECHERCHES

SUR

LE RÉGIME ALIMENTAIRE DES ANCIENS

POUR SERVIR

A L'HISTOIRE DE L'HYGIÈNE, DES MŒURS

ET A L'INTELLIGENCE DES AUTEURS DE L'ANTIQUITÉ

Si la *bromatologie*, ou cette branche de l'hygiène qui traite des aliments et de leurs effets sur l'organisme, a une importance incontestée, son histoire aux différentes époques de la civilisation n'offre pas un intérêt moins grand. D'abord cette étude jette un jour nouveau sur la physiologie et sur l'hygiène *comparées* ; ensuite, elle peut servir à l'intelligence des auteurs de l'antiquité ; enfin, elle se rattache à l'histoire des mœurs et des coutumes des peuples.

En effet, quand on étudie, à ses différents points

de vue, le régime alimentaire d'un peuple, on voit qu'il n'y a pas seulement là matière à des recherches d'archéologie gastronomique ou de littérature épicurienne. Il suffit, pour s'en convaincre, de considérer les effets d'une alimentation donnée sur nos facultés physiques et morales : l'influence que l'estomac a sur le cerveau, en d'autres termes, l'étroite connexité dans laquelle la vie gastrique se trouve avec la vie intellectuelle, avec notre humeur, notre santé, et partant avec notre bonheur. D'un autre côté, voyez quels liens de concorde la table établit entre des hommes d'une même famille ou d'une même cité ; quelle part elle prend dans les habitudes de l'existence, et dans les relations sociales ! Le brouet noir de Sparte fut-il complétement étranger à la grossièreté de ses mœurs, et n'était-il pas caractéristique de sa civilisation? Le culte de l'art culinaire, ses développements excessifs dans la Rome impériale n'y accusent-ils pas la profonde décadence de la forte nation qui avait naguère conquis le monde?

Ces observations n'avaient pas échappé à l'antiquité. Longtemps la table y fut consacrée par la religion. On ne s'en approchait, on ne la quittait qu'avec des cérémonies pieuses ; et l'on voit Homère faire descendre des divinités sur la terre pour y prendre place à un banquet. Les plus renommés d'entre les législateurs avaient établi le régime commun, jugeant que des hommes soumis à la même alimentation devaient mieux s'entendre. Cette pensée se retrouve même à l'origine du christianisme, et dans la plupart des communautés religieuses. Peut-être motiva-t-elle la prescription en sens contraire, que Moïse fit à son peuple, de s'abstenir de certaines viandes en usage chez les Gentils? Avant que la licence des mœurs ne les eût rendues inutiles, il y eut, à différentes époques, chez les Grecs et chez les Romains des lois somptuaires, destinées à régler la qualité des mets, la durée des repas, le nombre des convives, et la dépense qu'on pouvait y consacrer selon la circonstance; car il y avait, comme on sait, à Rome un grand nombre de festins, destinés à célébrer les principaux événements de la vie publique ou privée.

Bien que les révolutions qui se sont opérées dans les mœurs, aient aboli ces différentes coutumes, elles n'ont pu soustraire l'homme à l'action si puissante du régime alimentaire sur nos facultés: à celle des mœurs de la table sur une nation: ni détruire entièrement, bien qu'ils se soient fort relâchés, les liens qui s'établissent par le fait même de le convivialité entre les membres d'une même famille, d'une même corporation, d'un même parti. L'homme repu n'est pas le même que l'homme à jeûn, disait Brillat-Savarin, et le célèbre axiôme « dis-moi ce que tu manges, je te dirai ce que tu es, » a plus de portée encore que ne lui en prêtait l'ingénieux écrivain.

Ces réflexions me revenaient, il y a quelque temps, à l'esprit, en parcourant le traité curieux et trop peu connu de L. Nonnius, publié en 1628 sous le titre de *Diœteticon, sive de re cibariâ*. Malheureusement, le latin fort médiocre dans lequel il est écrit, les théories surannées qui y servent de commentaire aux faits, rendent la lecture de cet ouvrage assez difficile. En suivant ici les traces du médecin Anversois, je m'efforcerai de faire tourner au profit de mes lecteurs sa riche et attrayante érudition, dégagée de sa mauvaise physiologie, et complétée parce que les recherches plus récentes de la science peuvent y avoir ajouté.

§ I. ALIMENTS TIRÉS DU RÈGNE VÉGÉTAL.

I. Les céréales. — Bien que les céréales aient été de tout temps la base de l'agriculture, que l'antiquité leur ait attribué une origine divine, et que les Grecs fissent même honneur au dieu Pan de l'invention du pain, cependant, cet aliment, d'un usage aujourd'hui si général parmi les nations civilisées, n'était familier ni aux premiers Grecs, ni aux premiers Romains, ou du moins la préparation à laquelle on donnait ce nom, différait-elle sensiblement de celle à laquelle on l'appliqua plus tard. De la farine de blé pétrie dans de l'eau, ainsi que le font encore de nos jours les Arabes, les montagnards d'Écosse, etc., tel fut le premier emploi que l'on fit de cette substance. « Pulte autem non pane vixisse longo tempore Romanos manifestum.... et Ennius, antiquissimus vates, obsidionis famem exprimens, *offam* eripuisse plorantibus liberis patres commemorat. » (Pline, lib. 18.) Chez les Grecs, cette galette, *offa*, se faisait non plus avec du blé, mais avec de l'orge ; on l'appelait μάζα. (Voir Hippocrate, etc.) (1). Leur *puls* se préparait également avec de l'orge torréfiée, et se nommait ἄλφιτον, en Italie *polenta* (2). On mêlait souvent à ces diverses préparations du lait, du miel ou du vin.

Quoiqu'il en soit, on ne peut dire où et quand a commencé l'usage du *pain levé*, ce qui témoigne en faveur de son universalité et de son antiquité. Ainsi,

(1) Je dois dire que ce mot μάζα, comme l'*alica*, et beaucoup d'autres, est souvent appliqué à des préparations fort différentes. Ainsi, pour Suidas, c'est une bouillie claire de lait et de farine de blé.

(2) La *polenta* se fait maintenant en Italie avec du maïs non décortiqué.

bien qu'on voie dans l'Écriture Sarah préparer sur l'âtre, en le couvrant de cendres chaudes, le pain qu'Abraham présente aux trois anges qui viennent le visiter dans la vallée de Mambré, certains passages de l'Exode prouvent que les Hébreux connaissaient l'usage du levain. Moïse le leur interdit même dans certaines circonstances (la fête de Pâques, etc.); et il raconte que, pressés de partir, les Israélites n'eurent pas le temps, à leur sortie d'Égypte, de mettre le levain dans la pâte. — C'était primitivement sans doute de la pâte aigrie qu'on délayait dans la pâte nouvelle. — Les Celtes, nos aïeux, qui avaient élevé un temple à Mercure *Artaïus*, connurent également l'usage du pain levé (1), et firent les premiers usage à cette occasion de la levûre de bière. Au reste, tout ce qui pouvait développer la fermentation, le vin lui-même servait à cet usage, comme on le voit dans Pline. (Lib. 48, cap. 2.) (2)—Ce qui me paraît donc le plus vraisemblable, c'est que, bien qu'ils n'en ignorassent pas l'existence, les peuples de l'antiquité lui préféraient

---

(1) Le mot ἄρτος, pris probablement dans le même sens, se trouve déjà dans Hésiode.

(2) La levûre fut condamnée, en 1668, comme nuisible, par arrêt de la Faculté de médecine de Paris. Guy-Patin fut un des ennemis déclarés de « cette vilaine écume. »

souvent, dans les classes inférieures surtout, comme plus économiques et d'une préparation plus prompte, soit des bouillies ou des pâtes, soit des galettes qu'on apprêtait sur une espèce de gril posé sur des charbons, ou bien dans des trous en terre servant de four. Cela se faisait encore au quatorzième siècle, où l'on préparait une espèce de pain sans levain sur lequel on étendait certains aliments ; comme le pratiquent de nos jours les Arabes et les classes pauvres à Constantinople. Ainsi, quoique le pain soit aujourd'hui d'un usage plus général qu'il n'a jamais été, les paysans de la Sologne n'ont-ils pas encore leur bouillie de sarrasin, les Bretons leur *far*, les Marseillais leur *pilau* (1) ? Le sorgho, le maïs n'alimentent-ils pas de nombreuses populations méridionales ?

Cependant, nous voyons du temps de Pline, le pain fermenté d'usage vulgaire à Rome. Ce naturaliste s'étend même sur les diverses espèces de levain qu'on peut employer. Les auteurs latins mentionnent quatre espèces de pain : *sigilineus, similagineus, confusaneus, furfuraceus*. Les deux premiers se préparaient avec de la fleur de farine. Le *sigilineus*, tritici deliciæ, selon l'expression de Pline, n'était servi,

---

(1) Le *far* se fait avec du gruau ; le *pilau oriental* est une bouillie de riz à moitié cuit, et teinte par le safran.

d'après Celse, que sur la table des grands. Il en est question dans Juvénal :

> Sed tener et niveus, mollique siligine factus,
> Servatur Domino.   (*Sat.* V.)

On le faisait avec le *siligo* (*triticum hibernum* L.); ce devait être quelque chose comme le *pain mollet* de Paris, que le parlement s'avisa de proscrire en 1668 par un arrêt en forme. Le *similagineus* ou σεμιδαλίτης des Grecs est mentionné par Martial comme pouvant servir à toutes sortes de préparations :

> Nec poteris similæ dotes numerare, nec usus
> Pistori toties cum sit et apta coquo.   (XENIA.)

On en faisait une espèce de semoule. (Pline, trad. Littré).

Le *confusaneus* (συγκομιστός ou αὐτόπυρος) se fabriquait avec de la farine à laquelle on avait laissé une partie du son, comme on le fait encore en Angleterre et en Amérique; c'est notre pain *bis*. On lui connaissait déjà la propriété de tenir le ventre libre, propriété qu'il doit à la présence du ligneux, réfractaire aux forces digestives. *Alvum movet*, dit Nonnius, et il attribue à l'absence de son dans le pain des riches la fréquence des obstructions qu'on observe, selon lui, chez eux. Il est du moins probable que la disparition complète de cette substance par le blutage perfectionné, est l'une des causes d'une incommodité très-commune aujourd'hui, et de laquelle Voltaire recommande plaisamment de s'enquérir avant qu'on ne demande audience à une Excellence ; *sunt mollia fandi tempora.*

Enfin, le *furfuraceus* (πιτυρίας) contenait plus de son que de farine, d'où l'épithète de ῥύπαρος, et celles de *sordidus acerosus*, que lui donnent Plaute, etc. C'est le *panis plebeïus* de Sénèque. (Ép. 119.)

On préparait aussi pour les militaires en campagne ou pour les voyages sur mer un pain cuit deux fois, *bucellatum* (δίπυρος) ; c'est l'analogue de notre *biscuit.*

Les Romains faisaient, en outre, du pain ou des bouillies d'un usage populaire, non-seulement avec plusieurs espèces du genre *triticum*, telle que l'épeautre (*triticum spelta*), qui servait à préparer l'*alica*, et dont les variétés se trouvent désignées sous les noms de *zea, typha, olyra*, mais encore avec d'autres graminées, telles que l'orge, la première céréale qui ait servi, dit-on, à la nourriture des peuples; le *millet* (*panicum miliaceum* L.), dont plusieurs espèces étaient en grande faveur chez les Gaulois de l'Aquitaine, chez les Éthiopiens, les Sarmates, les nations du Pont : « Ponticæ gentes nullum panico præferunt cibum, » (Pline, *loc. cit.*), et dans la Campanie : « Milio Campania maxime gaudet, pultemque candidam ex eo facit, et panis produlcis. » (*Id. ibid.*) Plus loin, le même auteur ajoute : « Panis multiferia et è milio fit, at è panico rarus. » — Par *panic*, il faut probablement entendre le *panicum Italicum*. Le mil en usage chez les peuples de l'Asie et de l'Afrique était sans doute une autre espèce, l'*holcus sorgho*, avec lequel les Arabes préparent encore le couscouss, ou quelque espèce voisine. — Quant à l'orge, à laquelle, selon Théophraste (lib. 8), le sol de l'Afrique était particulièrement favorable, bien qu'elle donne, employée pure, un pain compacte, collant et moins nutritif que celui de froment, les Athéniens estimaient assez ses prétendues vertus réparatrices pour que des gladiateurs en fissent leur nourriture habituelle, « *Gladiatores hordearii.* » (Pline, *loc. cit.*) (1). Il est probable qu'ils le mêlaient à une certaine quantité de froment, ce qui donne, en

---

(1) Peut-être cette épithète fait-elle simplement allusion à la nourriture grossière dont faisaient usage les populations primitives de l'Attique ; car, ainsi que me l'a fait observer un habile philologue, M. Lemaire, agrégé de l'Université, les mots κρίθινος, *hordearius* sont toujours pris en mauvaise part en grec comme en latin ; ainsi, on dit : κρίθινος Δημοσθένης ou *hordearius rhetor*, pour désigner un faux Démosthène, un orateur inculte.

effet, un pain souple et d'assez bonne qualité. Chez les Romains, au contraire, on distribuait le pain d'orge à titre de peine infamante aux soldats qui avaient fui. « Cohortes, si quæ cessissent loco, decimatas hordeo pavit. » (Suétone, cap. 24.) C'est ce qui arriva après la bataille de Cannes, et ce que fit entre autres Auguste. Plus tard, ce pain fut abandonné aux animaux.

Le pain plus grossier qu'on fait avec *le seigle*, familier aux peuples du Nord, n'était en usage ni chez les Grecs, ni chez les Romains. Pline en parle avec beaucoup de dédain : « Secale Taurini sub Alpibus Asiam vocant, deterrimum et tantum ad arcendam famem utile..... admiscetur huic far ut mitiget amaritudinem ejus, et tamen sic quoque ingratissimum ventri est (*loc. cit.*). » Quant à l'*avoine*, indigène du Nord, l'Italie la reçut des Gaules où on la mangeait torréfiée en galette ou en bouillie, comme chez les Scandinaves. — Je ne parle pas du *maïs*, inconnu aux populations européennes avant la découverte de l'Amérique, quoique la description donnée par Pline du *loba* ou *mil indien* paraisse s'appliquer à cette plante. — Enfin, pour terminer ce que j'avais à dire des graminées, je ferai remarquer que le *riz*, dont les peuples de l'Orient faisaient dès-lors une des bases de leur alimentation, était fort peu usité chez les Grecs et les Romains, au moins comme succédané du pain, bien qu'ils employassent des végétaux très-variés dans la confection de cet aliment ou de ce que l'on désignait ainsi. Car, quand on dit que les Grecs connaissaient plus de soixante espèces de pain, il me semble qu'on étend démesurément la signification propre de ce mot. — Pline nous apprend qu'il y avait aussi en Italie de nombreuses espèces de pain qui tiraient leur dénomination tantôt des mets avec lesquels on les mangeait, tel *le pain d'huîtres;* tantôt du mode de cuisson, de la forme, des ingrédients qu'on y faisait entrer, tel le *pain picentin,* le plus friand de tous, que l'on pétrissait avec du suc de raisins confits. Chaque genre de pain avait même son *pistor* ou boulanger spécial ; au premier rang étaient les *sigilinaires* (1). De nos jours même y a-t-il beaucoup de rapports entre le pain de Paris et le pain d'orge des Finlandais, ou celui des paysans pauvres, composé dans quelques parties de la Russie avec des criblures de toutes sortes de grains? Entre le *pumpernikel* des Westphaliens et le pain des habitants les plus misérables des Alpes, que l'on cuit deux ou

---

(1) Les choses avaient bien changé, comme on le voit, à Rome, qui fut près de six siècles sans avoir de boulangers. C'étaient les femmes romaines qui remplissaient cet office.

trois fois l'an, et que l'on suspend au foyer d'où on le détache pour le faire tremper quand on veut le manger?

Les patisseries. — De la farine, du lait, de l'huile, du miel, auxquels on ajoutait souvent des œufs, du fromage (caseum), des fruits ou des plantes aromatiques, tels étaient les ingrédients extrêmement variés qu'on désignait chez les Grecs sous les noms de πέμματα, ἴτρια, τραγήματα, πλάκους, et chez les Latins sous ceux de *bellaria* (*res bellas*); *placenta* (de πλάκους ou de *placere*); *liba* (de *libare*, dont on fait des offrandes); *obeliæ* ou *obleæ* (de ὀξελίας oublies ou gaufres (1) *tortæ* (de *torreo*, d'où l'on a fait *tourtes, tartes; crustullæ* (diminutif de *crusta*):

> ..... Ut pueris olim dant crustula blandi
> Doctores, elementa velint ut discere prima.
> (Horace, *Sat.* 1.)

Les enfants n'étaient pas seuls amateurs de ces friandises; ce goût était partagé par les Romains, qui prescrivaient même quelquefois dans leurs testaments d'en faire des distributions annuelles au peuple. Point

(1) Ou, selon d'autres de *oblatæ*, pains offerts à la messe, *pains à chanter* (la messe); en ce cas, ce mot serait d'origine plus récente. Les *obeliæ* se servaient toutes chaudes à la fin des repas; on les trempait dans du vin.

de bons repas sans cela. Il y avait un dicton populaire :
« *Non sunt suaves epulæ quæ non placentam redolent.* » Bion le philosophe disait : « Qu'il n'y que les gâteaux ou le vin de Thasos qui puissent plaire à tout le monde ; » on dit de nos jours « qu'il n'y a que les ducats non rognés. » Autre temps autres mœurs.

II. LES LÉGUMES. — *Les fèves* (*faba vulgaris, f. equina*) et *les haricots* (*phaseolus vulgaris*, δολιχός de Théophraste?) étaient déjà d'un emploi très-vulgaire dans l'antiquité ; s'il faut même en croire Isidore (*Origines*, liv. 17), la fève est le plus ancien légume dont on ait fait usage. On la mettait le plus souvent en bouillie. On la mêlait aussi au froment pour en faire du pain. Les gladiateurs d'Asie en mangeaient habituellement, au temps de Galien, pour donner de la souplesse et du développement aux chairs : « Mollem et laxam carnem generant » (*De aliment. facultat.*, lib. 1) ; et les forgerons à l'état vert, pour combattre la constipation à laquelle ils sont sujets. (Martial lib. x.) La fève avec sa cosse (*faba conchis*), quoique commune sur les tables plébéiennes n'était pas dédaignée des gourmets, comme le témoignent ces vers de Martial :

> Si spumat rubra conchis tibi pallida testa
> Lautorum cœnis sæpe negare potes.
> (Lib. XIII.)

Les haricots à l'huile étaient aussi, comme nous l'apprend M. de Beausset, un des mets favoris de Napoléon ; mais le grand capitaine n'a jamais compté parmi les disciples d'Épicure.

Les idées les plus étranges régnèrent d'ailleurs dans l'antiquité au sujet de la fève qui, d'après le dogme de la métempsycose, recélait les âmes des morts ; d'où ce vers attribué à Orphée par Didyme, personnage antérieur à Pythagore lui-même :

ἴσον τὸν κυάμους τε φαγεῖν, κεφαλάς τε τοκήων (1).

Dans l'antique cérémonie des *lémuries*, où l'on portait des offrandes expiatoires aux mânes des morts (2), les fèves étaient l'objet d'un rite spécial qu'Ovide décrit ainsi dans ses Fastes :

Terque manus pure fontana perluit unda
Vertitur, et nigras accipit ore fabas,
Aversusque jacit ; sed dum jacit, hæc ego mitto
His, inquit, redimo meque, meosque lares.
Nec novies dicit, nec respicit, umbra putatur
Colligere, et nullo terga vidente sequi (3).
(Lib. v.)

(1) Idem certe fabasque comedere, capitaque parentûm.

(2) Les *lémures*, ou ombres malheureuses des morts, passaient pour des divinités malfaisantes qu'on ne pouvait apaiser que par des sacrifices.

(3) « Trois fois il lave ses mains dans l'eau pure d'une fontaine, il se tourne et prend dans sa bouche des fèves noires qu'il jette ensuite derrière lui, en disant : « Je jette ces fèves, et avec elles je rachète moi et les miens. » Neuf fois, il prononce ces paroles sans regarder

C'est sans doute par suite de ces idées superstitieuses que Pythagore en interdisait l'usage à ses disciples (1), et qu'il était défendu aux flamines d'y toucher, ou même, selon Festus-Pompeïus, d'en prononcer le nom. On croyait voir dans les taches noires de la corolle des caractères funèbres (*luctus litterœ*). — Les fèves passaient d'ailleurs pour posséder des propriétés qui pouvaient les rendre suspectes dans un certain nombre de circonstances. On prétendait qu'elles occasionnaient le cauchemar et rendaient les femmes stériles. Théophraste assure que ce dernier effet est constant chez les poules. Les flatuosités qu'elles développent étaient de nature à les faire redouter des hypocondriaques et des femmes hystériques qui, au dire de Tissot et d'un spirituel observateur de nos jours, le docteur Roques, en éprouvent des phénomènes de perturbation nerveuse très-incom-

---

derrière lui. Selon sa croyance, l'ombre les ramasse et suit ses pas sans en être aperçue. » (*Classiq.* Nisard.) D'après Thiébaud de Bernéaud, la fève funéraire des anciens serait la graine du caroubier (*ceratonia siliqua*) ; mais Pline qui fait mention de cet arbre n'en dit rien qui puisse confirmer cette assertion hypothétique. On sait qu'il y a dans le genre *phaseolus* des espèces à graines noires.

(1) Un érudit de nos jours a prétendu que le précepte de Pythagore, *A fabis abstine*, devait s'entendre de l'abstention que ce philosophe recommandait à ses disciples dans l'élection des magistrats, où l'on votait avec des fèves : supposition d'ailleurs purement gratuite.

modes. Saint Jérôme est encore plus explicite : « *In partibus genitalibus titillationem producunt.* » C'est pourquoi il en interdisait l'usage aux religieuses. Nous croyons cette opinion très-peu fondée. Quoi qu'il en soit, il paraît que cela n'en avait pas dégoûté Horace, qui s'écrie dans un accès de lyrisme gastronomique :

> O quando faba Pythagoræ cognata, simulque
> Uncta satis pingui ponantur oluscula lardo !
> (*Sat.* 6, LIB. II.)

Les *pois* passaient également, et avec aussi peu de raison, pour aphrodisiaques. Ils étaient, à ce titre, d'usage dans la fête des *Veillées de Vénus*. Galien nous apprend même qu'on les donnait aux étalons. — Frits à la poêle, les pois comptaient parmi les pâtisseries. C'est de là, je pense, qu'est venu l'usage des pois dépicés, qu'on mangeait autrefois à la fête des Rois. — Le *pois chiche* (*cicer arietinum*, ερέβινθον des Grecs) se prescrivait aussi comme désobstruant. C'est encore un remède populaire en Italie et en Espagne où cette plante est très-commune. De nos jours, Chrétien (de Montpellier) l'a recommandé, à l'exemple des anciens, contre la gravelle. Le café dit *cézé* n'est autre chose que le pois chiche torréfié et réduit en poudre ; préparation que les limonadiers mêlaient depuis longtemps au café véritable, par suite de sophistications auxquelles les progrès de la chimie ont fait prendre une si déplorable extension, et contre lesquelles nos lois ne sévissent pas assez rigoureusement, car il en est beaucoup de funestes à la santé publique.

Les *lentilles* qui ont eu l'honneur de donner leur nom à la famille des *Lentulus*, comme les pois à celle des *Pisons*, les fèves à celle des *Fabius*, étaient très-usitées chez les Égyptiens qui en nourrissaient leurs plus jeunes enfants, d'où l'épithèthe de *Niliaca* que lui donne Martial :

Accipe Niliacam, Peleusia munera, lentem.

La passion historique d'Esaü pour cette graine prouve d'ailleurs qu'elle était connue dès la plus haute antiquité en Orient, dont elle est encore aujourd'hui un des mets favoris. Elle n'était pas moins appréciée des Grecs et des Romains, chez lesquels on voit même quelques personnages (tel le poète Sopator) en tirer leur surnom de *lenticularis*, φάκιος. Les stoïciens disaient « qu'un sage sait tout bien faire, même préparer des lentilles. » — Au dire de quelques auteurs cités par Pline, la lentille aurait joui d'une propriété bien précieuse, elle engendrait l'égalité d'humeur : « Invenio apud auctores æquanimitatem fieri vescentibus ea. » Par malheur, l'expérience n'a pas ratifié cette belle découverte. Ce n'était pas, au reste, l'opinion générale des médecins, qui la regardaient même comme engendrant, par un usage immodéré, des maladies lymphatiques. Ainsi Galien lui attribue l'éléphantiasis, le chancre, etc., bien qu'il recommande ailleurs la farine de lentilles dans les cachexies séreuses. — C'était aussi, chez les Romains, un des mets usités dans les funérailles ; aussi voit-on dans la *Vie de Crassus* par Plutarque, l'armée tirer un présage funeste, dans la guerre des Parthes, d'une distribution de lentilles qu'on lui avait faite à défaut d'autres vivres.

Quant au *lupin*, oublié je ne sais comment par Nonnius, on employait à la fois sa tige comme fourrage et sa graine comme aliment. On la mêlait aussi au pain. Les généraux Romains la distribuaient au peuple dans leurs triomphes. C'était, dit-on, le mets favori des philosophes cyniques. On mange encore, dans le Midi, sa semence après l'avoir fait macérer dans l'eau pour la dépouiller de son amertume. On a même prétendu en faire, par la torréfaction, un succédané du café.

La *Mauve* (μαλάχη de Théophraste, *malva hor-*

tensis, m. silvestris), dont on ne fit plus par la suite que des tisanes, figurait avec honneur sur les tables dès l'antiquité la plus reculée. Hésiode la célèbre, et les pythagoriciens, qui regardaient cette plante comme propre à favoriser l'exercice de la pensée et de la vertu, avaient pour elle (notamment pour la *mauve alcée*, qu'ils appelaient l'*herbe sainte*) la plus grande vénération. Les Romains mêlaient la mauve aux mets les plus délicats. Ils ne mangeaient que les feuilles radicales et les jeunes pousses accommodées au beurre ou à l'huile et au vinaigre, comme le font encore les Chinois. Cicéron avoue s'en être donné une forte indigestion; et Horace, en veine de sobriété, nous dit :

.... Me pascunt olivæ,
Me cicorea, leves que malvæ.

La *laitue* (*lactuca*, θρίδαξ), déjà en usage chez les Hébreux dans leur festin pascal, était, dans les premiers siècles de Rome, un aliment consacré par la religion, et auquel s'attachaient des idées superstitieuses ; νεκυων βρώμα dit Eubulus le Comique. Au dire de Pline, elle sauva Auguste auquel elle avait été conseillée par son médecin Musa : « certè Augustus lactucà conservatus in œgritudine fertur prudentià Musæ medici (lib. xix). » Cependant Hippocrate l'avait accusée d'être, par sa trop grande humidité, l'une des causes du choléra. (*Épid.*, liv. vii.) Une espèce (l'*eunuchion*) passait pour anaphrodisiaque. Est-ce pour cela que Galien avait surnommé la laitue l'*herbe des sages*? Cette plante n'en fut pas moins très-recherchée dans l'antiquité, ou nous voyons quelques membres de la famille des Valéria tirer leur surnom de *Lactucini* du soin qu'ils prenaient de la culture des laitues; et Dioclétien, las de gouverner, passer ses derniers jours à cultiver ses laitues. — Les premiers Romains la mangeaient à la fin du repas, soit pour dissiper les fumées du vin, soit pour provoquer le sommeil; leurs descendants au commencement :

> Claudere quæ cœnas lactuca solebat avorum,
> Dic mihi cur nostras inchoat illa dapes?

dit Martial. Au reste, il se charge lui-même de la réponse :

> Prima tibi dabitur ventri lactuca *movendo utilis*.
> (Lib. vi.)

Les Espagnols empruntèrent, dit-on, cet usage aux Romains.

L'*aunée* (*inula helenium*), qui ne sert plus aujourd'hui qu'en médecine, et les différentes espèces de *chicorées* qui appartiennent à la même famille, se mangeaient aussi cuites ou crues dans le vinaigre. On leur attribuait, comme de nos jours, les propriétés des amers légers et dépuratifs. — La *bette*, la *poirée*, l'*arroche*, aliments fades, particulièrement en usage chez les ouvriers, étaient relevés par des condiments :

> Ut sapiant fatuæ, fabrorum prandia, betæ,
> O quàm sœpe petit vina piperque cocus.
> (MARTIAL.)

Ces différents légumes, à base mucilagineuse, se mêlaient ordinairement, du reste, à d'autres destinés à en relever la saveur. — On employait dans le même but l'*oseille*.

> .... Si dura morabitur alvus,
> Mitulus, et viles pellent obstantia conchæ,
> Et *lapathi* brevis herba.
> (HORACE, lib. II, *Sat.* 4.)

Quant à l'*épinard* (*spinacia*), originaire de l'Asie centrale, d'où il nous a été apporté par les Arabes, il n'en est pas fait mention avant le treizième siècle.

Quelques racines alimentaires étaient encore en usage chez les anciens, notamment le *chervis* ou *girolle* (σίσαρον, *sium sisarum*), qu'on mangeait encore au siècle dernier, et dont Tibère était si friand qu'il en faisait venir tous les ans de la Germanie (Pline, liv. 19) : — la *carotte*, le *panais* (*pastinaca*, σαφύλινος), rangé par quelques auteurs dans l'espèce précédente, et que l'on croyait recéler un philtre amoureux (1) ; — l'*arum*, l'*asphodèle*, plantes sacrées que l'on cultivait autour des tombeaux, et dont on mangeait les jeunes pousses ou les tubercules privés par la cuisson de leur principe âcre ; — le *navet* et différentes sortes de *raves* (*brassica rapa*, etc.), que les mains victorieuses d'un Curius ne dédaignaient pas d'apprêter, au moment même où les députés samnites lui apportaient de l'or qu'il refusait en disant : « Qu'il n'avait qu'en faire, puisque son champ de raves suffisait à ses besoins. » On en consommait beaucoup. C'est, après le vin et le blé, la meilleure récolte de l'Italie transpadane, dit Pline ; et Martial affirme plaisamment que Romulus en mange dans le ciel :

> Hæc tibi brumali gaudentia frigore rapa
> Quæ damus, in cœlo Romulus esse solet.
> (In *Xeniis*.)

Les Grecs estimaient beaucoup le *raifort* (*raphanus sativus*), à telle enseigne qu'un auteur grec, Moschion, lui consacra un volume entier. — Ils ne faisaient pas le même cas du *chou* (*brassica*), qui, en revanche, était très-prisé des Romains, et figurait même sur la table des gourmets. On connaît l'en-

---

(1) Orphæus amatorium inesse staphylino dixit, fortassis quoniam venerem stimulari hoc cibo certum est.   (PLINE, lib. xx.)

gouement du vieux Caton pour ce légume dont il faisait une panacée, et grâce auquel il prétendait s'être préservé lui et toute sa famille de la peste. Le médecin Chrysippe en avait fait aussi l'objet d'un traité particulier divisé comme les parties du corps. — Le *chou de Pompéi*, cité par Pline, paraît être le *chou-fleur*. Au reste, l'imparfaite délimitation des genres jette, en plus d'un point, beaucoup de confusion sur les espèces quelquefois assez éloignées que les auteurs de l'antiquité y rapportent. Ainsi Pline rattache au raifort un *cochlearia;* au genre *brassica*, le crambe, dont il fait ailleurs une espèce de moutarde, de même que le raifort. — Les choux passaient pour dissiper les fumées de l'ivresse ; de là sans doute l'usage égyptien d'en manger avant de boire. (*Athénée*, lib. II.) C'était chez les anciens Grecs une plante sainte consacrée par certaines idées religieuses, μάντιν καί ίεράν (*id.*), et sur laquelle on prêtait serment.

L'*artichaut* ignoré ou sans usage dans les temps reculés de la Grèce, quoique décrit par Théophraste sous le nom de κακτός, devint chez les Romains l'objet d'un tel engouement qu'on donnait six mille sesterces (1,260 fr.) de quelques planches de ce légume. (Pline, liv. XIX.) Mais ce que cet auteur ajoute de sa racine (*radix cardui*) doit s'entendre du *cardon*, dont on mange, en effet, l'organe radiculaire ainsi que la tige, ce qui n'est pas d'usage pour l'artichaut (1).

Les turions de l'*asperge* se mangeaient avec un mélange d'huile, d'ail et de raifort. On distinguait l'espèce sauvage et l'espèce cultivée. Juvénal énumère la première, originaire des Gaules d'où Lucullus la faisait venir, parmi les mets du souper qu'il promet à Persicus :

.... Et montani
Asparagi posito quos legit villica fuso.
(Sat. XI.)

Martial la préfère même aux célèbres asperges de Ravenne, qu'on vendait, selon Pline, trois à la livre :

Mollis in æquorea quæ crevit spina Ravenna,
Non erit incultis gratior asparagis.

(1) Un sénateur romain reçut, sous Auguste, des pelleteries entourées d'une espèce de bourre blanche, que ses esclaves secouèrent, sans y faire attention, dans le jardin de sa villa. On fut très-surpris de voir, l'année suivante, s'élever à la même place une plante inconnue, semblable à un chardon. Les esclaves eurent l'idée d'en goûter, et la trouvèrent excellente. Même fantaisie vint alors au maître, qui y prit tellement goût qu'il défendit à ses serviteurs d'en manger, sous peine du supplice. C'est, selon Columelle (lib. XIX, *loc. cit.*), à cette circonstance fortuite que les Romains durent de connaître l'*artichaut*, dont le succès fit bientôt importer d'Égypte le *cardon*. De nos jours, Dumont d'Urville naturalisa dans les îles Marquises l'artichaut et l'asperge, qui y prirent des proportions énormes sans perdre de leur saveur.

Auguste avait coutume de dire, en manière de proverbe, quand il voulait qu'une chose se fît promptement : « Plus vite qu'il ne faut pour cuire des asperges. »

Tels étaient les légumes le plus en usage chez les anciens. La culture des jardins potagers dont le peuple à Rome tirait sa principale nourriture, y fut, pour ce motif, en grande considération. On concevait une mauvaise opinion, dit Pline, d'une mère de famille (car c'est à elle que ce soin était dévolu), dont le jardin était mal tenu.

III. Les assaisonnements. — La famille des labiées, celle des ombellifères, celle des crucifères, et beaucoup de plantes de haut goût fournissaient à l'art culinaire des anciens une foule d'assaisonnements dont ils paraissent avoir été très-prodigues.

Parmi les ombellifères, le *fenouil*, la *coriandre*, l'*aneth*, chers aux gladiateurs, et dont les Romains se couronnaient dans les festins à cause de sa bonne odeur ; le *cerfeuil*, l'*ache* et le *persil*, dont on ornait les monuments funéraires (d'où la coutume de dire d'un homme dangereusement malade « qu'il avait besoin de persil »), étaient d'usage vulgaire. — Outre les labiées encore en usage de nos jours (sauge, thym, sarriette, serpolet, etc.), les anciens employaient fréquemment comme assaisonnement différentes espèces de *menthes*. Ils en parfumaient la salle des festins, et s'en couronnaient dans les repas champêtres. Il était défendu, en temps de guerre, d'en semer et d'en manger, interdiction probablement fondée sur l'effet qu'on leur supposait sur les fonctions génératrices (1). Enfin, la menthe avait son histoire mythologique. Menthe, fille de Cocyte, excita la jalousie de Proserpine, qui la changea en la plante qui porte son nom, d'où le sobriquet d'*amenthe* qu'on donna au roi des enfers, et ces vers d'Ovide :

<pre>
.... An tibi quondam
Femineos artus in olentes vertere menthas
Persephone, licuit ?   (*Métam.*, lib. x.)
</pre>

L'*oignon*, l'*ail*, le *poireau*, etc., qui eurent un culte chez les Égyptiens (2), étaient d'un emploi vulgaire chez les Grecs, et surtout chez les Romains. Les Athéniens, grands mangeurs d'ail, en faisaient

---

(1) Cum dicunt « mentham belli tempore neque edito, nec serito », an quia refrigerat corpora ut corruptione constat seminis ? (Aristote, *prob.*, sect. xx, 2). Hippocrate est plus explicite : « Si quis eam sæpe comedat, ejus genitale semen ità colliquefacit, ut effluat et arrigere prohibet, corpus que impecillum reddit. » (De *victûs ratione*, lib. 11, édit. Foës.)

(2)   Porrum et cæpæ nefas violare et frangere morsu ;
O sanctas gentes quibus hæc nascuntur in hortis
Numina !.....   (Juvénal, *Sat.* 15.)

particulièrement usage dans leurs pérégrinations. « Magnæ illi virtutes contrà aquarum et locorum mutationes » dit Pline (Lib. xx). De même les mariniers à Rome :

>..................Tu autem plenior
> Allii, ulpicique, quàm sunt Romani remiges.
> (PLAUTE.)

Les athlètes en mangeaient avant de descendre dans l'arène. « Prenez ces gousses et avalez-les. — Pourquoi ? — Pour vous donner plus de force dans le combat. » (Aristophane, les *Chevaliers*.) On en donnait aussi aux coqs pour qu'ils se battissent avec plus d'ardeur. D'accord avec l'opinion populaire, Hippocrate en faisait un préservatif contre l'ivresse. Les Romains croyaient que l'ail éloignait les maléfices et préservait de la morsure des vipères ; Galien l'appelait la *Thériaque des pauvres*. Pour Horace, c'était un affreux poison qu'on ne pouvait manger qu'en expiation du plus grand des forfaits :

> Parentis olim si quis impia manu
> Senile guttur fregerit,
> Edat cicutis allium nocentius.
> O dura messorum ilia !
> (*Ode* 3, ad Mæcenatem.)

L'expression *allium in retibus* qu'on trouve dans les auteurs, vient de ce que l'on conservait cette gousse dans des filets. — Néron employait, pour se donner de la voix, des feuilles de poireau pilées avec de l'huile. (Pline, lib. xix.) Martial recommande de ne pas oublier, dans certaines circonstances, son influence sur l'haleine :

> Fila Tarentini graviter redolentia porri
> Edisti quoties, oscula clausa dato.

Est-ce pour ce motif qu'il était interdit à ceux qui avaient mangé de l'ail d'entrer dans le sanctuaire de la mère des dieux ? (*Athénée*, lib. x.)

Il ne me reste guère à ajouter, pour compléter la suite des condiments aromatiques ou âcres le plus vulgairement employés chez les anciens, que la *graine de moutarde* connue de tout temps, et dont parle déjà Pythagore ; *le pyrèthre; le laurier malabathrum ;* différentes espèces de *poivres* et de *piments;* la *rue*, dont on aromatisait le vin ; les baies de *sumac* (*rhus culinaria*), encore en usage en Orient ; quelques plantes employées surtout comme condiments acides ou en salades (*concombres* et *cornichons, cresson, lapsana* (1), *pourpier, aunée*, etc.). —

(1) *Lapsana*, qu'il ne faut pas confondre avec le genre *lampsana* de la tribu des chicoracées, et qui paraît n'être autre que le *chou-colza* (*brassica campestris*), alors usité comme plante potagère ; d'où l'expression de *lapsana vivere* pour désigner un régime de vie très-sobre.

Enfin quelques assaisonnements de haut goût, et qu'on n'emploie plus guère qu'en pharmacie, comme le *cardamome*, le *laser* ou *laserpitium* de Pline (σιλφιον de Dioscoride), qu'on croit n'être autre chose que l'*assa fœtida*, dont les Orientaux se montrent encore si friands qu'ils lui ont donné le nom de mets des dieux ; — et le *garum*, sorte de sauce encore usitée chez ces mêmes peuples, et sur laquelle nous reviendrons plus loin. — On peut y joindre aussi les *truffes* et les *champignons*, qui y jouissaient d'une telle faveur que les femmes les plus élégantes de Rome ne dédaignaient pas, par une exception unique, de les apprêter. (Pline.) On n'en connaissait au reste qu'un petit nombre d'espèces mal distinguées entre elles ; ce qui fait dire à Horace :

..... Pratensibus optima fungi
Natura est ; aliis male creditur.

Le *bolet*, dont parlent Sénèque, Juvénal, Martial, etc., celui qui, au dire de Pline, empoisonna Claude, serait, suivant M. Roques, l'agaric-oronge (*agaricus aurantiacus*, Bulli.), désigné par Cicéron sous le nom d'*helvella*, et que Néron appelait *cibus deorum*. Le bolet, dont plusieurs espèces sont comestibles, était réservé aux tables des grands :

Vilibus anticipes fungi ponentur amicis,
Boletus domino. (JUVÉNAL, *Sat.* 5.)

Il ne me reste à parler que des condiments *salins* et *sucrés*.

Le *sel* qu'Homère appelle θεῖον, en raison de son utilité, et Platon θεοφιλέςατον, était employé, dès la plus haute antiquité, dans les sacrifices, ainsi qu'on le voit par le Lévitique : « Nulla conficiuntur sacra sine molà salsà, » dit Pline (lib. xxxi) ; d'où l'usage d'en placer sur toutes les tables, et les présages funestes qu'on tira du sel renversé, la salière étant presque regardée comme un vase sacré.

> Antè, deos homini quod conciliare valent,
> Far erat, et puri lucida mica panis.
> (Ovide, *Fastes*, 1.)

Les anciens mangeaient souvent le sel avec du pain : « Varro etiam pulmentarii vice usos veteres auctor est. » (Pline, lib. li.)

> ....Cum sale panis
> Latranten stomachum bene leniet.
> (Horace, lib. ii, *Sat.* 2.)

Voilà sans doute pourquoi Cérès et Neptune eurent autrefois des autels communs. (Plutarque, *Fragm.*)

Le sel était interdit aux prêtres égyptiens, comme peu favorable à la chasteté. (*Ibid.*) Est-ce pour cela qu'on faisait naître Vénus de la mer (ἀλιγενῆ seu *saligena*) ? On le mêlait au fourrrage des étalons. —

Le *nitre*, le *sel ammoniac* furent aussi employés à Rome comme condiments. Enfin le peuple y mangeait souvent par économie des légumes crus, assaisonnés au vinaigre, *acetaria*. (Pline.)

Parmi les condiments sucrés, le *miel* fut d'un usage bien plus commun que le sucre, peu connu de l'antiquité, bien qu'on le trouve désigné d'une manière non équivoque sous le nom de *miel de roseau* (*mel arundineum*) dans Dioscoride, Théophraste, Pline, Sénèque, Varron, qui indiquent même la plante qui le fournit. — Voici la traduction du passage de Dioscoride : Vocatur et quoddam saccharum quod mellis genus est in India et Felici Arabià concreti. Invenitur id in arundinibus ; concretione suà sali simile, et quod dentibus subjectum salis modo friatur. (Lib. II, cap. LXXV.) — Pline dit qu'on ne l'employait qu'en médecine : « Ad medicinæ tantùm usum. (Lib. XII.) En France même, on ne le vendit, jusqu'au XVI⁰ siècle, que dans les pharmacies.

Enfin, des différents condiments gras, l'huile (le beurre n'étant pas employé dans la cuisine), et surtout l'*huile d'olives*, était le plus estimé. Horace, Juvénal, Martial en célèbrent les louanges. Pollion, auquel Auguste demandait comment il avait pu conserver dans une extrême vieillesse la même vigueur d'esprit et de corps : « Par le vin miellé en dedans, et l'huile au dehors, » répondit-il. On s'en frottait effectivement au sortir du bain pour entretenir la souplesse du corps. Chez les Grecs, les athlètes se faisaient oindre le corps d'huile avant le combat, puis ils se roulaient dans le sable.

> Exercent patrias, oleo labente, palæstras.
> (*Enéide*, lib. III.)

Quant aux olives, on les mangeait au commencement et à la fin des repas :

> Hæc quæ picenis venit subducta trapetis (1)
> Inchoat, atque eadem finit oliva dapes.
> (MARTIAL, lib. III.)

Ni la poule d'Afrique, ni le faisan d'Ionie n'ont plus d'attrait pour Horace que la simple olive fraîchement cueillie :

> Non Afra avis descendat in ventrem meum,
> Non atagen Ionicus
> Jucundior, quam lecta de pinguissimis
> Oliva ramis arborum.
> (*Epodes*, Ode 3.)

IV. LES FRUITS. — Les *pêches*, originaires de la Perse, suivant l'opinion vulgaire ; les *abricots*, les *cerises*, qu'on fait venir de Cérasonte, dans le Pont,

---

(1) On les écrasait sous des meules pour les saler plus facilement, et on les assaisonnait d'herbes variées après leur avoir enlevé leurs noyaux.

bien qu'elles fussent connues en Grèce longtemps avant la guerre de Lucullus contre Mithridate ; les *prunes*, dont on cultivait plusieurs espèces, et que Martial conséillait contre une infirmité commune dans la vieillesse,

Duri solent solvere ventris onus.....

tels sont les fruits à noyaux dont il est le plus souvent question dans les auteurs anciens. On y parle moins des *fraises*, et l'on ne mangeait, paraît-il, que celles qui croissent naturellement dans les champs :

Qui legitis flores, et humi nascentia fraga.
(Virgile, 3e *Églog*.)

Mais les *mûres*, plus répandues, terminaient ordinairement les repas des premiers Romains ; elles passaient pour très-salubres :

.... Ille salubres
Æstates peraget qui nigris prandia moris
Finiet, ante gravem quæ legerit arbore solem.
(Horace, *Sat*. 4, lib. ii.)

Les naturalistes, comme les poètes de l'antiquité, parlent tous du *mûrier noir* dont les fruits primitivement blancs durent, selon la fable, leur couleur au sang de Pyrame expirant au pied d'un mûrier :

.... Madefactaque sanguine radix
Purpureo tingit pendentia mora colore.
(Ovide, *Métam*., lib. iv.)

On connaissait, et Pline décrit un grand nombre de variétés de *poires*, de *pommes*, et même l'art d'en faire du cidre. (Lib. xiv.) — Le *coing* (κυδώνιον, de Cydon, ville de Crète), se mangeait souvent confit dans le miel. On en expédiait tous les ans, sous cette forme, d'Espagne à Rome, selon Galien.

On en faisait aussi une espèce de pâte ou de conserve dans laquelle entrait du gingembre, du poivre et un peu de vinaigre. C'est le fruit que désigne ce vers de Virgile dans ses *Bucoliques* :

Ipse ego cana legam tenera lanugine *mela*.

Pline mentionne aussi les *melons* (1), les *courges*, les *potirons*, les *nèfles* et les *sorbes* avec lesquelles on préparait, comme nous le voyons dans *les Géorgiques*, une boisson fermentée :

.... Et pocula læti
Fermento atque acidis imitantur vitea sorbis.
(Lib. iii.)

Les meilleures *grenades* venaient de Carthage, d'où le nom de *Punicum malum* qu'on leur donnait quelquefois.

(1) Il paraîtrait cependant, d'après le *de obsoniis*, que ce nom de *melo* s'appliquait à une espèce de concombre qu'on mangeait avec une sauce très-épicée, et que notre melon de couche n'était pas connu des Romains.

Le figuier était en grand honneur dans l'antiquité. *Vivre à l'ombre des figuiers* était, chez les Égyptiens, le but de tous les désirs, l'idéal d'une félicité parfaite. Les figues, ἱερὰν συκῆν, qui passaient pour avoir été, après le gland, la première nourriture des hommes, étaient en Grèce et en Italie l'une des bases de la nourriture des classes pauvres. Les athlètes croyaient qu'elles leur donnaient des forces et de l'embonpoint. Ce fut un des mets favoris de Platon, qui en tira le surnom de φιλοσυκος. Métellus se procurait des foies d'oie délicats en nourrissant ces palmipèdes de figues et de lait. On en composait aussi par la fermentation une liqueur spiritueuse *sicyta*. — Les dattes de Syrie étaient les plus estimées. On s'envoyait en présent, pendant les Saturnales, ces fruits entourés de leur spathe :

> Aurea porrigitur Jani caryota Kalendis :
> Sed tamen hoc munus pauperis esse solet.
> (Martial, lib. xiii.)

Grands amateurs de *raisins*, les anciens s'étaient beaucoup occupés des moyens de les conserver. On les déposait sur de la paille, *uvæ paleares* ; dans des pots (*ollis*) ; dans l'eau de pluie, s'il en faut croire Pline : « Saluberrimas putant medici in cœlesti aquâ servatas. » On les suspendait, *uvæ pensiles* ;

on les desséchait à la fumée. Le raisin d'Albe était le plus propre à ce mode de conservation :

> Rectius Albanam fumo duraveris uvam.
> (HORACE, lib. II, Sat. 4.)

Le mot *citrium* ou *citreum* désignait primitivement non-seulement les citrons, mais encore les limons, les oranges, les cédrats. Ce n'est qu'assez tard que le citronnier, originaire de Médie, fut acclimaté en Italie ; il ne l'était pas encore au temps de Pline. Cependant Virgile le décrit dans les *Géorgiques* (livre II). On s'en servait alors comme remède contre les enchantements, et comme antidote de plusieurs poisons.

L'opinion générale des médecins de l'antiquité est qu'il fallait manger les fruits froids et humides au commencement du repas ; et à la fin les fruits secs, tels que les *noix*, les *amandes*, les *châtaignes*, etc. L'usage de distribuer des noix aux enfants dans les noces indiquait qu'on renonçait à ces jeux de l'enfance, dont Ovide parle avec tant de grâce dans son petit poëme *De Nuce*.

> Da nuces pueris, iners
> Concubine. Satis diù
> Lusisti nucibus : Lubet
> Jam servire Thalassio.
> Concubine, nuces da.
> (CATULLE, *Éphital.*)

Peut-être aussi y attachait-on des idées religieuses, car la noix était consacrée à Jupiter (*Juglans*, contraction de *Jovis glans*). — Quant aux châtaignes, elles se mangeaient grillées ou cuites à l'eau :

> Et quas docta Neapolis creavit
> Lento castaneæ vapore tostæ.
> (MARTIAL, lib. v.)

§ II. ALIMENTS TIRÉS DU RÈGNE ANIMAL.

I. MAMMIFÈRES. — S'il faut en croire ce que la plupart des auteurs de l'antiquité nous racontent des temps mythologiques, les premiers hommes n'auraient pas connu l'usage de la viande :

> Quod sol atque imbres dederant, quod terra creârat
> Sponte suâ, satis id placabat pectora donum.....
> (OVIDE, *Métam.*)

et le régime animal ne se serait répandu qu'à l'époque où l'on immola pour la première fois aux dieux des victimes, dont les débris d'abord dévolus aux sacrificateurs furent, dans la suite, distribués à tous les assistants, ce qui en aurait généralisé peu à peu l'emploi. — Mais d'abord les sacrifices sanglants paraissent aussi anciens dans l'Orient que les offrandes des prémices de la terre. Le législateur des Hébreux les prescrivait, et l'on voit dans la Bible Abel offrir en holocauste des troupeaux à Dieu. On ne comprend pas d'ailleurs l'emploi que les peuples pasteurs, pêcheurs ou chasseurs, que l'on trouve au berceau de toutes les sociétés, auraient pu faire des produits de leurs troupeaux, de leur pêche ou de leur chasse, s'ils n'en avaient fait essentiellement un objet de consommation. Enfin nonobstant les arguments que Plutarque, aussi mauvais physiologiste qu'il est grand écrivain, développe au long après Pythagore (*Convivalium questionum*, lib. 1), en vue de prouver que l'homme n'est pas organisé pour le règne animal, il serait aujourd'hui parfaitement oiseux de se mettre en frais pour prouver la thèse contraire ; et l'on ne peut admettre que l'homme ait pu longtemps, à quelque époque que ce soit, se contenter du régime végétal. Hérodote, qui date pourtant d'assez loin, paraît un partisan convaincu du régime animal, auquel il attribue la longévité des Éthiopiens, en opposition avec la moindre vitalité des Perses qui se nourrissaient principalement de céréales. Il paraît, au reste, que Pythagore lui-même n'interdisait pas d'une manière absolue l'usage de la chair ou celui de tous les animaux *indistinctement*, mais qu'il défendait seulement certaines parties de l'animal. (Voy. Plutarque, *Vie d'Homère.*)

Le porc tomba le premier, au dire d'Ovide, sous le fer du sacrificateur. On l'immola à Cérès à cause des dégâts qu'il causait dans les champs :

> .... Et prima putatur
> Hostia *sus* meruisse mori, quia semina pando
> Eruerit rostro, spemque intercoperit anni.
>   (*Métam.*, lib. xv.)

Sa chair lourde, mais savoureuse et substantielle, jouit dès l'antiquité d'une faveur populaire. Un quartier de lard ou de porc fumé était pour les premiers Romains un régal qu'on ne servait que les jours de fête :

> Sicci terga *suis*, rara pendentia crate,
> Moris erat quondam festis servare diebus,
> Et natalitium cognatis ponere lardum....
>   (Juvénal, *Sat.* xi.)

En ce temps-là tout citoyen cultivant sur son fonds tenait à honneur d'élever des porcs : « Quis non audierit patres nostros dicere ignavum et sumptuosum esse qui succidiam in carnario suspenderit potiùs ab lanario quàm ex domestico fundo ? (Varron, *De re rusticâ*, lib. ii.) Les choses, on le sait, changèrent bien par la suite ; à cette antique simplicité succédèrent tous les raffinements de la sensualité. Presque toutes les parties de l'immonde mammifère étant bonnes à manger, on leur fit subir une foule de préparations différentes. Le livre d'Apicius (1) renferme jusqu'à dix-sept recettes pour la préparation du cochon de lait. A ce propos, Plutarque raconte l'histoire d'un certain Quintilius qui, émerveillé de la riche variété de viandes qu'on lui servait, finit par apprendre qu'il n'avait mangé que du porc sous différents déguisements. Le *jambon* s'offrait, soit au commencement du repas pour s'exciter à manger, soit à la fin, pour se remettre en appétit :

.... Perna magis ac magis hillis
Flagitat in morsus refici.
(HORACE, lib. II, *Sat*. 4.)

La langue du porc n'était pas moins estimée que celle du bœuf. On faisait aussi grand cas du *foie*, surtout quand l'animal avait été nourri avec des figues (συκωτος ou *ficatus*). Les gourmets appréciaient beaucoup la tétine (*sumen*) encore pleine du lait de la truie qui venait de mettre bas. « On ne croirait pas

---

(1) *De obsoniis et condimentis, sive arte coquinariâ, libri decem*. Ce traité appartiendrait, suivant quelques commentateurs, à un nommé Cœlius, dont le nom se serait confondu par la suite avec celui d'Apicius, symbolisant, en quelque sorte, l'art culinaire, comme chez nous le nom de Carême. Il y eut, au reste, à ce qu'il paraît, trois personnages de ce nom, célèbres dans les fastes de la gastronomie : l'un vécut sous Sylla, un second sous Auguste, un troisième sous Trajan.

manger une tétine, dit Martial, tant le lait frais jaillit abondamment de cette mamelle rebondie : »

> Esse putes nondùm sumen, sic ubere largo
> Effluit, et vivo lacte papilla tumet.

La provenance des morceaux est aussi, de la part des plus graves auteurs, Pline en tête, l'objet des plus subtiles distinctions. Ainsi le plus délicat de tous, *vulva*, passait pour avoir des qualités fort différentes suivant que la femelle avait avorté (*ejectitia*), ou qu'elle avait mis bas (*porcaria*), ou qu'elle était inféconde (*sterilis*) :

> Te fortasse magis capiat de virgine porca;
> Me materna gravi de suc vulva capit.
> (Martial.)

Enfin le sang de porc, mêlé à sa graisse et à sa chair hachée, était la base de plusieurs préparations qui paraissent avoir eu beaucoup d'analogie avec la charcuterie de nos jours, et qu'on trouve désignées sous divers noms, dont les uns n'ont pas d'équivalent dans notre langue (*tomaculum, tucatum, teniaca*), tandis que d'autres s'y retrouvent, tel *botulus*, d'où l'on a fait *boudin*. Quelques-uns tiraient leur nom des peuples qui en avaient introduit l'usage : *Lucanica, Faliscus*. Telles sont encore les préparations désignées sous les noms de *hillæ, longano, silicernium, isicium*, et qui semblent désigner l'andouille, le saucisson, le cervelas, la saucisse (*salis isicia*), etc. (Voir le IVᵉ livre d'Apicius.)

Les services que le BŒUF rend à la culture l'avaient mis en telle vénération chez les premiers Grecs, que tuer un bœuf était, au dire de Columelle, un crime capital : « Tàm capitale esset bovem necàsse quàm civem. » Élien raconte la mort d'un nommé Phrygès, condamné pour avoir tué un bœuf au labour. Aussi fut-on longtemps sans l'employer dans les sacrifices. Cependant on mangeait la chair de ce ruminant dès la plus haute antiquité. On peut même voir le cas que l'on en faisait dans l'*Iliade*, où Agamemnon, pour reconnaître le courage d'Ajax, le gratifie, après sa rencontre avec Hector, de plusieurs dos de bœuf. — La chair *du veau* passait aussi pour très-salubre. — Quant au lait de vache, il fut dans l'antiquité la nourriture de plusieurs peuples nomades chez lesquels il y avait pénurie de céréales, comme les Scythes, les Gètes, qui en prirent le nom de γαλακτοποται. Ces derniers mangeaient, selon Hippocrate, du fromage de jument. Le lait de chèvre et celui d'ânesse n'étaient guère usités que pour les malades. — Ce que l'on trouve désigné dans plusieurs auteurs, notamment dans Galien, sous le nom de *melca* n'est autre chose que du lait caillé. L'*oxigala* est du caséum relevé par des herbes aromatiques; le *colostra* un fromage mou à la crème. C'était parfois un terme de caresse ou de mignardise :

Meum mel, meum cor, mea colostra, meus molliculus caseus.
(PLAUTE, *in Pœnulo*.)

C'est la crême des honnêtes gens, dit-on familièrement de nos jours.

L'*huile* paraît avoir été d'un emploi plus général et plus ancien. *Le beurre*, qui, comme le sucre, ne se trouve désigné dans Aristote que par une périphrase, n'était employé qu'en pharmacie et comme onguent. Le mot πικέριον, qui a la même signification, passe pour être d'origine phrygienne. Galien mentionne les propriétés médicales du beurre (qu'il apprécie même assez mal), sans parler de ses qualités hygiéniques ou alimentaires. Pline rapporte qu'on en enduisait, en guise d'huile, le corps des enfants; coutume générale, ajoute-t-il, chez les barbares (1). (Lib. II, ch. 41.) — Le *serum* ou *petit-lait*, ὀρρὸν, liqueur peu nutritive,

(1) C'est de la Germanie que paraît être venue à Rome la fabrication du beurre, qu'on n'y connaissait qu'à l'état demi-liquide ou huileux. (V. Pline, Columelle.) Cependant on y faisait cas du fromage, dont on connaissait plusieurs espèces fabriquées, soit en Italie, soit dans les provinces de l'empire, notamment dans la Gaule. (Pline, lib. II.)

paraît cependant avoir été employé dans l'alimentation des chiens :

> ....Acremque molossum
> Pasce sero pingui.   (Virgile, *Géorgiq*.)

Peut-être, au reste, est-il question ici du lait caillé, appelé aussi *serum* par Pline; ou bien encore de cette espèce de lait épais et onctueux qui se forme quand on bat le beurre, et que nos campagnards désignent sous le nom de bas-beurre.—Le *lac scissile* γάλα σχιστον est encore du petit-lait auquel on ajoutait du miel ou de l'oxymel pour relâcher le ventre.

La *chèvre*, que l'on mange encore de nos jours dans quelques contrées montagneuses, fut avec le porc l'un des premiers animaux offerts en holocauste aux dieux. On l'immolait à Bacchus, à cause du mal qu'elle fait à la vigne :

> Vite caper morsa Bacchi mactandus ad aras
> Ducitur ultoris.......   (Ovide, *Métam*.)

On voit dans l'Odyssée Pénélope offrir à ses prétendants un mets préparé avec le sang et les intestins de la chèvre. Quoique d'un usage assez fréquent chez les peuples méridionaux, où sa chair est de meilleure qualité, ce ruminant avait contre lui les deux grandes autorités médicales de l'antiquité, Galien (*De aliment. facult*., lib. III), et Hippocrate (*De victùs ra-*

tione, lib. IV), qui l'accuse d'engendrer des gaz et même le choléra, surtout en automne. Il n'en était pas de même au reste des *chevreaux* auxquels le médecin de Pergame lui-même reconnaissait des propriétés salutaires. On préférait ceux qui étaient encore à la mamelle, comme le témoignent ces jolis vers de Juvénal :

> De Tiburtino veniet pinguissimus agro
> Hædulus, et toto grege mollior, inscius herbæ,
> Necdum ausus virgas humilis mordere salicis,
> Qui plus habet lactis quam sanguinis.....
> (*Sat.* XI.)

Ou qui avaient été arrachés à la gueule du loup :

> Vel agna festis cæsa terminalibus,
> Vel hædus ereptus lupo.   (HORACE, *Épodes*.)

> Parvus, in his una ponetur cœnula mensa
> Hædus, inhumani raptus ab ore lupi.
> (MARTIAL, lib. X.)

Je n'avais pas trop compris, même en m'aidant des commentateurs, le vrai motif de cette singulière préférence, à laquelle il devait être assez difficile d'ailleurs de donner une fréquente satisfaction. Selon M. Lemaire, rien n'indique qu'il s'agisse ici d'une recherche gastronomique, les poètes que nous venons de citer ne parlant que des mets simples qu'on peut se procurer à la campagne, et qu'à ce titre on devait préférer à des mets plus recherchés. En d'autres termes, ces mots *hœdus ereptus lupo* indiqueraient seulement que les campagnards économes ne se permettaient l'agneau et le chevreau que dans les rares circonstances où le hasard leur offrait la possibilité de le faire. Mais alors pourquoi le bon Plutarque, faisant allusion à cette expression, prend-il la peine d'examiner sérieusement, — avec peu de succès d'ailleurs, il faut le dire, — pourquoi la viande d'un animal mordu par un loup devient plus délicate? (*Conviv. quest.*, lib. II.)

Contrairement au *mouton*, assez peu goûté des Grecs et des Romains, l'*agneau* avait dans l'antiquité sa place sur les meilleures tables, en dépit du préjugé des Égyptiens pour les bêtes à laine en général :

.... Lanatis animalibus abstinet omnis
Mensa, nefas illic fœtum jugulare Capellæ.
(JUVÉNAL, *Sat.* 15.)

préjugé par lequel Moïse explique dans la *Genèse* (cap. 46) l'aversion de ce peuple pour les pasteurs de brebis.

Plaute nous fait dans l'*Avare* une peinture pittoresque d'un agneau décharné :

Megad. Volo ex te scire quid sit agnus *curio* (1) ?

___
(1) *Curio* est ici un nom commun pris adjectivement. Plaute joue sur le double sens de ce mot, qui signifiait à la fois le magistrat présidant la

Euc. Qui osse atque pellis totus est, ita curà macet,
Quin exta inspicere in sole etiam vivo licet,
Ita is pellucet quasi laterna punica.

L'*hippophagie* fut, chez les anciens comme chez nous, l'objet d'une prévention mal fondée : ils ne paraissent même pas avoir songé à se nourrir de cheval. Quant à la chair de l'*âne*, dure et insipide, elle fut condamnée par Hippocrate et Galien. Celle même de l'ânon, quoique plus savoureuse, ne put jamais, malgré l'autorité de Mécène, se faire accepter (tentative renouvelée naguère par le chancelier Duprat, qui n'y réussit pas mieux que le ministre d'Auguste). Toutefois, on servait sur la table des riches l'âne sauvage ou *onagre*, mets inconnu des modernes.

La chair du *chien*, encore en usage de nos jours en Turquie, en Chine, etc., où on la vend publiquement, fut, au témoignage de Gallien, d'un emploi fréquent chez quelques nations de l'antiquité, notamment chez les Thraces. On le mangeait jeune après l'avoir engraissé et soumis à la castration. (*De aliment. facult.*, lib. I.) Pline raconte que les petits

---

curie et « maigre. » Ce second sens se rattache vraisemblablement à l'idée de soin, de souci renfermée dans *curio*, dont la racine est *cura*. La plaisanterie n'est peut-être pas d'un goût très-fin, mais cela suffisait pour faire rire le populaire Romain, qui du reste ressemblait beaucoup au parterre de nos théâtres secondaires. (*Note de M. Lemaire.*)

encore à la mamelle étaient offerts à la déesse Mana, qui présidait aux maladies des femmes, et servis sur la table des dieux. Hippocrate en parle même comme d'un aliment substantiel quand il provient de sujets adultes, relâchant s'il provient de jeunes chiens. (*De diætâ*, lib. II.) Plaute, dans *Satyrion* ou le *Gourmand*, fait allusion à cet usage.

Le gibier n'était pas moins prisé dans l'antiquité que de nos jours. Des espèces qu'on ne mange même plus aujourd'hui, telles que le *loir gris*, l'*oryx*, le *mouflon*, parmi les mammifères, et, parmi les oiseaux, le *ganga* (*g. cata?*), le *porphyrion* (*p. fulica*), etc., figuraient sur la table des Romains. D'autres espèces qu'on ne trouve plus guère que dans les bois, telles que le *sanglier*, le *cerf*, le *chevreuil*, le *daim*, le *chamois*, etc., étaient engraissées dans des enclos. Ces animaux y perdaient leurs mœurs farouches ; on les habituait à venir à un certain signal. Un jour qu'Hortensius donnait à dîner dans un parc, il fit sonner de la trompe, et les convives ne virent pas sans étonnement les sangliers, les cerfs, les chevreuils se rassembler autour du pavillon où le dîner était servi. (Cuvier, *Hist. des scienc. natur.*)

Loué par Hippocrate (*De diætâ*, lib. II) comme un aliment réparateur et d'une digestion facile, le *san-*

glier était en grande estime chez les anciens, qui le retenaient captif, ainsi que je viens de le dire, dans des enclos où il acquérait un volume considérable ; d'où le surnom d'*apri milliarii*, c'est-à-dire, pesant mille livres (1). « Non magnam rem facis, quòd vivere sine apparatu regio potes : quòd non desideres milliarios apros. » (Sénèque, *epist.* cx.) Les médecins leur préféraient cependant les sangliers de montagne ; c'était aussi l'avis des gourmets :

> Umber et illignâ nutritus glande rotundas
> Curvat aper lances.....   (HORACE, *Sat.* 4, lib. II.)

Les Romains poussèrent l'extravagante prodigalité de leurs tables jusqu'à y servir des sangliers entiers :

> ....Quanta est gula quæ sibi totos
> Poscit apros ?   (JUVÉNAL, *Sat.* 1.)

Pline a même cru devoir conserver à la postérité le nom du grand citoyen qui donna le premier l'exemple de cette innovation, bien surpassée, du reste, dans la suite, puisque nous voyons Marc-Antoine, à l'époque de son triumvirat, faire tuer huit sangliers pour un seul repas (Plutarque, *Vie de Marc-Antoine*) ; et au témoignage d'Athénée (*Banquet des Savants*), le Macédonien Caranus en faire apparaître

---

(1) La livre romaine n'était que de 12 onces.

autant que de convives.... Mais à ces festins pantagruéliques, les gourmets préféraient les repas plus délicats où l'on se bornait à offrir soit la hure, soit la longe ou le filet (*lumbus callum*).

> Ter poscit apri glandulas, quater lumbum,

dit Martial, qui d'ailleurs ne nous laisse pas comprendre à quoi s'appliquaient précisément ces mots *glandia, glandulæ*, qui reviennent souvent sous sa plume sans autre désignation, et figurent dans la liste des mets proscrits primitivement par les censeurs. Faut-il l'entendre comme M. Naudet, le savant traducteur de Plaute, dans le sens de *ris* (*thymus*)? ou dans celui de *rognons* (*glantes rénales*), comme il semblerait résulter de ce vers de Plaute?

> Adripuit gladium, prætruncavit tribu'tegoribus glandia.
> (Plaute, *Captifs*, acte 4.)

Mais le thymus étant situé dans la poitrine, et les rognons dans l'abdomen, l'une de ces interprétations est exclusive de l'autre.

Le *lièvre* fut en grande estime à Rome. Martial lui décerne la palme :

> Inter aves tardus, si quis, me judice, certat
> Inter quadrupedes gloria prima *lepus*.

Aussi voyons-nous les Romains se livrer avec zèle

à l'engraissement de ce rongeur dans des garennes appelées *leporaria*, où l'on élevait le lièvre commun (*lepus timidus*), le *lièvre variable* (*l. variabilis*), et le lapin (*l. cuniculus*). C'est à l'épaule que les amateurs donnaient la préférence :

> Fecundi leporis sapiens sectabitur armos,

dit Horace, qui y revient encore ailleurs :

> Et leporem avulsos, ut multò suavius armos.
> Quam si cum lumbis quis edit.

Coriace et excitante en Orient, la chair de ce mammifère avait été proscrite par Moïse et par Mahomet. Hippocrate l'avait accusée d'être échauffante, et Galien d'être indigeste; mais l'un et l'autre regardaient son sang comme un mets très-délicat. On avait prétendu à une certaine époque qu'en mangeant du lièvre, on acquérait pour sept jours le privilége de la beauté. Tel est le sens de cette épigramme de Martial à une personne fort laide, du nom de Gellia :

> Cum leporem mittis, semper mihi, Gellia, mandas :
> « Septem formosus, Marce, diebus eris. »
> Si non derides, si verum, lux mea, narras,
> Edisti nunquam, Gellia, tu leporem,
> (MARTIAL, lib. 5.)

Pline qui rapporte cette croyance moitié sérieusement, moitié en riant (lib. xxviii, cap. 19), ne sait trop quel fondement lui donner. Je crois que l'explication s'en trouverait dans l'opinion qui attribuait au sang de cet animal la propriété de faire disparaître certaines taches du visage. On s'en sert encore, dit-on, au cap de Bonne-Espérance contre l'érysipèle.

Un autre rongeur dont la chair, d'assez bonne qualité, n'est plus mangée aujourd'hui qu'en Italie, le *loir gris (myoxus glis)*, était engraissé à Rome, où l'on en faisait grand cas, dans des espèces de tonnes en terre cuite, où on le nourrissait de glands et de châtaignes.

II. Oiseaux. — Les Romains qui, avant la troisième guerre Punique, ne mangeaient pas d'oiseaux exotiques ou rares, — la loi Fannia n'ayant autorisé jusque-là que les poules et les pigeons (Pline, lib. xxix), — consacrèrent par la suite des dépenses considérables à l'élève des oiseaux, qu'ils renfermaient au nombre de plusieurs milliers dans d'immenses volières (*aviaria ornithones*), où on les engraissait avec de la farine, du lait, etc.

> Pascitur et dulci facilis Gallina farina.
> Pascitur et tenebris; ingeniosa gula est.
> (Martial, lib. xiii.)

Souvent, en effet, pour atteindre plus sûrement ce

but, on les plaçait dans l'obscurité, et on leur cousait les paupières.

Horace indique un procédé pour les attendrir en peu de temps, si l'on est pris à l'improviste par un convive inattendu :

> Si vespertinus te oppresserit hospes,
> Ne Gallina malé respondet dura palato,
> Doctus eris vivam misto mersare falerno;
> Hoc teneram faciet............

On soumettait, comme de nos jours, les coqs à la castration. Les progrès sans cesse croissants du luxe de la table firent de cette sorte d'industrie une des branches les plus lucratives des exploitations rurales. (V. Varron, *De re rusticâ*, lib. xvii.) Quelques personnages connus par leur engouement pour la gent volatile, en tirèrent leur surnom; tels Cornélius *merula*, Petronius *passer*, Minutius *pica*, etc. — C'est à peine si l'on peut ajouter foi au récit des prodigalités insensées que déployèrent à cette occasion les Romains de la décadence. Un frère de l'empereur Vitellius l'invite à un repas de bienvenue où paraissent, au rapport de Suétone, sept mille oiseaux. Renchérissant sur le luxe des particuliers, l'extravagant despote fait servir lui-même un plat comparé, pour ses énormes proportions, au bouclier de la statue de Minerve, et qu'on avait rempli de cervelles de faisans, de paons, de langues de flamants et de divers oiseaux non moins rares. Mais la palme revient dans ces mémorables tournois auxquels les descendants de Romulus mettent désormais leur gloire, à l'histrion Clodius Æsopus, qui sans viser à d'autre mérite qu'à celui d'une dépense prodigieuse, fit immoler pour un festin tous les oiseaux chanteurs ou imitant la voix humaine qu'il fut possible de se procurer, et dépensa pour cela 21,000 fr.

Les *pigeons* ou *colombes* (*columbæ*) que des traditions mythologiques rendaient sacrés chez les Syriens, furent l'objet d'une véritable passion chez quelques Romains, qui les élevaient soit dans des tours placées au-dessus de leurs maisons, soit dans des volières (ces derniers étaient les plus délicats). On les payait quelquefois des prix considérables. Ainsi Varron raconte qu'un couple de ces oiseaux fut acheté de son temps 2,000 sesterces (250 fr. environ); 538 fr. selon Pline. Il paraît qu'on connaissait alors l'art, aujourd'hui perdu, de faire multiplier en captivité les petits ramiers pris au nid, et d'élever les tourterelles dans des volières. On attelait ces dernières au char de Vénus, probablement parce que ce sont de tous les oiseaux les plus ardents en amour, bien qu'on leur attribuât, comme aliments, un effet inverse.

Inguina torquati tardant hebetantque palumbi,
Non edat hanc volucrem qui cupit esse salax.
(MARTIAL.)

Alexandre le Grand, frappé de la beauté du *paon*, qu'il voyait pour la première fois dans sa campagne de l'Inde, le fit connaître en Grèce et défendit qu'on le tuât. Les habitants de l'île de Samos, où cette espèce paraît s'être répandue d'abord selon Athénée (*loc. cit.*), le consacrèrent à Junon, et frappèrent des médailles à son effigie, qui reparurent plus tard sur quelques pièces sous les impératrices Faustine et Pauline. Ce bel étranger fut longtemps un simple objet de curiosité très-rare à Athènes même, où on le montrait au peuple à chaque noménie ; et même chez les Hébreux, puisqu'on le voit figurer parmi les présents que Salomon fait aux rois. Mais les Romains ne se bornèrent pas toujours à l'admirer, ils furent curieux de connaître le goût de sa chair, et l'orateur Hortensius donna le premier l'exemple de le servir à table. Son exemple ayant été suivi, dit Buffon, le paon devint très-cher à Rome. On l'y payait jusqu'à huit à neuf cents sesterces, mais plutôt par ostentation que par raffinement gastronomique, car sa chair (si l'on en excepte celle du paonneau) assez peu savoureuse, et dure à ce point que saint Augustin prétend qu'elle résiste à la putréfaction (*De Civit. Dei*), n'avait rien de bien appétissant pour des palais délicats. C'est ce qu'exprime assez Horace lorsqu'il s'écrie, indigné du mauvais goût de ses concitoyens :

> .... Nùm vesceris istà
> Quam laudas plumâ ? Cocto nùm adest honor idem ?

Juvénal lui attribue même des indigestions et leurs suites fatales :

> Pœna tamen præsens, cum tu deponis amictus
> Turgidus, et crudum pavonem in balnea portas :
> Hinc subitæ mortes, et intestata senectus.
> (*Sat.* I.)

On en servait néanmoins dans tous les repas distingués. C'était la dinde aux truffes des Romains de ce temps-là. Un certain H. Pansa passa pour un ladre et se perdit de réputation auprès des gastronomes, pour avoir donné un festin où l'on n'en avait pas présenté. (Cuvier, *loc. cit.*) Pline cite un individu qui gagnait annuellement 12,500 fr. à les engraisser. Leurs œufs étaient aussi très-appréciés. — Un passage d'Olivier de Serres (seizième siècle) prouve qu'on en faisait encore un grand cas de son temps : « Le roi de la volaille terrestre, dit-il, en ce qu'on ne peut rien voir de plus agréable que le manteau de cet oiseau, ni manger une chair plus exquise que la sienne. » (*Théâtre d'agricult.*) (1).

Les *pintades* (*Numida meleagris*), poules d'Afrique ou de Numidie, pays dont on les supposait originaires, étaient moins recherchées pour la délicatesse de leur chair que par suite de la vanité que les riches Romains mettaient à faire figurer sur leurs tables tout ce qui était étranger, nouveau ou cher. Cependant les pintadeaux sont comme les paonneaux et les jeunes faisans très-délicats. Leurs œufs sont aussi très-bons à manger. — Le *faisan* passait pour avoir été rapporté en Grèce par les Argonautes de la Colchide, pays du Phase, auquel il emprunte son nom :

> Argoâ primùm sunt transportata carinâ :
> Antè mihi notum nil, nisi Phasis, erat.
> (MARTIAL, l. XIII.)

On le faisait cuire à la vapeur de l'eau pour lui laisser toute sa saveur. On ne le servait d'abord que les jours de solennité ou sur les tables les plus opulentes. Plus tard on vit l'insensé Héliogabale, par une

---

(1) Du temps de la chevalerie, c'était *la viande des preux*. Apporté sur la table par les dames, au son des instruments, on le plaçait devant le chevalier vainqueur dans un tournoi; à ce chevalier seul appartenait le droit de le découper, et d'en faire les honneurs. Il jurait sur le noble oiseau de porter le premier coup à l'ennemi dans la première bataille; c'est ce qu'on appelait le *vœu du paon*. *Le faisan* jouissait des mêmes honneurs. On voit, en 1453, Philippe-le-Bon, duc de Bourgogne, jurer sur un faisan d'entreprendre une croisade contre les Turcs.

prodigalité et un mépris affectés pour ce que l'on estimait le plus, nourrir des bêtes féroces avec des faisans et d'autres oiseaux rares.

Varron, en énumérant les espèces qu'on engraissait en volière, ne cite pas la *perdrix*, soit que l'on crût qu'elle ne pouvait s'y élever, soit qu'elle fût trop rare.

Buffon pense que tout ce que les anciens ont dit de cet oiseau s'applique à la perdrix *bartavelle* (*p. saxatilis*). Il est probable cependant que Martial veut parler de la perdrix grise (*p. cinerea*) dans ces vers :

> Rustica sum perdix : quid refert, si sapor idem est ?
> Carior est perdix, nec sapit illa magis.

Dans les genres voisins citons la *bécasse* célébrée par Horace, et qui porte déjà dans Aristote le nom qu'elle a conservé en histoire naturelle, σκολώπαξ ; le *coq de bruyère* (*tetrao*), que le roi Ptolémée faisait élever dans son palais en nombre tel qu'on pouvait, dit Athénée, lui en servir tous les jours ; — l'*attagen* (*ganga cata?*), l'un des mets les plus délicats :

> Inter sapores fertur alitum primus
> Ionicarum gustus attagenarum.
> (MARTIAL.)

les *lagopèdes* auxquels s'applique vraisemblablement ce vers d'Horace :

> Nec scarus, aut poterit peregrina juvare *Lagois*.
>> (*Sat.* 2, lib. ii.)

Il faut cependant reconnaître qu'il reste beaucoup d'incertitude (et cette incertitude n'est que trop commune en semblable matière), sur le sens du mot *lagois* qui, pour quelques commentateurs, désigne un poisson d'une espèce indéterminée.

Les *cailles* (*coturnix*), bien qu'engraissées en volières et fort estimées des gourmets, étaient suspectes pour bien des gens, parce qu'elles se nourrissaient, disait-on, de plantes vénéneuses :

> Prætereà nobis veratrum est acre venenum ;
> At capris adipes et coturnicibus auget.
>> (Lucrèce.)

C'est au veratrum dont il se nourrit que Galien et Pline attribuent les affections convulsives que cet oiseau passait pour occasionner dans quelques parties de la Grèce. Il était aussi proscrit par les médecins arabes ; et nous voyons dans l'Écriture que Dieu, pour punir son peuple de ses réclamations irrespectueuses, au sujet de la viande qui lui faisait défaut, lui envoie des troupes de cailles qui occasionnent beaucoup de maladies parmi les Israélites. Mais il suffirait bien, pour en trouver l'explication, de l'effet d'une chair lourde et grasse sur des estomacs affamés, sans recourir à des propriétés vénéneuses dont rien n'atteste l'existence.

Les *grives* (*turdi*), de même que les *merles*, étaient engraissées, dans des volières avec de la farine et des figues, auxquelles elles devaient probablement la saveur délicate qui les fait célébrer par Horace et Martial. Varron qui entre dans de longs détails à ce sujet (lib. III, *loc. cit.*), en possédait dans sa métairie jusqu'à cinq mille, qui lui constituaient un fort beau revenu. Servi d'abord exclusivement, dit Columelle, dans les festins publics, cet oiseau devint par suite des progrès du luxe d'un usage vulgaire.

Les *grues*, que l'on dédaigne aujourd'hui, ne furent pas toujours méprisées ; les Romains les faisaient venir de Mélos, et les engraissaient après leur avoir cousu les paupières.

Les *cigognes* furent longtemps respectées à cause de la guerre qu'elles font aux reptiles nuisibles. Ainsi, en Thessalie, le meurtre de l'un de ces oiseaux était puni comme un homicide (Pline, lib. II) ; mais on commença à en manger sous le règne d'Auguste.

> Tutus erat rhombus, tutoque ciconia nido,
> Donec vos auctor docuit prætorius.
> (HORACE, lib. II, *Sat.* 2.)

Un autre personnage de la même époque, du nom

de Rufus, ayant fait servir sur sa table des petits de cigogne, s'attira cette épigramme à la suite d'un échec qu'il venait de subir comme candidat à la préture :

> Ciconiarum Ruffus iste conditor
> Suffragiorum puncta non tulit septem ;
> Ciconiarum populus nitus est mortem.

Le *flamant* (*phœnicopterus*) était fort recherché, surtout pour sa langue délicate et charnue :

> Dat mihi penna rubens nomen ; sed lingua gulosis
> Nostra sapit. Quid si garrula lingua foret ?
> (MARTIAL.)

Héliogabale entretenait une troupe de chasseurs destinés à lui en fournir constamment. On mange encore cet oiseau dans quelques parties de l'Afrique. — Le *héron*, le *cygne*, dont la chair coriace, à moins qu'il ne soit très-jeune, a besoin d'être relevée par des aromates, étaient aussi servis sur les tables fastueuses. — Horace a-t-il voulu parler de l'*autruche* lorsqu'il dit :

> Non Afra avis descendat in ventrem meum...?

il est plus probable qu'il fait allusion à la poule de Numidie (*gallina Numidica*), beaucoup plus répandue, bien que les Romains aient indubitablement mangé certaines parties de l'autruche, et notamment ses œufs, comme on le voit dans Galien, dans Athénée, dans Plaute, où elle est désignée sous le nom de *passer marinus*. Il paraît même qu'Apicius, ce maître en sensualité, avait enseigné la manière de l'accommoder avec force condiments pour favoriser la digestion de sa chair coriace. Les rois Perses en faisaient aussi servir sur leur table (Athénée, *loc. cit.*), et l'on voit Héliogabale offrir dans un repas six cents têtes de ce géant des oiseaux, pour en faire manger les cervelles. — On sait que des peuplades entières, qui en tirent leur nom de *strutophages*, en mangent encore de nos jours en Afrique.

Les *oies* fort estimées en Égypte, en Grèce, furent d'abord épargnées à Rome, par un sentiment de reconnaissance patriotique pour le service qu'elles avaient rendu en sauvant le Capitole. Plus tard, on les servit sur les meilleures tables. On les engraissait avec des figues pour augmenter le volume du foie, dont on se montrait dès-lors très-friand :

Pinguibus et ficis pastum jecur anseris.
(HORACE.)

pour le rendre plus délicat, on le plongeait dans un bain de lait ou de vin cuit. On regardait aussi comme un mets très-savoureux les palmures des pattes accommodées avec des crêtes de coqs. — Du *canard*, les gourmets ne mangeaient que la poitrine et la cervelle :

> Tota quidem ponatur *anas ;* sed pectore tantùm
> Et cervice sapit ; cætera redde coquo.
> (MARTIAL.)

Les Romains élevaient aussi la sarcelle (*anas querquedula*), qu'ils nourrissaient de millet trempé dans l'eau. — Je ne parlerai pas de la foule de petites espèces, *becfigues, fringilles, alouettes*, etc., qui, pour tenir moins de place à table, n'en étaient pas moins estimées des connaisseurs, et je me hâte d'arriver à une autre classe de vertébrés qui jouèrent un grand rôle dans le régime alimentaire des anciens.

III. POISSONS. — Dans ces régions stériles et glacées où l'homme ne trouve guère sa nourriture que dans le produit de sa pêche : dans ces contrées plus heureuses même où, par suite du voisinage de la mer ou de grands cours d'eau, on se procure ce genre d'aliments avec une grande facilité, les poissons ont dû, de tout temps, faire la base de l'alimentation. Cependant s'il en faut croire quelques auteurs de l'antiquité, ces animaux n'entraient pas dans le sobre régime des premiers habitants de la Grèce :

> Piscis adhùc ille populo sine fraude natabat,
> Ostreaque in conchis tuta fuère suis.
> (OVIDE, *Fastes* 6.)

Les héros d'Homère ne mangent que des viandes. Il semble que ces poissons que leur offraient en abondance les mers qui baignaient les rives de leur patrie, eussent été pour ces rudes combattants une nourriture trop délicate, et bonne seulement aux vieillards ou aux femmes :

> La table de Patrocle et du fils de Pélée
> De plats multipliés n'était point accablée ;
> Dans les jours d'appareil, une biche, un mouton,
> Suffisaient au dîner des vainqueurs d'Ilion.
> (BERCHOUX, *La Gastronomie.*)

Plusieurs peuples même firent de certains poissons l'objet d'un culte, et s'en abstinrent par motif religieux, tel le *silure* que l'Égypte entretenait dans ses lacs comme un animal sacré ; tel à Babylone le dieu-poisson Oannès, sorti de la mer d'Érythrée pour civiliser les hommes. Quelques espèces furent consacrées à des divinités spéciales : la *dorade* à Vénus, le *mulet* à Hécate, le *bogue* à Mercure, une espèce de *sole* à Apollon. Malheur à celui qui attirait dans ses filets l'un de ces poissons sacrés, il expiait aussitôt son sacrilège par un châtiment terrible, l'un devenait fou, un autre aveugle, etc. Martial raconte la triste aventure d'un pêcheur Lybien frappé subitement de cécité à la suite d'un tel méfait. — Ces idées superstitieuses avaient-elles leur source, comme semble le penser Plutarque, dans l'antique opinion qui donnait, conformément aux idées d'Anaximandre, l'Océan pour berceau commun à tout ce qui existe ? Mais de telles doctrines ne pouvaient guère s'être popularisées dans la multitude, étrangère aux théories cosmogoniques. Comme toutes les superstitions de ce genre, celle-ci avait plutôt son origine dans des causes variées, le plus souvent locales, et se liait à des traditions dont le véritable sens avait été altéré par l'ignorance. — Certains poissons figuraient aussi dans les sacrifices aux dieux : tel le *thon*, que l'on immolait à Neptune pour en obtenir une heureuse traversée ou une pêche fructueuse. Ils fournissaient aussi des présages ; il y avait même des augures (ἰχθυομαντεῖς) qui interrogeaient les entrailles des poissons, comme celles des oiseaux et des quadrupèdes. Pline raconte que, lors de la guerre de Sicile, Auguste se promenant sur le rivage de la mer, vit un poisson s'élancer hors de l'eau et tomber devant lui. Un devin consulté répondit que César verrait sous ses pieds ceux qui étaient alors maîtres de la mer, c'est-à-dire, Pompée. (Lib. ix.)

A une certaine époque de la république, un homme grave n'eût osé manger du poisson sans encourir le reproche de sensualité. Mais lorsqu'aux antiques croyances, lorsqu'aux mœurs frugales des populations primitives succéda, sous l'influence de besoins nouveaux et de l'accroissement des richesses, une plus grande variété dans l'alimentation : lorsqu'enfin avec les philosophes et les rhéteurs arrivèrent à Rome les cuisiniers et les professeurs d'épicuréisme, les poissons parurent plus fréquemment sur les tables ; d'abord dans les occasions solennelles, comme le jour lustral, les repas de noces ; plus tard sur toutes les tables somptueuses, où ils finirent par occuper le premier rang. Le luxe qu'on avait déployé pour les oiseaux fut encore dépassé par celui qu'on montra en ce genre. On voulait goûter de tout, et l'univers fut mis à contribution par ces grands ravageurs de la terre. « Combien d'hommes un seul ventre met en mouvement ! » disait Sénèque.

> Rien ne suffit aux gens qui nous viennent de Rome ;
> La terre et le travail de l'homme
> Font pour les assouvir des efforts superflus.

Occupés à dévorer leur patrimoine dans de folles et ruineuses orgies, les descendants de ceux qui tiraient naguère leur surnom des victoires de Numance ou d'Isaurie se faisaient honneur de devoir le leur à la conquête d'un poisson ; tels les Licinius *Murœna*, les Sergius *Orata*, etc. C'est ainsi que Cicéron applique à plusieurs personnages consulaires de son temps le sobriquet de *piscinarii* ou de *tritones*; ce qui prouve, en passant, quel sens important et caractéristique les noms propres ont dans l'histoire. La fortune de quelques-uns de ces gastrolâtres égalait celle des rois ; aussi voyait-on figurer dans un seul de leurs repas plusieurs milliers de poissons. César voulant donner un festin au peuple s'était adressé, selon Pline, à un célèbre ichthyophile nommé Irrius, pour avoir des murènes ; celui-ci ne voulut pas lui en vendre, mais lui en *prêta* six mille. La gourmandise des Romains, dit Juvénal, eut presque épuisé les mers :

 Et jàm defecit nostrum mare dùm gula sævit,
 Retibus assiduis penitùs scrutante macello
 Proximo, nec patitur Tyrrhenum crescere piscem.
         (*Sat.* 5.)

On ne se bornait plus, en effet, aux viviers d'eau douce ; pour ne pas en être privé aux époques où la mer était inaccessible, on élevait les espèces marines séparées en divers compartiments, dans des réservoirs d'eau salée. On se fait difficilement une idée du luxe grandiose déployé alors dans ces constructions, surtout quand on compare la petitesse du but à la grandeur des moyens. Licinius qui le premier donna l'exemple de cette innovation, et qui en prit le sobriquet de *Xerxès togatus*, avait tranché une montagne pour construire un canal souterrain communiquant, à l'aide d'une écluse, de ses piscines à la mer, afin que la marée pût y entrer et en sortir après les avoir rafraîchies. (Varron, *loc. cit.*, lib. III.) On faisait même arriver parfois certains poissons tout vivants jusque dans la salle à manger, au moyen de rigoles communiquant avec ces piscines. — Un des amusements favoris des maîtres du monde, c'était d'apprivoiser leurs poissons, et de les habituer à venir prendre la nourriture dans la main. « Nostri autem principes digito se cœlum putant attingere, si mulli barbati in piscinis sint qui ad manum accedunt ; alia autem negligunt. (Sénèque, epist. 1, lib. II.) » On les instruisait même à venir en s'entendant appeler par le nom qu'on leur avait donné : « Nomina quidem habent et vocati inclamatique adveniunt. » (Lucien, *Dialog.*)

> Natat ad magistrum delicata muræna ;
> Nomenculator mugilem citat notum,
> Et adesse jussi prodeunt senes mulli.
> (MARTIAL, lib. X, épi. 30.)

Les Romains transplantèrent avec succès plusieurs espèces. Ainsi c'est à eux qu'on doit l'introduction de la *carpe* en Italie, d'où elle s'est répandue dans toute l'Europe. Ils réussirent aussi à faire vivre dans la mer Tyrrhénienne le *scare* et quelques autres poissons originaires de contrées éloignées (1). — Il y eut à Rome, pendant un temps, un marché aux poissons (*forum piscatorium*), distinct du marché aux comestibles (*forum cupedinis*), et rendez-vous des gourmands. On y annonçait au son d'une clochette la vente des poissons récemment arrivés, afin qu'on pût les manger plus frais; ou bien, comme à Athènes, on se servait de crieurs qui parcouraient les rues en courant, et auxquels il était défendu de s'asseoir pour les forcer, par la lassitude, à se défaire plus vite de leurs marchandises. Les poissons rares arrivaient dans des caisses pleines d'eau où ils avaient été renfermés vivants. Les espèces d'une conservation difficile étaient entourées de neige. Grâce à l'attrait que ce genre d'aliments avait pour la gourmandise, les ruses des marchands se jouaient des réglements de la police, bravaient les dénonciations de la censure et les lois somptuaires. Aussi le vieux Caton qui, à la mort de Licinus, avait vendu, en qualité de tuteur des en-

(1) Quelques écrivains pensent que l'art de féconder artificiellement les poissons fut connu des Romains. Je ne sais trop sur quelles preuves ils se fondent, mais s'il en fut ainsi, il est certain que cet art se perdit par la suite.

fants, pour 900,000 francs de poissons tirés des piscines de ce personnage, désespérait-il du salut d'une ville dans laquelle on donnait, disait-il, plus d'argent pour avoir un poisson que pour acheter un bœuf. Martial faisant allusion aux dépenses énormes dans lesquelles s'engouffrait la fortune d'un certain gastrolâtre du nom de Calliodore, qui avait vendu un esclave pour souper d'un barbeau, s'écriait :

> Exclamare libet, non est hoc, improbe, non est
> Piscis, homo est; hominem, Calliodore, voras.

Quant à l'opinion que les médecins de l'antiquité eurent de cette classe d'aliments, elle leur fut généralement favorable. Hippocrate et Galien la recommandent dans plusieurs de leurs traités comme une nourriture salubre ; un *mezzo termine* entre le régime végétal et le régime animal, fort convenable aux convalescents, et même dans plusieurs genres de maladies, quoique les poissons offrent autant de différence sous le rapport de leur digestibilité et de leurs propriétés restaurantes, que sous celui de leur saveur. On établissait, au point de vue de leur origine, une différence fondée peut-être autant sur la sensualité que sur les propriétés hygiéniques. On donnait la préférence aux espèces marines comme plus nourrissantes et plus saines ; et parmi celles-ci, on faisait même une distinction entre celles qui fréquentent habituellement la haute mer (pélagiens ou *errones*), et celles qui habitent les rivages (littoraux ou *saxatiles*). Les premières passaient pour avoir une chair plus compacte, les secondes une chair plus légère, mais moins réparatrice. On tenait compte aussi de la mer d'où l'individu provenait, la même espèce ayant des qualités préférables dans une mer à celles qu'elle offrait dans une autre. Les espèces qui habitent les lieux marécageux passaient pour les moins salubres de toutes ; Galien rejetait aussi celles qu'on pêche au-dessous des grandes villes. On avait également égard à l'époque de l'année, à l'âge des individus, les poissons perdant tous de leur qualité en vieillissant, d'après la grave autorité d'Aristote lui-même, à l'exception cependant du barbeau : ce qui faisait dire à Ausone :

> Tu melior pejore ævo ; tibi contigit uni
> Spirantum ex numero, non illaudata senectus.

Plusieurs espèces, de même que certains crustacés, des oursins, etc., passaient pour acquérir une saveur plus délicate pendant ou après la gestation ; enfin, on faisait un cas fort différent des diverses parties du corps dans le même animal.

Quant au mode de préparation ou de cuisson, il n'occupe pas moins les ichthyophiles de l'antiquité.

On mangeait le poisson rôti, frit, bouilli, cuit dans son jus ou relevé par une sauce de haut goût. Aux bons estomacs, le médecin de Pergame permettait le poisson sortant de la poêle à frire et relevé avec le garum, le vin et une petite quantité d'huile. Aux malades, il le conseillait bouilli, avec une sauce à l'huile relevée de plantes aromatiques. On servait fréquemment des figues après le poisson, dans la supposition que ces fruits facilitaient son passage à travers les voies digestives.

Les poissons salés furent aussi très-goûtés des anciens; on les offrait au commencement du repas. Les médecins les conseillait aux tempéraments pituiteux, Galien aux vieillards. Hippocrate disait des salaisons en général : Siccant et attenuant, plerùmque etiam alvum movent. » (*De diœtâ.*) — La sauce si célèbre dans l'antiquité sous le nom de *garum,* se composait avec les intestins et le sang fermentés de certains poissons macérés dans la saumure pendant deux mois. La plus recherchée se préparait avec le *scombre;* c'est ce qu'on appelait *garum nigrum, garum sociorum :*

> Expirantis adhuc scombri de sanguine primo
> Accipe fastuosum, munera cara, garum.
> (MARTIAL.)

On le vendait 265 fr. le conge (3 litres $\frac{1}{4}$). On y employa aussi plus tard le thon, l'anchois, etc. A cette sauce on mêlait du vin, de l'huile, du vinaigre, des épices, et particulièrement le poivre (*garum piperatum*). — Il y avait encore, outre les diverses sortes de saumure (*muria*), une autre espèce de garum épais ou de lie du garum, l'*alex*, que l'on confectionnait avec du foie de mulle, et dont parle Horace (lib. II, sat. 4) à propos d'un certain Catius, gourmand de profession, qui se vantait d'en être l'auteur. On en préparait aussi avec l'*apua* (anchois); avec des oursins, des huîtres, etc. Enfin, ceux qui s'imaginent que certaines industries pharmaceutico-médicales sont un produit perfectionné de notre civilisation, n'apprendront pas sans étonnement qu'on avait composé un *garum purgatif* destiné à flatter la sensualité des malades. (Aëtius, lib. III.) Et pourtant ce devait être, en somme, quelque chose de fort peu appétissant que ce breuvage noir, exhalant une odeur très-désagréable, comme en conviennent Martial, Pline, etc.; et cette aberration du goût ne peut guère s'expliquer que par la nécessité de stimuler par l'étrangeté des sensations le palais de gastronomes blasés. Il paraît certain d'ailleurs que, nonobstant les sommes énormes et les soins extrêmes que l'on consacrait aux plaisirs de la table, l'art culinaire était loin de s'être élevé, à cette époque, à la hauteur qu'il a atteinte depuis.

Je passe aux espèces de poissons qui obtinrent le plus de faveur chez les Grecs et les Romains, en avertissant le lecteur qu'il doit s'attendre ici à bien des lacunes, bon nombre de ces espèces étant désignées d'une manière si vague qu'il est impossible de deviner à quoi ces désignations se rapportent; confusion augmentée par le peu d'accord qui règne à cet égard entre les auteurs de l'antiquité, et par les double-emplois que l'on trouve fréquemment dans leurs ouvrages. Que l'on n'oublie pas qu'il faut presque arriver jusqu'à Artédi, contemporain de Linné, pour voir se débrouiller ce chaos, et trouver enfin une classification méthodique.

Dans la famille des *percoïdes*, citons au premier rang le *bars* ou *lupus* (Δαλβραξ des Grecs, *perca labrax*, L.), le *loup* ou *loubine* des Provençaux, l'un des poissons les plus anciennement recherchés sur les tables romaines, et qu'un ichthyophile de l'antiquité qualifiait de *proles deorum*. Sa chair est, en effet, d'un excellent goût. Cependant des deux espèces, l'une, tachetée, était beaucoup moins estimée que l'autre qu'on appelait *laineuse* (*lanata*), à cause de la blancheur et de la mollesse de sa peau. La plus appréciée était celle qu'on pêchait dans le Tibre, entre les deux ponts, probablement, parce qu'elle s'engraissait des déjections animales et des débris de toute nature qu'on y jetait. « Eadem aquatilium genere alibi atque alibi meliora, sicut *lupi* pisces in Tiberi amne inter duos pontes. » (Pline, lib. IX, cap. 54.) Les fins connaisseurs prétendaient même discerner au goût si l'animal avait été pêché là ou en pleine mer, ce qui faisait dire à Horace qui les en raillait :

> Unde datum sentis, lupus hic Tiberinus? an alto
> Captus licet, pontes ne inter jactatus, an amnis
> Ostia sub Tusci ?   (Lib. III, *Sat.* 2.)

Pline admettait, avec les auteurs de son temps, deux espèces de perches : *perca marina* et *perca fluviatilis;* l'une et l'autre étaient fort appréciées :

> Nec te delicias mensarum, perca, silebo :
> Amnigenos inter pisces dignande marinis.
>   (AUSONE, *Mosella.*)

Mais aucun poisson ne fut plus en faveur à Rome que le *rouget* (*mullus*), dont on connaissait déjà deux espèces naguère confondues : le rouget proprement dit (*M. Barbatus*) de la Méditerranée, et le surmulet (*M. surmuletus*), plus commun dans l'Océan, et non moins recherché, qui a, d'après Pline et Galien, l'inconvénient de répandre une odeur désagréable, quand il s'est nourri de mollusques ou de crustacés. Le surmulet recevait une sorte de culte dans le temple d'Éleusine, soit parce que, au dire d'Aristote, il pond trois fois l'an, soit parce qu'il fait la guerre au lièvre marin (*aplysie*), mollusque auquel on attribuait toutes sortes de propriétés malfaisantes, et qui, selon Pline, entrait dans les breuvages préparés par l'art des Locustes. Un des plaisirs des riches voluptueux de Rome, — plaisir bien digne d'un peuple dégradé et abruti dans les plus folles orgies, — c'était de faire apporter sous les yeux de leurs convives des rougets vivants dans des vases en cristal, où on les faisait cuire pour jouir du spectacle des merveilleuses nuances qu'offrait successivement le pauvre animal pendant son agonie, depuis, le pourpre le plus vif jusqu'au blanc : « Oculos antequàm gulam pavit ; oculis quoque gulosi sunt, » dit Sénèque, en s'élevant contre la barbare sensualité d'un de ces sybarites. (*Natur. quest.*, lib. III.) — Le rouget ne pouvant que très-difficilement se conserver dans les viviers, où il en restait à peine quelques-uns sur plusieurs milliers, atteignit un prix très-élevé, et fut l'occasion de dépenses tellement folles que Tibère fut obligé de rendre des édits somptuaires pour la taxe des poissons apportés au marché :

> .... Mullum sex millibus emit
> Æquantem sanè paribus sestertitia libris.
> (JUVÉNAL, *Sat.* 4)

Leur valeur augmentait en raison de leur poids, qui ne dépassait guère deux livres romaines. Sénèque raconte que ce même Tibère, prince économe, envoya au marché un rouget du poids de quatre livres et demie qu'on lui avait donné, et que se disputèrent les deux plus grands gourmets de Rome, à l'un desquels il échut pour 974 fr. de notre monnaie. Trois ensemble s'étaient payés, en raison aussi de leur poids, 5,884 fr. — De là le proverbe : « Celui qui prend le rouget ne le mange pas. » — C'était surtout, au dire de Galien, pour le foie et pour la tête de ce poisson que l'on se montrait si prodigue. On broyait et l'on faisait mariner le foie dans l'huile ou le garum.

La *dorade* (*chrysophis* ou sourcil d'or, *aurata* des Latins), joli poisson de la famille des spares, aussi célèbre dans l'antiquité par l'éclat de sa parure que par la délicatesse de sa chair, se tirait de préférence du lac Lucrin, dans la Campanie où on l'élevait :

> Non omnis laudem pretiumque *aurata* meretur,
> Sed cui solus erit concha Lucrina cibus.
> (MARTIAL, *Ép.* 13.)

Elle se payait un prix fort élevé. Sa chair un peu ferme, mais de bon goût, n'a pas, du reste, les propriétés médicales qui lui avaient été attribuées par les anciens. — Le *bogue* (*boops*), autre poisson de la même famille ; le *maigre*, espèce de *sciène* (*glaucus piscis*) étaient aussi très-appréciés.

Parmi les *scombres*, le *thon* (*S. thynnus*), dont la pêche dans la Méditerranée date de la plus haute antiquité et faisait dès-lors une des richesses de la Sicile, le *maquereau* (*S. scombrus*) se mangeaient préférablement marinés. — Les *muges* (*mugiles*), poissons de saveur agréable, communs surtout dans la Méditerranée, tinrent un rang honorable sur la table des Romains qui en connaissaient plusieurs espèces ; on les élevait dans des viviers. La tête passait pour le morceau le plus friand. Les meilleurs venaient d'Abdère ou de Sinope. — Parmi les *cyprins*, la carpe vulgaire (*C. carpio*), originaire de l'Europe centrale, ne paraît pas avoir été très-recherchée des anciens, qui la confondaient avec diverses espèces de *cyprins*, le nom de *carpa* appartenant à la basse latinité. Il en est de même du *brochet* (*esox lucius*), plus apprécié des modernes qu'il ne le fut à Rome, peut-être, parce qu'il y était de qualité inférieure. La *brême* (*abramis*) et le *barbeau* (*Cyprinus barbus*) leur furent aussi connus.

On s'étonnerait que les *saumons* et les *truites*

eussent à peine un nom dans l'antiquité, si l'on ne savait que leurs différentes espèces appartiennent essentiellement aux régions septentrionales. Le saumon inconnu aux Grecs, fut cependant connu des Romains. — On ne peut rapporter à la truite le poisson que Pline cite sous le nom de *tructa*, à la suite du loup marin, des spares, etc., et Elien sous celui de τρῶκτης, et dont il fait une espèce marine qu'on dit combattre avec le dauphin. Ce n'est que dans les écrivains de la basse latinité qu'on voit la truite décrite sous le nom de *salar* :

    Purpureis que salar stellatus tergora guttis.
                          (AUSONE, *Mosella*.)

C'est évidemment le même poisson qui est décrit dans les auteurs sous les noms de *sario*, *fario*. — Des différents genres de *clupes*, les plus fréquemment cités sont : l'*anchois*, commun dans la Méditerranée; l'*elops*, plus rare, et qui se vendait fort cher, parce qu'il était d'une capture difficile, et qu'il ne se trouvait que dans une seule mer : « Non enim omni mari potest omnis esse, ut *elops* qui Pamphylio profundo, nec alio pascitur. (Columelle, lib. VIII.)

    Et pretiosus elops nostris incognitus undis.
                          (OVIDE, *Halieut*.)

Ce que nous disions du saumon, nous pouvons le

répéter du *hareng*, des *gades*, et notamment de la *morue*, poissons des mers septentrionales, et qu'on ne pouvait pas se procurer aussi facilement que ceux des mers Adriatique et Méditerranée. Il faut en excepter le *merlus* (*G. merluccius*) que l'on pêche dans cette dernière mer, et que Galien recommandait comme un aliment très-sain ; la *lotte* (*G. lotta*), et la *mustèle* (*G. mustela*), dont il est question dans Pline, et qui n'étaient estimé, dit-il, que pour son foie.

Les *scares* (*scarus*) auxquels leurs nuances resplendissantes et variées ont fait donner le nom vulgaire de *perroquets de mer*, furent peu connus à Rome, comme le prouvent quelques vers d'Horace et un passage de Pline (lib. IX), jusqu'au règne de Claude, où une flotte romaine alla chercher en Grèce une de leurs espèces (le *S. Creticus* probablement), pour la répandre le long des côtes de la Campanie, où elle se propagea. Il paraît même qu'on l'apprivoisa dans les viviers. Ce poisson se nourrit de mollusques ou de crustacés dont il broie facilement l'enveloppe, grâce à des mâchoires très-dures, qui lui permettent aussi de couper avec facilité les plantes marines :

> At contra herbosa pisces laxantur arena,
> Ut scarus, epastas solus qui ruminat escas.
> .(OVIDE, *Halieut.*)

Sa chair délicate, mais susceptible d'acquérir parfois, dit-on, des qualités vénéneuses, est cependant recommandée par Galien. (*De alim. facult.*, lib. III.) On appréciait surtout ses intestins :

> Hic scarus, æquoreis qui venit obesus ab undis,
> Visceribus bonus est, cætera vile sapit.
>
> (Martial.)

On le mange encore aujourd'hui en Grèce, accomodé avec ses intestins.

Les anciens connurent plusieurs espèces de poissons plats (*pleuronectes*). Le nom de *passer* ou *platessa* qu'on trouve dans Horace, etc., paraît s'appliquer à quelques-uns d'entre eux, notamment à la sole et à la limande. — Le *turbot* (*rhombus*) était un des mets favoris des ichthyophiles de Rome :

> .... Fastidis omnia præter
> Pavonem et rhumbum.

On lui avait donné, en raison de l'excellence de sa chair, le surnom de *faisan de mer*. Ce poisson monstrueux dont parle Juvénal, et sur lequel le sénat eut à délibérer :

> « Le sénat mit aux voix cette affaire importante
> » Et le turbot fut mis à la sauce piquante..... »

ce poisson, dis-je, était, au vrai, la *barbue* (*rhombus barbatus*), rivale du turbot : laquelle acquiert souvent des dimensions considérables, et dont la chair ferme et savoureuse n'est pas moins appréciée de nos jours qu'à cette époque.

Mais nul animal aquatile ne fut, chez le peuple-roi, l'objet d'un plus puéril engouement et d'une émulation plus extravagante que la *murène* (*murœna hœlena*), que l'on pêche encore de nos jours sur les côtes d'Italie, et dont la chair assez agréable passe pour être très-nourrissante. C'était, dit Cuvier, à qui en posséderait le plus dans ses viviers, où on les habituait à venir prendre la nourriture dans la main de leur maître. L'orateur Hortensius, qui passait pour mieux traiter ses murènes que ses esclaves, ne souffrait jamais qu'on servît sur sa table celles qu'il élevait dans ses piscines, et ne mangeait que celles qu'on lui achetait au marché. Antonia, fille de Drusus, avait imaginé d'attacher des ornements en forme de collier et de pendants d'oreilles autour de la tête d'une murène favorite; et le censeur Crassus prit le deuil à l'occasion de la mort de l'une d'elles, qu'il élevait avec la sollicitude d'un père : « Muraenam in piscinâ domûs suæ mortuam atratus tanquàm filiam luxit. » (Macrobe, *Saturn.*, lib. III, cap. 15, et Elien, *Hist. animal*, lib. XII, cap. XXIV.) — Qui croirait qu'au sein d'une société où l'on trouvait des exemples d'une sensibilité aussi étrange, on pût voir un Pollion, d'infâme mémoire, jeter en pâture à ses murènes des esclaves vivants! (Sénèque, Pline, etc.) (1). — C'était aux murènes prises dans le détroit de Messine que les gourmets donnaient la préférence :

> Virroni muræna datur quæ maxima venit
> Gurgite de Siculo.   (Juvénal.)

On leur attribuait plus particulièrement le nom de *flûtes* (*flutæ*), qu'on applique de nos jours au *muge sauteur* (*mugil saliens*). Celles qu'on pêchait dans le Tibre étaient, contrairement aux bars, les moins estimées. On prisait beaucoup la laitance, surtout quand la murène était pleine et flanquée de squilles :

> Affertur squillas inter muræna natantes
> In patinâ porrectâ. Sub hoc herus : hæc gravida, inquit,
> Capta est, deterior post partum carne futura.
>   (Horace, lib. ii, *Sat. ult.*)

Le *congre* (*muræna conger*) ou *anguille de mer*, et l'*anguille* proprement dite (*M. anguilla*) étaient plus en faveur en Grèce qu'à Rome. Du congre, poisson peu savoureux, on ne mangeait guère que la tête. Quant à l'anguille, proscrite par Moïse, interdite par Numa dans les repas pontificaux, élevée au rang de

---

(1) Ce fait est attesté par de trop nombreuses autorités pour qu'on puisse en douter. Sénèque raconte qu'un jour Auguste, étant à dîner chez ce même Pollion, y gracia un jeune esclave condamné à être jeté aux murènes, pour avoir brisé un vase précieux pendant le repas.

poisson sacré en Égypte (peut-être pour empêcher le peuple d'en manger), elle passait chez les Grecs pour un des mets les plus délicats, surtout quand elle venait du lac Copaïs en Béotie. Aristophane, dans sa pièce des *Acharnaniens*, et d'autres poètes encore, célébrèrent les mérites de cette *reine de la table,* comme ils l'appelaient ; ce qui ne l'empêcha pas de déchoir complétement dans la faveur publique à Rome, où le peuple seul la mangeait cuite dans des feuilles de bette. — Ici se place encore la *donzelle,* (*iulide* des anciens ; *ophidium barbatum*), joli petit poisson de la Méditerranée dont on prisait fort la chair délicate ; et une autre espèce de la famille des sclérodermes, la *baliste vieille* (*B. vetula*), commune dans la même mer.

Enfin, parmi les poissons cartilagineux, nous n'avons guère à citer que la *lamproie* (*petromyzon, l'écheneis* de Pline ?) dont il n'est parlé, avant Ausone, qu'en termes fort obscurs ; et l'*esturgeon* ou *accipenser*, dont on paraît avoir connu, dès l'antiquité, les deux principales espèces : l'*esturgeon ordinaire* (*A. sturio*) et le *sterlet* (*A. rhutenus*) ; celui-là même qui jouissait d'une telle célébrité chez les Romains qu'il était apporté sur la table en grande pompe par des esclaves couronnés de fleurs et précédés d'un joueur de flûte.

Ce qui faisait dire ironiquement à Cicéron : « Si quem tuorum affectum mœrore videris, huic accipenserem potiùs quàm Socratium libellum dabis. » (*Tuscul.*, lib. i.)

Mais la gloire de l'accipenser devait être éclipsée dans la suite, — les faveurs des gourmands sont-elles donc aussi changeantes que celles des grands ? — par celle du rouget et de la murène.

Ni la grenouille, ni les tortues, ni enfin aucune espèce de REPTILE ne paraît avoir fait partie du régime alimentaire des anciens; mais les CRUSTACÉS et les MOLLUSQUES n'y tinrent pas un rang moins honorable que les poissons. — De tous les crustacés, le plus recherché fut la *squille* (*squilla*), espèce commune dans la Méditerranée, et que l'on mange encore aujourd'hui. Les plus grandes étaient flanquées d'asperges; les plus petites entouraient les murènes. On les faisait cuire aussi dans des feuilles de figues. Les gourmets qui y cherchaient un stimulant pour l'estomac, les préféraient légèrement grillées :

> Tostis marcentem squillis recreabis et Afrâ
> Potorem cochleâ.   (HORACE, lib ii, *Sat.* 4.)

Ce que disent les auteurs du volume auquel peut atteindre ce crustacé, naturellement assez petit, me fait croire qu'ils l'ont parfois confondu avec d'autres espèces, notamment avec la *langouste* (*locusta*), comme dans ces vers de Juvénal :

> Aspice quam longo distendat pectore lancem
> Quæ fertur domino squilla, et quibus undè septa
> Asparagis, quâ despiciat convivia caudà.   (*Sat.* 5.)

Une anecdote racontée par Athénée prouve en quelle estime on tenait à Rome ces crustacés. L'un de ces princes de la table, qui eurent nom Apicius, ayant ouï dire que les squilles acquéraient en Afrique un volume plus considérable qu'à Minturnes où le fixait tous les ans le plaisir de s'en régaler, fit voile vers la rive africaine la plus proche. Sur le bruit de son arrivée, et avant même qu'il soit débarqué, les pêcheurs lui apportent ce qu'ils ont de mieux en ce genre. Mais l'illustre gourmet voyant qu'on ne lui présente rien de mieux que ce qu'il a chez lui, reprend le large sans avoir même touché terre.

Les *langoustes* (*locustæ* ou *camari* des Latins, καραβὸς des Grecs) n'étaient estimées qu'autant qu'on les avait cuites toutes vivantes : « Unum hoc animal nisi vivum coquitur ferventi in aquà, fluidà carne non habet callum. (Pline.) » De même que pour les autres crustacés, on les préférait pleines. A ces différentes espèces, quand on aura ajouté les crabes (et notamment le *C. pagurus*,) les écrevisses (*astaci*), les homards (*A. marini*), les palourdes (*chama major*, *pelorides*), les crevettes (*gammari*), on aura cité la plupart des crustacés mentionnés dans les auteurs. — Passons aux mollusques.

La faveur que l'*huître* (*ostrea edulis*) obtient dans les repas modernes, elle l'avait déjà conquise dans l'antiquité. On la mangeait, comme chez nous, au commencement des repas pour stimuler l'appétit. Sénèque en parle en connaisseur : « Ostrea non cibi sed oblectamenta sunt ad edendum saturos cogentia, quod gratissimum est edacibus, et se ultrà quam capiunt farcientibus, facilis descensura, facilè reditura. » Non-seulement on leur construisait de vastes parcs, mais on les transportait d'une localité dans une autre, dans la persuasion qu'elles s'amélioraient en changeant de parages. « Gaudent peregrinatione, transferrique in ignotas aquas. » (Pline, lib. II, cap. VI.) Apicius avait trouvé le moyen de conserver fraîches des huîtres envoyées d'Italie à Trajan, pendant que ce prince faisait la guerre aux Parthes. On prétend même qu'il connaissait l'art de les engraisser et de les conserver longtemps. Les plus estimées venaient de Brindes et des réservoirs du lac Lucrin. — On faisait peu de cas à Rome des *moules* (*mytilus edulis*), qui ne paraissaient pas sur la table des riches. Horace leur attribuait des propriétés laxatives. (Lib. II, 1 et 4.) On les estimait davantage en

Grèce, surtout quand elles venaient d'Éphèse.—Il y avait aussi dans la capitale des Césars des *escargotières* ou parcs à escargots (*helix*). On ne se contentait pas des espèces indigènes : on en faisait venir de l'Illyrie, de l'Afrique, etc. On les engraissait avec de la farine, mêlée à du vin bouilli, et s'il en faut croire Pline, on en voyait acquérir un volume énorme par ce régime. —Les *spondyles* (*huître épineuse*) n'étaient pas moins recherchées. Les *glands de mer* (*balanes*) passaient pour un aliment très-délicat ; on estimait surtout ceux qui venaient des rivages de l'Égypte. L'*anatife pousse-pied* (*anatifera lepas*), qu'on mange encore aujourd'hui sur les côtes de la Normandie et de la Bretagne, était regardé comme anaphrodisiaque.

Avec ces différents coquillages, et notamment avec les huîtres, les langoustes, les écrevisses, les murex, les pétoncles, les sèches, les calmars, les peignes, on faisait des espèces de saucisses, *iscia ex piscibus*, analogues aux préparations de charcuterie dont nous avons parlé précédemment.

Il ne me reste plus qu'à mentionner, pour achever cette revue du règne animal, quelques espèces de *rayonnés* qui avaient leur place sur les meilleures tables : tels les *oursins* (*echinus esculentus*), mets délicat qui passait pour stimuler l'appétit ; les *ascidies* (*ascidia rustica*) qu'on mangeait confites au vinaigre aromatisé avec la menthe verte ; les *actinies* (*orties de mer*), mentionnées par Plaute, Juvénal, etc., et dont la chair mucilagineuse avait besoin d'être aussi relevée par des assaisonnements.

§ III. BOISSONS.

A la fin de son ouvrage, l'érudit auteur du *Diætelicon* consacre aux boissons usitées chez les anciens quelques chapitres auxquels j'emprunterai les détails les plus importants.

L'eau se buvait dans les repas, tantôt froide et tantôt chaude, selon le goût des convives. Servir l'eau au degré de température où elle pouvait plaire était une affaire très-importante. — Il y avait divers procédés pour la rafraîchir : on suspendait dans des puits les vases qui la contenaient, ou bien on accrochait ces vases faits en terre poreuse, comme les *alcarazas*, à des fenêtres exposées au nord, et où ils restaient jusqu'au lever du soleil ; puis on les enveloppait dans des feuilles humides comme celles de la laitue, de la vigne, etc. Plus tard, on fit fondre de la neige ou de la glace dans l'eau qu'on voulait boire (1). « Ili

(1) Pour rafraîchir le vin, on le faisait passer à travers une espèce de

nives, illi glaciem potant; servatur algor æstibus, excogitaturque ut alienis mensibus nix algeat. » (Pline, lib. XIX, cap. IV.) — Néron donna le premier l'exemple de faire bouillir l'eau pour lui enlever la crudité que la neige était supposée lui donner, et de la verser ensuite dans des vases en verre entourés de neige. (Pline, lib. XXXI, cap. III.) C'est l'*aqua decocta* dont Juvénal célèbre les agréments dans les vers suivants :

> Si stomachus domini fervet vinoque ciboque,
> Frigidior Geticis petitur *decocta* pruinis.
> (*Sat.* 5.)

Et Martial :

> Calidam poscis aquam, sed nondùm frigida venit :
> Alget adhuc nudo clausa culina foco (2).
> MARTIAL.

Sénèque demande s'il n'est pas insensé de se mettre en colère, parce que la table est mal servie, parce que l'on n'a pas apporté de l'eau assez chaude... (*De irâ*, lib. II, cap. XXV.) Voy. aussi sur ce sujet Pline, lib. VII, cap. LIV, et Tacite (*Annal.* lib. XIII.)

---

tamis ou passoire en métal ou en étoffe, *colum*, qu'on remplissait de neige, sur laquelle on versait le vin. Le *colum* était placé sur la coupe à boire.

(2) On se servait, à cette intention, de vases ou serpentins à travers les tuyaux desquels l'eau qui y circulait s'échauffait graduellement, en passant plusieurs fois au-dessus du foyer. (Sénèque, *quest. natur.* I, 3.)

Hippocrate était, en général, peu partisan des boissons froides ; il les prescrivait chaudes aux fébricitants. Galien interdisait l'usage des boissons froides dans la première et dans la dernière période de la vie. Au contraire, de ce qu'aucun animal, l'homme excepté, n'use de boissons chaudes, Pline en conclut assez faussement que c'est une habitude contre nature ; il aurait pu raisonner de même à l'égard des aliments.

Il y avait à Rome des établissements analogues à nos cafés, *thermopolia*, où l'on ne vendait que des boissons chaudes. Plaute en parle dans le *Trinummus :*

.... Satin' in thermopolio
Condalium es oblitus, postquàm thermopotasti gutturem.

Caligula fit, d'après Dion Cassius, mettre à mort le propriétaire d'un thermopolium qui avait vendu de l'eau chaude pendant les funérailles de sa sœur Drusilla.

L'eau du Nil, légère et un peu laxative, jouissait d'une telle célébrité dans l'antiquité, que Ptolémée-Philadelphe, ayant marié sa fille Bérénice à Antiochus, voulut que la jeune épouse continuât à boire cette eau, qu'il lui expédiait régulièrement. « Nilum habetis, et vinum quæritis ? » disait un général à ses soldats qui réclamaient du vin. Sénèque confirme cette réputation :

« Ulli fluminum dulcior gustus. » (*Quest. natur.*, lib. III.) — Il en était de même du Choaspis chez les Perses ; il n'était permis qu'aux personnes de sang royal d'en boire. Le Tibre eut, il y a quelques siècles, une réputation du même genre ; on ne sait trop pourquoi, car il n'en est jamais question sous ce rapport dans les auteurs anciens ; ses eaux limoneuses ont même besoin d'être filtrées.

Faut-il penser avec quelques écrivains que pendant bien des siècles les hommes se contentèrent d'eau pour toute boisson ?

Ac sedare sitim fluvii fontes que vocabant....

Ce qu'il y a d'incontestable, c'est que l'usage du vin remonte à un temps immémorial, et que ce liquide fut en honneur chez tous les peuples civilisés, pour ses propriétés hygiéniques, non moins que pour ses qualités agréables. — Dans les premiers siècles de Rome, comme il était rare, on le remplaçait dans les sacrifices par du lait. Il était interdit d'en boire aux femmes, qui, s'il en faut croire Juvénal, prirent par la suite leur revanche. A dater du sixième siècle de Rome, les vins d'Italie commencent à avoir de la réputation. Les Grecs et les Romains paraissent avoir fait particulièrement usage d'une espèce de moût ou d'extrait de jus de raisin épaissi et sucré. Suspendu au coin des cheminées dans de grandes bouteilles, ce vin y subissait une concentration telle qu'il devenait entièrement compacte, et devait être délayé dans l'eau, puis filtré à travers des paniers de joncs ou d'osier en forme de sacs (*saccatio vinorum*), pour être bu. C'est ainsi qu'on filtrait le *cécube* (1).

A ces extraits sirupeux succédèrent de véritables vins, tantôt doux, tantôt astringents (*dulcia, austera*), et plus ou moins alcooliques. Les vins de Lesbos, de Cos, d'Ephèse, de Chio, de Thasos etc., en Grèce; en Italie, le falerne, le massique, les vins de Fondi, de Sorente, d'Albe, etc., furent les plus renommés. Le vin de Pucinum était réputé pour ses usages médicaux. Auguste et ses successeurs préféraient comme plus favorable à la digestion, celui de Setia (Pline) (2). Ce qui prouve que ces vins avaient primitivement une force supérieure à celle de nos vins modernes, c'est l'usage où l'on était (usage nécessité d'ailleurs par

---

(1) On boit encore, en Andalousie, un vin épais que l'on pourrait à la rigueur, dit un voyageur moderne, servir sur un plat et découper par tranches.

(2) Il n'y avait pas alors autant de variétés de vins que de nos jours. César nommé *épulon* (prêtre chargé de régler les repas pour les dieux), fit un jour servir quatre vins différents dans un repas, et ce fut regardé comme un grand luxe.

leur consistance), de les boire constamment mêlés d'eau. Cléomène, roi de Macédoine, ayant voulu, dit Hérodote, boire du vin pur, *selon la coutume des barbares* avec lesquels il traitait (*les Scythes*), fut pris d'un accès de folie (*delirium ebriosum*). C'était de Bacchus lui-même qu'Amphyction, roi d'Athènes, avait appris le premier, suivant les traditions reçues, à tempérer la force du vin par l'eau. Achille dans l'*Iliade*, prescrit de ne mêler que peu d'eau au vin que l'on sert à Ulysse, en raison de son âge et de ses fatigues. Le mot τέτταρα désigne dans Homère un vin mêlé à partie égale d'eau. Selon Athénée, on buvait le vin avec les deux tiers ou les trois quarts d'eau (1). Cela devait dépendre d'ailleurs du degré de concentration du vin lui-même, ce qui variait beaucoup. Les mots *defuctum, passum, carenum*, désignent ces divers degrés de réduction. Le *sapa* (έψημα des Grecs) était du vin réduit à moitié ou aux deux tiers par la cuisson ; le *pretroprum*, du vin réduit par la chaleur du soleil. — A l'instar des Grecs, les Romains ajoutaient au jus de la vendange des plantes aromatiques, comme le *calamus* aromaticus, la rue, etc. ; des ré-

---

(1) Il y avait des vases spécialement sonsacrés à contenir ces mélanges, le *mistarius*, le *crater*, etc.

sines, de la poix, de la myrrhe, (Pline.) — Faut-il conclure de ce passage de Virgile :

> .... Ille impiger hausit
> Spumantem pateram.....

qu'ils connaissaient les vins mousseux ? Le vin doux nouvellement tiré (*mustum*) était réprouvé par les médecins comme par les délicats. Les vins ordinaires se buvaient au bout de quelques années ; d'autres, comme le Sorrente, le vin d'Albe, n'étaient pas faits avant vingt ans. Cicéron parle d'un vin de Falerne de quarante ans, qui porte bien son âge : *Bené œtatem fert*.

> O nata mecum consule Manlio
> Testa vini !

dit Horace en parlant d'un vin de Falerne mis dans une amphore à l'époque de sa naissance. Ces amphores étaient en argile cuite vitrifiées intérieurement ; l'ouverture en était close avec un tampon de plâtre recouvert d'une couche de poix. — Il y avait à la partie supérieure des maisons une sorte de cellier exposé au midi (*horreum vinorum, apotheca*) où l'on conservait le vin, lorsqu'on le sortait de la cave (*cella vinaria*) pour le faire vieillir dans des amphores.

Le vin miellé (*mulsum*, οἰνόμελι des Grecs) se composait de vin vieux qu'on faisait cuire avec partie égale de miel. On y mêlait ordinairement divers aromates. Celui que l'on composait avec du falerne et du miel de l'Attique était un breuvage très-apprécié des gourmets ; on le servait volontiers au commencement des repas. Il y avait encore une espèce de vin miellé que l'on préparait avec le *mustum*, et où l'on ajoutait du sel. (Pline, lib. iv, cap. ii.)

Les nations auxquelles la culture de la vigne était interdite y suppléèrent, dès la plus haute antiquité, par des boissons préparées avec de l'orge fermentée. C'est, à quelques différences près, le ξύθον des Égyptiens, le *césia* des Ibériens, le *cervisia* des Gaulois et de la Germanie : boissons dont les médecins de l'antiquité faisaient peu de cas. — Enfin, sans parler du vin de *palmier* en usage dans l'Inde, etc., les anciens connaissaient aussi l'art de préparer, soit avec le cormier, soit avec différentes espèces de poirier ou de pommiers, une boisson, *sidra* ou *sicera*, analogue à notre cidre. Les dattes, les figues, les grenades, les mûres, etc., servaient aussi à préparer des vins artificiels. — Le *posca* était tout simplement notre oxycrat, ὀξύκρατον, c'est-à-dire, de l'eau additionnée de vinaigre. On en distribuait souvent aux soldats Romains en campagne. — Enfin, le *cyceon* était une sorte de breuvage composé de vin et de miel mêlés à du fromage et à de la polenta. Il avait quelque analogie avec le mélange bizarre nommé *daudra* (Ausone), et où entraient, avec de l'eau, du bouillon, du vin, de l'huile, du miel, du sel, du poivre, et je ne sais encore quelles herbes aromatiques ; breuvage digne assurément de figurer à côté d'un thé fameux naguère sur une de nos scènes comiques.

Voilà ce que j'ai trouvé de plus important à dire sur les boissons usitées chez les anciens. Quelques passages de Pline peuvent nous donner une idée des excès que l'on commettait dans ce genre. Il cite un personnage remplissant des charges élevées, qui dut son surnom de *triconge* à la faculté qu'il avait de boire d'un seul trait trois *conges*, c'est-à-dire, 9^{lit}·72. Le fils de Cicéron en avalait deux. Bien des gens se montraient jaloux de ce genre de supériorité. Marc-Antoine écrit une apologie de l'ivrognerie, donnant à la fois le précepte et l'exemple. Tibère, grand admirateur de ces sortes d'exploits, auxquels il s'était associé dans sa jeunesse, nomme un certain L. Pison à la garde de Rome, pour avoir continué à boire sans interruption pendant deux jours et deux nuits. On imaginait toutes sortes de moyens pour exciter la soif ; on ne reculait même pas devant certains poisons, comme la ciguë. Pline, qui nous donne ces détails, parle d'individus qui entonnaient des vases énormes de vin pour le vomir aussitôt, puis recommencer deux et trois fois ce même exercice ; « comme s'ils étaient nés, dit-il, pour perdre du vin, et comme si cette liqueur ne pouvait se perdre qu'en passant par le corps humain. » (Lib. xiv, *classiq. Nisard.*) Et Martial, en parlant d'une contemporaine :

> ...... Non cessat priùs, aut recumbit ante
> Quàm septem vomuit meros deunces.
> (Lib. vii, *Ép.* 66.)

J'eusse aimé à entrer dans quelques autres détails sur les mœurs de la table à cette époque de l'histoire, et sur les coutumes très-curieuses qui s'y rattachent. Mais qui a lu, dans le *Satyricon* de Pétrone, le souper de Trimalcion, peut se faire une idée de leur recherche dissolue ; j'eusse été condamné, d'ailleurs, à répéter ce que l'on trouve dans d'excellents livres (voir entr'autres le *Traité des Festins*, par Muret, 1682 ; le *Dictionnaires des Antiquités*, de Rich ; *Rome au siècle d'Auguste*, etc.)

Quelle impression rapporte-t-on de cette excursion dans la bromatologie des deux grands peuples qui, en une foule de choses, nous ont servi de modèles? Cette impression, il faut le dire, leur est peu favorable, lors même qu'on n'imputerait pas à une nation entière les excès ou les vices d'une classe d'individus. Si l'on compare, en effet, le régime alimentaire et les habitudes de la table chez les anciens et chez les modernes, on se convaincra que l'avantage est tout aux derniers : que l'on considère la question au point de vue de la gastronomie ou de l'art culinaire, — de l'hygiène, — ou enfin de la moralité générale et du respect de la dignité humaine.

D'abord, en ce qui concerne le perfectionnement du sens du goût et de l'art culinaire, on ne peut disconvenir que, nonobstant les sommes fabuleuses dépensées par les illustres gastrolâtres de l'antiquité, et en dépit de mille combinaisons inventées par les Apicius, nous ne soyons en progrès sur les anciens. J'admets volontiers qu'on soit très-large en matière de goût comme en fait d'esthétique : *tot palatia, tot sensus*. Tel mélange qui nous paraît révoltant au point de vue de l'art classique a peut-être des mérites que des habitudes contraires nous empêchent seules d'apprécier. Mais, enfin, sans avoir de parti pris à cet égard, il y a pourtant ici, comme partout, des règles, des principes sur lesquels tous les gens de goût sont d'accord. Or, quel moderne Carême serait tenté d'offrir à ses convives un *garum* composé d'après le *De opsoniis* ?

A qui persuadera-t-on que ces vins épais et grumeleux qu'on ne pouvait boire qu'en les étendant d'eau valaient les vins de nos bons crus ? Macrobe nous décrit le menu d'un festin pontifical donné pour l'inauguration de Lentulus. Il faut lire cela pour juger quelle incohérence, quelle absence de toute règle comme de toute donnée hygiénique régnaient dans ces banquets solennels, dont la réputation était pourtant proverbiale. « On servit, dit-il, pour entrée des oursins, des huîtres crues à discrétion, des cames-pholades, des huîtres épineuses (*spondyles*), des grives et des asperges. — Ce premier service fut relevé par une poularde, un plat de cames-pholades et d'huîtres cuites, des glands de mer (*balanes*) noirs et blancs. On présenta ensuite, pour la seconde fois, des huîtres épineuses, puis de grandes cames, des orties de mer (*ascidies*), des bec-figues, des rognons, des quartiers de chevreuil et de sangliers, des volailles frites, des murex et des pourpres. — Enfin, pour dernier service, on apporta des tétines de truie, une hure de sanglier, un plat de poissons, des canards, des sarcelles bouillies, des lièvres, des volailles rôties, de la bouillie et des pains de Picenum. (*Saturn.*, lib. II, cap. XIX.)

Que dire maintenant, au point de vue de l'hygiène,

de ce mélange confus de substances et d'ingrédients indigestes ? De l'habitude de ne faire qu'un repas substantiel, nécessairement très-copieux (*cœna*), à la fin du jour (1), fréquemment suivi de libations prolongées (*commissatio, symposium*), etc. ? Que dire de ces festins pantagruéliques où se succédaient une telle quantité de mets, que le nombre des services pouvait dépasser vingt, et que, pour y faire honneur, les convives n'avaient d'autres ressources que la dégoûtante et funeste habitude du syrmaïsme ? « *Vomunt ut edant, edunt ut vomant, et epulas quos toto orbe requirunt nec conquere dignantur.* » (Sénèque, *cons. à Helvia.*) — Coutume à laquelle des personnages comme Jules César ne rougissaient pas de s'abandonner, et que Cicéron lui-même, *proh pudor !* semble plutôt approuver que blâmer..... L'estomac de ces hommes-là était-il donc bronzé comme la poitrine de ce premier navigateur dont parle Horace ? En tout cas, on a, en parlant *des travaux des Romains,* commis un oubli contre lequel je réclame : on n'a pas cité ceux du *triclinium*.

(1) Le premier repas ou *jentaculum*, et la *merenda*, *prandium* ne se composaient guère que de pain, de fromage ou de fruits ; on ne mettait pas le couvert.

Enfin, au point de vue de la dignité humaine, quel dégradant spectacle que celui de cette gloutonnerie demandant à d'aussi ignobles procédés la satisfaction de ses insatiables convoitises ! Quel oubli de tous les devoirs, que cette dilapidation des richesses héréditaires dans ces saturnales de la gastronomie, où un Apicius engouffrait plus de vingt-six millions, où un seul repas pouvait coûter sept à huit cent mille francs ! Que penser d'une société où l'extravagance dans la gourmandise devenait un moyen de célébrité ; où l'on décernait des *prix* aux plus intrépides consommateurs, où le cuisinier devenait un des personnages importants de l'État (1) ; où, en un mot, perdant la mesure et le caractère délicat qu'elle conserve chez les nations policées, *est modus in rebus*...., la gastronomie était passée à l'état de maladie mentale ou de *gastromanie endémique ?* Car le physiologiste pourrait-il donner un autre nom aux excès dont la ville éternelle fut alors le théâtre ? Tous, sans doute, ne s'en rendaient pas coupables : l'énergique indignation des Sénèque et des Juvénal l'atteste suffisamment. C'était pourtant la

---

(1) Aujourd'hui, un poisson coûte le prix d'un cuisinier, un cuisinier le prix d'un triomphe ; et maintenant, il n'y a guère d'homme plus estimé que celui qui sait le mieux ruiner son maître. (Pline, l. ix.)

tête de la société Romaine qui donnait ce triste spectacle ; et « l'on a honte pour la nature humaine, dit un savant écrivain, en voyant combien une immense prospérité peut dégrader de grands caractères, abaisser des esprits supérieurs, les ravaler jusqu'à la folie. » (Dezorby, *loc. cit.*)

LA PROFESSION MÉDICALE

AVANT ET APRÈS

LA RÉVOLUTION FRANÇAISE

On a fait, avec plus ou moins de succès, l'histoire de la médecine ; celle des médecins reste à faire. Le passé d'une science n'est pas tout entier, en effet, dans les écoles ou dans les doctrines. On ne peut avoir une idée complète des causes qui en ont accéléré ou retardé les progrès, des circonstances qui lui ont imprimé sa direction à telle époque déterminée, si l'on ne s'est enquis du milieu philosophique et social dans lequel elle s'est trouvée ; de la place qu'occupaient dans la société ses représentants directs ; du concours ou des entraves qu'ont pu apporter à leurs travaux, à leurs découvertes les idées dominantes et les institutions propres à chaque temps, à chaque peuple ; en un mot, la civilisation tout entière, dont chaque branche de nos connaissances n'est, pour ainsi dire, qu'un reflet. Un grand fait, par exemple, domine l'histoire de la profession médicale, en France, depuis le xiiie siècle jusqu'à la révolution de 89, c'est le régime des corporations. Or, en quoi ce régime était-il favorable, en quoi fut-il nuisible aux progrès de l'art de guérir, et à l'importance des médecins dans la société? Deux choses connexes assurément, car l'importance d'une profession se mesure nécessairement à celle que l'on attribue à la science dont cette profession relève.

Disons d'abord qu'on ne s'est pas toujours rendu un compte exact de l'œuvre que les corporations ont accomplie dans le pénible enfantement de la civilisation moderne, lorsqu'il fallait lutter contre la barbarie, créer et soutenir des industries, des institutions, des enseignements à peine viables, au milieu de la grossièreté des mœurs et de l'ignorance générale. Ces corporations devenues par leurs privilèges si odieuses à la fin du xviiie siècle, représentaient, comme on l'a très-bien remarqué, le premier degré de l'émancipation politique, à une époque où la liberté civile et l'égalité devant la loi n'existaient pas, et où l'on ne comptait pour quelque chose que comme membre d'un corps d'état. Par les priviléges qui y étaient attachés, comme l'exemption des charges publiques pour les médecins, on avait voulu indemniser ceux qui se livraient aux diverses professions des sacrifices de temps et d'argent qu'on leur demandait. Ce qu'il y a de fâcheux en cela, ce fut la persistance à maintenir des prétentions exagérées, des formes vieillies, sans concession aux besoins nouveaux ; ce fut ce goût de domination qu'à l'exemple du clergé, au sein duquel elle avait pris naissance, la faculté conservait par tradition. Obtenir d'une classe d'hommes qu'ils renoncent d'eux-mêmes aux avantages qui résultent pour eux d'un ordre de choses établi, qu'ils sacrifient sur l'autel du bien public l'égoïsme naturel aux corps privilégiés et l'intolérance propre à tout monopole, n'est pas chose commune dans l'histoire. On n'y assiste pas souvent à des nuits du 4 août. Il ne faut rien moins pour cela qu'une révolution sociale.

Cependant, ce serait une erreur de croire que l'ancienne faculté, personnification vivante de la corporation médicale, ne sût jamais pactiser avec les nécessités nouvelles. Des changements notables furent introduits, à plusieurs reprises, dans ses statuts, sans altérer l'esprit même de l'institution. Ainsi, dans un recueil publié à la fin du xviiie siècle, on ne compte pas moins de 170 édits, décrets, déclarations, etc., relatifs à ces modifications ; ce qui offre, il faut en convenir, un contraste assez piquant avec l'immobilité du régime légal sous lequel nous vivons depuis plus de soixante ans, et lorsque tout s'est transformé depuis autour de nous.

A ne juger du régime des corporations que par l'éclat et l'importance qu'il avait donnés à notre profession, la question semblerait tranchée en sa faveur. Si l'esprit de routine et la haine des innovations y entravèrent parfois l'essor du progrès : si l'indépendance individuelle y fut trop souvent sacrifiée à l'esprit de corps, au monopole ou au despotisme de compagnie : si la faculté put enfin servir d'instrument à d'injustes persécutions contre ceux que des idées novatrices ou des succès éclatants désignaient à sa jalousie, de tels abus venaient moins de ces institutions elles-mêmes que des hommes. Quelles larges compensations, d'ailleurs, nos devanciers ne trouvaient-ils pas à la portion de liberté individuelle qu'ils aliénaient, dans le crédit et l'importance sociale dont jouissait cette même profession! Quel appui n'y puisaient-ils pas contre les prétentions et les exigences du public, contre les injustices de l'opinion ; quelle force de résistance dans cette grande concentration d'intérêts aujourd'hui complétement isolés !...

Bien qu'elle eût perdu la plupart de ses priviléges

et même une partie de son importance scientifique par la création de plusieurs institutions rivales, la faculté conservait encore à la fin du xviiie siècle, grâce à sa vigoureuse constitution, une indépendance et un crédit fort grands. Le diplôme de docteur assurait alors un double avantage, le droit d'exercer, et celui de faire partie d'une corporation puissante. Tout docteur-régent (1) possédait encore, avant 1792, le droit d'ouvrir des cours, de faire partie des assemblées où l'on désignait à l'élection le doyen, où l'on traitait des intérêts de la corporation, des requêtes à adresser à l'administration, etc. Jamais on ne fut plus jaloux que dans cette société si fortement hiérarchisée d'effacer tout ce qui pouvait donner quelque suprématie à un médecin sur ses confrères. De cette union du corps enseignant et du corps pratiquant, il résultait que la faculté n'était pas seulement une école, mais une vaste corporation, ou comme une grande famille dont les intérêts étaient confondus. Un passage de Labruyère nous montre la profession médicale figurant au xviie siècle parmi les plus recherchées : « Ils dotent leurs filles, placent leurs fils dans les parle-

---

(1) Pour acquérir *la régence* qu'on peut assimiler à l'agrégation de nos jours, mais sur une plus grande échelle, il suffisait d'avoir présidé une thèse.

ments ou dans la prélature, et les railleurs eux-mêmes fournissent l'argent. » C'était le temps où les colléges de médecine, fréquemment présidés par des prélats, comptaient parmi leurs membres honoraires les plus grands noms de France ; où, malgré les préjugés de caste, si vivaces à cette époque, les Sénac, les Lapeyronie, les Lamartinière, les Puzos, etc., recevaient des titres de noblesse (1).

Quiconque connait l'influence des institutions sur les mœurs, ne s'étonnera pas qu'à une organisation aussi différente de celle qui nous régit aujourd'hui, aient correspondu des mœurs entièrement opposées. On pourrait presque recomposer la physionomie des médecins de ce temps-là avec ce que nous savons du régime légal et disciplinaire auquel ils étaient soumis. De son antique alliance avec l'Église, la profession médicale avait longtemps conservé une certaine austérité de mœurs. Si cette austérité n'existait plus au même degré chez nos devanciers, elle avait du moins laissé à sa place une gravité de manières qui, s'unissant à la sévérité de l'étiquette dans le costume, à l'usage de la langue latine dans les consultations et les

(1) Moins d'un siècle plus tard, un roi sorti d'une révolution faisait proposer à l'un de nos plus honorables confrères, comme condition de son entrée à la chambre des pairs, de renoncer à l'exercice de son art!

ordonnances, et au ton dogmatique qui en était inséparable, disposait favorablement les malades, auxquels il semblait que de la bouche d'hommes aussi graves, aussi doctes, il ne devait sortir que des oracles. On ne peut disconvenir, d'ailleurs, que les praticiens de ce temps-là ne fussent plus érudits que ceux du nôtre, plus versés surtout dans la connaissance des anciens. Il ne nous reste guère de temps aujourd'hui pour lire, encore moins pour écrire (1). Tout cela avait peut-être un certain vernis de pédantisme qui prêtait volontiers à la raillerie. Mais le débraillé de notre époque et le décousu de nos doctrines, nous ont-ils mieux réussi? Croit-on, d'ailleurs, que le pédantisme ne soit que dans les manières et qu'il tienne à la robe ? « La pédanterie, dit fort bien la logique de Port-Royal, est un vice d'esprit et non de profession. Il y a des pédants de toute condition et de tous états. » J'ajouterai que nos devanciers pour qui l'*odi profanum vulgus* était d'application rigoureuse, ne se laissaient pas

---

(1) La composition d'une œuvre médicale un peu importante absorbait jadis la meilleure partie de la vie d'un Baglivi, d'un Boerhaave, d'un Stoll, d'un Van-Swiéten, etc. Aujourd'hui, si un praticien en renom daigne encore faire paraître son nom sur la couverture d'un livre, c'est (à l'exception de quelques hommes qui ont conservé le feu sacré et l'ardeur du prosélytisme), à de jeunes agrégés au début de leur carrière, voire même aux internes des hôpitaux qu'il en laisse la rédaction.

discuter. Ils n'auraient pas enduré, par exemple, que leurs clients vinssent leur déclarer qu'ils voulaient être traités, qui par des globules, qui par le magnétisme, etc. On comprenait mieux que cela la dignité de l'art, et l'on ne faisait pas aussi facilement litière de ses convictions. Mais où sont aujourd'hui les convictions ?

Je ne veux pas me faire le détracteur de l'honorabilité médicale de mon temps ; il est peu de professions peut-être où il s'en trouve encore autant. Mais enfin, cette honorabilité est purement individuelle ; elle est tout entière dans le caractère de l'homme, et s'il est permis de plaisanter dans des matières aussi graves, s. g. d. g. Autrefois, elle n'était pas distincte de l'honneur du corps lui-même. Communiquant à tous la force et la dignité qui résidaient en elle, la faculté n'avait pas de peine à obtenir de chacun de ses membres, en échange du haut patronage dont elle les couvrait, le respect de ses droits et de ses prérogatives. Manquer aux devoirs de sa profession n'était pas seulement une faute personnelle, c'était un manquement aux obligations contractées envers la faculté, *alma mater*.

Il n'en est plus de même aujourd'hui. Nos facultés dispensent à tout venant muni d'un diplôme de bachelier, la dose de science jugée nécessaire pour disposer impunément de la vie de ses semblables. Cela fait, et le diplôme payé, tout est dit ; de l'avenir, de la moralité de celui qu'elles lancent ainsi à travers les écueils de la profession, elles ne prennent nul souci. Que faisant métier et marchandise de son titre, ne voyant dans ses clients qu'une chose à exploiter, le nouvel élu traîne la robe doctorale dans la fange du charlatanisme, libre à lui ! Tant vaut l'homme, tant vaut l'état ; et jusqu'à ce qu'il touche à cette limite d'infâmie qu'on ne peut franchir sans s'attirer la rigueur des lois, nulle voix ne viendra le rappeler aux devoirs de son état : nul n'a droit de lui demander satisfaction au nom de la moralité publique, de la dignité de l'art, des intérêts compromis de la science et de la société. Est-ce là un progrès ? Quant à moi, dans le principe du « chacun pour soi, » qui a remplacé le « chacun pour tous, tous pour chacun, » je ne puis voir que l'immolation des intérêts les plus élevés de la civilisation. Émanciper n'est pas désorganiser ; la liberté individuelle sans règle, n'est, comme la concurrence illimitée, qu'une prime pour le charlatanisme. Il y a pour toute société des droits de haute protection auxquels elle ne peut renoncer sans péril. Ces droits, elle les exerce aujourd'hui dans toutes les professions pour lesquelles elle est en droit de demander des garanties de moralité, soit directement, soit au sein même de ces professions. On se demande pourquoi il n'en est pas de même de la médecine. Ne répondre que de soi est plus commode sans doute ; mais cet égotisme anti-social finit par retomber sur ceux-là mêmes qui ont eu l'imprudence de le proclamer. C'est ainsi que périt l'esprit de corps, et que s'amoindrissent avec lui les professions dont il est l'âme ; c'est ainsi que se sont retirées du corps médical les seules choses qui pouvaient y entretenir la vie, à savoir l'union, la force, la dignité.

Mais comme, après tout, une profession n'existe pas pour l'avantage de ceux qui l'exercent, et que la France ne pouvait s'immobiliser sous la tutelle des corporations, les institutions dont nous parlons constituaient après 89 un véritable anachronisme au milieu de la société transformée ; elles devaient disparaître avec les besoins qui les avaient fait naître. Reste à savoir si tout était également à condamner dans ce régime, et comment il se fait qu'une révolution dont les immenses bienfaits sont incontestables aux yeux de tout esprit éclairé, ait laissé en l'émancipant la profession médicale au-dessous de ce qu'elle était auparavant ; problème qui, en dehors même de son intérêt historique et philosophique me semble être d'une véritable actualité, à une époque où le grand mouvement d'association qui s'opère au sein du corps médical témoigne de l'impuissance des individus à sauvegarder les intérêts généraux de la profession.

92 faisant table rase de toutes les institutions existantes sans laisser pierre sur pierre, et fauchant impitoyablement avec tout ce qui s'y trouvait de mal ce qui pouvait s'y rencontrer de bien, avait abrogé l'édit de 1707 sans rien mettre à sa place, si ce n'est le droit pour tout citoyen d'exercer, moyennant redevance, la profession qui lui conviendrait le mieux. On comprend facilement ce qui fut advenu de ce régime de barbarie, et de quelle tourbe d'ignobles médicastres il eût infesté le pays s'il avait pu durer, et si le cataclysme révolutionnaire en balayant les institutions, n'eût laissé debout les hommes. Heureusement que ceux qui sortaient des anciennes facultés purent continuer quelque temps les traditions médicales, et donner la main à la génération qui se pressait dans les écoles nouvelles.

Nous conseillons la lecture de l'édit de 1707 aux médecins convaincus que la législation qui nous régit est de tout point supérieure à celle qu'elle a remplacée. Il me semble difficile de n'être pas frappé du sens pratique qui y est empreint : de l'esprit de décision qui y règne, de ce caractère d'autorité propre à la plupart des actes du règne sous lequel il parut. Si cet édit destiné dans la pensée de son auteur à être comme la charte de la médecine, fut souvent violé, — destinée commune, hélas, à toutes les constitutions, — s'il ne fût même qu'incomplétement appliqué, la faute en fut aux hommes et non aux institutions.

L'édit de 1707 avait essentiellement pour but de réglementer et d'unifier la médecine enseignante et professionnelle livrée jusque-là à toutes les discordances, à tous les abus d'un régime de priviléges. En même temps qu'il instituait des pénalités rigoureuses contre ceux qui exerçaient indûment l'art de guérir, il créait de sérieuses garanties pour l'obtention des grades. Les six années qu'il fallait employer à arriver au grade de docteur, la multiplicité et la durée des épreuves, l'appareil imposant dont quelques-unes étaient entourées, tout jusqu'au prix élevé des réceptions, contribuait à donner au public comme au jeune néophyte une haute idée de la profession qu'il se proposait d'embrasser. Ce fut là la grande préoccupation de nos devanciers qui, en multipliant ainsi les obstacles, y trouvaient, en outre, l'avantage de mettre un frein à la concurrence illimitée, l'une des plaies de notre profession.

Comme complément des institutions médicales édictées par Louis XIV, et ayant trait à la médecine proprement dite, il existait en France, dans une vingtaine de villes, sous le nom de *colléges de médecine et colléges de chirurgie*, un autre genre de corporations, composées de tous les médecins en titre exerçant dans une localité ou dans une circonscription environnante. Ces colléges qui se trouvaient même dans les villes pourvues de facultés de médecine avaient, comme celle-ci, leurs statuts et leurs priviléges, se réunissaient périodiquement en assemblées publiques et privées où l'on s'occupait à la fois de la science et de la profession, des maladies régnantes, des cas remarquables, et des intérêts du corps médical. C'était, sous une autre forme, l'expression du besoin d'association que l'on ressent dans tous les temps, mais qui était plus impérieux encore à une époque où chacun avait à se défendre contre l'arbitraire des lois, et contre les envahissements ou les priviléges des corporations rivales. Les empiriques munis d'autorisation étaient tenus de se mettre en règle avec ces colléges, et de leur faire connaître la composition des remèdes qu'ils débitaient.

Relativement à la manière dont le législateur de 1707 entendait que se fît la police médicale, qu'on en juge par les articles suivants :

« Nul ne pourra, sous quelque prétexte que ce soit, exercer la médecine ni donner aucun remède, *même gratuit*, sans avoir le grade de licencié, sous peine de 500 livres d'amende. »

Et plus loin :

« Voulons que tous religieux, mendiants et non-mendiants, soient et demeurent compris dans l'article précédent...

» En cas de contravention de la part de ceux qui ne sont pas mendiants, l'amende ci-dessus prononcée de 500 livres sera payée par le monastère..... à l'égard des mendiants, ils seront renfermés pendant un an au moins dans une des maisons de leur ordre, éloignée de 20 lieues au moins du lieu où ils avaient pratiqué la médecine, avec permission à la faculté la plus voisine de les faire arrêter, s'ils en sortent pendant ledit temps. » (Art. 36, 37.)

Les ustensiles, les drogues, étaient, en outre, confisqués (1). On voit que tout était prévu dans cette répression vigoureuse. De nos jours, une association médicale estime avoir remporté un grand triomphe, quand elle a obtenu d'un tribunal la condamnation à 15 fr. d'amende d'un charlatan, qui s'empresse de

---

(1) Un concile tenu à Béziers en 1242 déclarait que la dénonciation contre les personnes qui exerçaient indûment l'art de guérir, était un *acte de piété*. Il est vrai que la médecine était alors dans les mains du clergé. Autre temps, autres maximes. Aujourd'hui, on voit des ecclésiastiques non-seulement exercer ostensiblement la médecine dans les campagnes, mais s'y livrer même impunément, dans quelques localités, au trafic des drogues qu'ils prescrivent.

recommencer le lendemain, grâce à la mansuétude de nos lois et, en général, à celle du parquet contre cette classe intéressante de citoyens.

Considéré dans son économie générale, le remarquable édit dont nous venons de parler eût satisfait largement, à quelques lacunes près, aux besoins de l'époque, s'il eût été exécuté rigoureusement. Mais il en est des abus comme de ce monstre dont parle la fable : que l'on en retranche un, il en repousse cent. Le désordre fut bientôt aussi grand qu'auparavant. On s'était relâché sur la durée des épreuves ; la présence des élèves aux cours n'était plus exigée. Les universités dites *borgnes* recevaient tous les jours, comme par le passé, des docteurs qui n'y avaient séjourné que quelques semaines. Il y eut même des exemples de diplômes délivrés à des absents. Les barbiers-chirurgiens faisaient impunément la médecine, et les charlatans exerçaient impunément leur industrie dans tout le royaume. Les disputes ou concours (institués par l'édit de 1707) existaient encore pour la forme, mais les candidats s'y présentaient souvent avec leur nomination dans la poche ; les professeurs qui se retiraient leur avaient vendu leur charges, et moyennant finance, on s'assurait les bonnes grâces de l'administration qui, les épreuves terminées, avait à choisir entre les compétiteurs présentés. A tant d'abus si l'on ajoute et la vénalité des charges (1), et les révoltants priviléges attachés aux fonctions de premier médecin et de premier chirurgien du roi (2), on reconnaîtra qu'ici, comme ailleurs, la Révolution avait son œuvre à faire.

Loin de moi donc la pensée de regretter un temps qui ne peut revenir, ou de vouloir recouvrir d'habits modernes le squelette du passé. Toutefois on peut se demander en présence des ruines accumulées par cette Révolution, et de l'insuffisance trop bien constatée de la législation de l'an xi, si l'État, bien qu'il doive avoir incontestablement la haute surveillance, et la direction suprême de tous les grands intérêts nationaux, peut suffire à tout, tout voir, tout réglementer par lui-même ; s'il ne serait pas bon que des hommes

---

(1) Si la vénalité des charges n'est plus ouvertement autorisée, nous voyons malheureusement encore dans la capitale des industriels acheter un fonds de médecin pour le faire exploiter impunément par un individu diplômé, louant son titre et ses ordonnances. Et qui ne connaît les honteux compromis passés entre certains médecins et certains pharmaciens pour l'achalandage mutuel de leurs boutiques......

(2) Le dernier chirurgien du roi revêtu de ces fonctions, prélevait encore en 1783 un droit de joyeux avénement de 3 livres sur tous les chirurgiens et barbiers du royaume. Chaque chirurgien était tenu, en outre, de payer annuellement au lieutenant du 1er chirurgien, la même somme de 3 livres. Nous avons supprimé tout cela, et c'était justice ; mais en compensation, *nous payons patente*, ce qui au point de vue des intérêts du fisc est, nous le reconnaissons, un incontestable perfectionnement.

éclairés, liés par les affinités naturelles de leur profession, et qui représentent des intérêts sociaux d'un ordre important : s'il ne serait pas bon, dis-je, que ces hommes s'organisent sous la protection de la loi, de manière à s'assister et à se défendre, non-seulement contre les envahissements des professions étrangères ou du pouvoir lui-même, mais aussi contre les membres indignes de leur propre corporation? S'il n'y a pas nécessité à ce qu'ils se concertent sur les réformes à demander, sur les mesures à prendre dans toutes les circonstances où les intérêts médicaux sont engagés, où l'honneur professionnel est en cause? Ainsi que cela avait lieu dans les collèges de médecine, institutions regrettables, selon moi, de tout point.

Les associations qui, sous la généreuse impulsion que leur a communiquée un illustre confrère, tendent à se propager sur tous les points du territoire, peuvent-elles atteindre ce but? Sans doute, ces associations, formes rajeunies des corporations tombées, et qui n'ont retenu du régime déchu que le principe qui en faisait l'âme, à savoir la fusion confraternelle des mêmes intérêts, ont sur les anciennes institutions bien des avantages. Elles n'impliquent pas l'existence de prérogatives ou de privilèges imcompatibles avec la société moderne, et ne consacrent aucune hiérarchie blessante entre les membres d'un même corps : *nemo suprà, nemo infrà*. Enfin, bien qu'en cimentant l'esprit de corps et la solidarité des intérêts, elles laissent subsister la liberté individuelle tout entière, chacun étant libre d'y entrer ou d'en sortir à son gré. C'est même là leur côté le plus séduisant, mais c'est aussi leur côté faible. Pour soutenir, pour fortifier, il faut contenir : ici point de force répressive. Je le crains donc, aussi longtemps qu'une législation protectrice de nos intérêts ne viendra pas féconder les germes d'amélioration qui y sont contenus, ces associations seront impuissantes à restituer à elles seules au corps médical ce degré d'autorité, de considération et de crédit au-dessous duquel il ne peut descendre, sans se reconnaître incapable d'accomplir sa mission civilisatrice, et de prendre la part qui lui revient dans le progrès social. Cela se verra peut-être un jour ; mais il faut, pour cela, qu'on soit d'abord bien convaincu que, suivant l'expression d'un des écrivains les plus distingués de notre profession :

« DANS TOUTE QUESTION SOCIALE, IL Y A UN CÔTÉ MÉDICAL. »

FIN.

Saint-Nicolas, près Nancy. — Imp. de P. Trenel.

www.ingramcontent.com/pod-product-compliance
Lightning Source LLC
Chambersburg PA
CBHW060230230426
43664CB00011B/1598